贛文化通典

—— 宋明經濟卷　第四冊

目錄

江西宋明經濟史料長編

▶ 宋

五代至北宋年間。陶穀（903-970），其《清異錄》：臨川、上饒之民，以新智創作醒骨紗，用純絲蕉骨相兼撚織。夏月衣之，輕涼適體。陳鳳閣喬始以為外衫，號「太清氅」。又為四癸肉衫子，呼「小太清」。

——（宋）陶穀：《清異錄》卷下，《衣服》，《文淵閣四庫全書》本。

太平興國二年（977）。太平興國二年，江西轉運使言：「本路蠶桑數少，而金價頗低。今折徵，絹估少而傷民，金估多而傷官。金上等舊估兩十千，今請估八千；絹上等舊估匹一千，今請估一千三百，餘以次增損。」從之。

——（元）脫脫等：《宋史》卷一百七十四，志第一百二十七，《食貨上二·方田賦稅》，北京：中華書局點校本，1977 年版，第 4204 頁。

太平興國二年（977）。太平興國二年，江南轉運使樊若水

言：「江南舊用鐵錢，於民非便。望於升州、饒州出銅處置官鑄錢，其鐵錢即令諸州鼓鑄為農器，以給江北流民。」

——（清）徐松：《宋會輯稿》，第一百二十七冊，《食貨一一》，第4頁，北京：中華書局，1957年版，總第4994頁。

太平興國二年（977）。太宗太平興國二年二月十八日，三司言：「准詔顆末鹽，應南路舊通商州府，並令禁榷，犯者差定其罪，仍別定賣鹽價例。著令請凡刮鹹並煉私鹽者，應鹹土及鹹水並煎煉成鹽，據斤兩定罪：一兩已上，決杖十五；一斤已上，決杖二十；二十斤已上，杖脊十三；二十五斤已上，十五，配役一年；三十斤已上，十七，配役一年半；四十斤已上，十八，配役二年；五十斤已上，二十，配役三年；百斤已上，二十，刺面押赴闕。應諸處池場，主者並諸色人擅出池場鹽，或將盜販及以羨餘衷私貨鬻者，並依前項條流。監當主守職官不計多少，並奏裁，當加極典。應私鹽及通商地分鹽入禁法地分，一兩已上，決杖十五；十斤已上，二十；二十斤已上，杖脊十三；三十斤已上，十五，配役一年；五十斤已上，十七，配役一年半；七十斤已上，十八，配役二年；百斤已上，二十，配役三年；二百斤已上，二十，刺面送赴闕。西路青白鹽元是通商地分，如將入禁法地分者，准前項私鹽條例科斷。人戶所請竈鹽，不許貨賣貿易，及將入州縣城郭，違者，一斤已上，決杖十三；十斤已上，十五；五十斤已上，二十；百斤已上，杖脊十三；百五十斤已上，十五，配役一年；二百斤已上，十七，配役一年半；三百斤已上，二十，配役三年；五百斤已上，二十，刺面送赴闕。其河東

犯賊界私鹽，依所犯輕重條流科斷，敢有私賣及受寄隱藏者，二兩得一兩之罪。如轉將貨賣者，依元賣人例斷遣。或為販鹽群盜抑迫收留者，許告官，當與免罪。持仗盜販私鹽者，三人已上，持杖及頭首並處死；若遇官司擒捕，輒敢拒捍者，雖不持仗，亦處死；若不持仗，及不曾拒捍，鹽數至配役三年者，杖脊二十，刺面押赴闕，其餘不以所犯鹽數多少，並杖脊二十，於本處配役三年。顆鹽、末鹽雖皆是禁法地分，亦不許遞相侵越，如官中買到及請到鼉鹽輒相侵越者，並量罪科決。淮南諸舊禁法賣鹽處，斤為錢四十，內廬、舒、蘄、黃、和州、漢陽軍去建安軍水路稍遠，斤為錢五十。襄州等十四處，舊顆鹽通商，今並禁止，每斤錢五十足陌，令襄州都大於建安軍般請。其鄧、唐、房、隨、均、金等州及光化軍，轉於襄州請，又安州都大於建安軍請，其順陽軍轉於安州請，復、郢二州各於建安軍請，商、華二州不通水路，並令雇召陸腳，商州於華州請，蔡州於陳州請。江南十五州，並於建安軍請，內升、潤、常、宣、池州、平南、江陰、寧遠軍去建安軍稍近，依江北諸軍例，斤為錢四十。江、洪、筠、鄂、撫、饒、袁、台、建安軍稍遠，斤為錢五十。歙、信、建、劍接近兩浙界，斤為錢五十，就兩浙般請。虔、汀二州接近廣南界，斤為錢五十，汀州於潮州般請，虔州於南雄州般請。其青白鹽舊通商之處，即令仍舊。」從之。

　　——（清）徐松：《宋會要輯稿》，第一百三十二冊，《食貨二三》，第 19-21 頁，北京：中華書局，1957 年版，總第 5184、5185 頁。

太平興國八年（983）。八年三月，詔曰：「饒州歲市私鉛錫六萬斤，為錢十五，自今請增三錢；錫十五萬斤，為錢二十九，增六錢。饒州市炭，秤為錢十，增三錢。」從轉運使張齊賢之請也。先是，李煜因唐舊制，於饒州永平監歲鑄錢六萬貫。江南平，增數為七萬貫，常患銅少不充用。齊賢任轉運使，求得江南偽承旨丁剑，盡知饒、信、虔等州山谷出銅、鉛、錫處，齊賢即調發諸縣丁男採之。是年增數十倍，明年得銅鉛八十五萬斤，錫十六萬斤，因雜用鉛、錫，歲鑄錢三十萬貫。補丁剑為承旨，領五郡銅。先是，永平監用開通元寶錢法，甚好，周郭精妙。至是雜用鉛、錫，雖歲增數倍，而稍為粗惡。《續通鑒長編》又云：初，齊賢陛辭日，上面命曰：「漢時吳王即山鑄錢，江南多出銅，為朕密營之。」齊賢訪前代鑄法，惟永平監用唐開元錢料，堅實可久，由是定取其法：凡用銅八十五萬斤，鉛三十六萬斤，錫十六萬斤。或言增鉛錫多，齊賢固引唐朝舊法為言。

　　——（清）徐松：《宋會要輯稿》，第一百二十七冊，《食貨一一》，第 4 頁，北京：中華書局，1957 年版，總第 4994 頁。

太平興國八年（983）。太宗太平興國八年，詔：「饒州歲市炭，秤為十，自今秤增三錢。」

　　——（清）徐松：《宋會要輯稿》，第一百四十七冊，《食貨五四》，第 12 頁，北京：中華書局，1957 年版，總第 5743 頁。

淳化二年（991）。八月，詔：「江南、兩浙、荊湖、福建、廣南道秋稅，先自九月一日起納。兩方稅稻，須霜降成實，自今

宜自十月一日為首。」

　　——（清）徐松：《宋會要輯稿》，第一百六十二冊，《食貨
七〇》，第 5 頁，北京：中華書局，1957 年版，總第 6373 頁。

　　淳化五年（994）。淳化五年，詔：「饒州舊例集民為甲，令
就官場買茶。自令聽從便收市。又至道二年十月，賜池州新置鑄
錢監名曰永豐。先是，州每年鑄錢四十萬貫，至是復於池州分置
是監，共鑄錢六十四萬貫。」

　　——（清）徐松：《宋會要輯稿》，第一百二十七冊，《食貨
一一》，第 4、5 頁，北京：中華書局，1957 年版，總第 4994、
4995 頁。

　　至道二年（996）。至道二年八月，詔江南、兩浙、淮南諸
州置糴，分遣京朝官涖之，以歲熟故也。

　　——（清）徐松：《宋會要輯稿》，第一百四十冊，《食貨三
九》，第 1 頁，北京：中華書局，1957 年版，總第 5489 頁。

　　至道三年（997）。（八月）二十日，江南轉運司言：「吉州
稅物有名件繁細者，頗擾於民，詔並除之。」

　　——（清）徐松：《宋會要輯稿》，第一百二十九冊，《食貨
一七》，第 14 頁，北京：中華書局，1957 年版，總第 5090 頁。

　　至道三年（997）。十二月一日，免洪州、袁州每歲二社酒
錢。

——（清）徐松：《宋會輯稿》，第一百二十九冊，《食貨一七》，第 14 頁，北京：中華書局，1957 年版，總第 5090 頁。

咸平二年（999）。咸平二年，宰臣張齊賢言：「今錢貨未多，望擇使臣按行出銅易得炭薪之處，增置監鑄錢。」乃命虞部員外郎馮亮等至建州置豐國監，江州置廣寧監。明年，凡鑄錢一百二十五萬，乃以亮為江南轉運副使、提點江南福建鑄錢事。康定元年，因陝西移用不足，屯田員外郎皮仲容建議增監冶鑄，因敕江南鑄大錢，而江、池、虢、饒州又鑄小鐵錢，悉輦致關中。慶曆元年十一月，詔江、饒、池三州鑄鐵錢三百萬緡，備陝西軍費。崇寧二年正月，戶部尚書吳居厚言：「江、池、饒、建四監歲鑄緡錢一百三十餘萬，近年侵久，欲別立勸沮之格。」詔從之。十月，江淮等路發運副使胡師文言：「自熙寧以來，當二大銅錢不許轉京，故諸州官庫所積甚多。今迄改鑄當十錢，許四文，可成三文，則十萬貫當為三百萬貫。」癸卯，詔從之，令江、池、饒、建、舒、睦、衢、鄂八監，依陝西樣鑄當十錢。於是當二錢悉罷鑄矣。後崇寧五年，不行用，其當二錢依舊存用，仍罷鑄當十錢，只令鑄小錢。

——（清）徐松：《宋會輯稿》，第一百二十七冊，《食貨一一》，第 6 頁，北京：中華書局，1957 年版，總第 4995 頁。

咸平三年（1000）。三年七月二十一日，江南轉運副使任中正言：「准詔以饒州置場買納浮梁、婺源、蘄門縣茶，不便於民，令臣與三班借職胡澄審行計度。今親到饒、歙二州茶倉詢問

逐處民俗，皆言溪灘險惡，艱阻尤甚，願各復往日茶倉就便輸納。及據浮梁縣民李思堯等眾狀，願備材木起造倉敖。」從之，仍降詔曰：「山澤之徵，所期公共，苟便氓俗，豈圖羨贏？而言事之人不明大體，務為沿革，罔恤蒸黔。特命使車，往詢疾苦，用循舊制，式遂輿情。已令制置茶鹽、江南轉運司並依任中正所奏。」

　　——（清）徐松：《宋會要輯稿》，第一百三十六冊，《食貨三〇》，第 2 頁，北京：中華書局，1957 年版，總第 5319 頁。

　　景德年間（1004-1007）。景德鎮為宋景德年間置鎮。景德窯，宋景德年間燒造，土白壤而埴，質薄膩，色滋潤。真宗命進御瓷，器底書『景德年製』四字，其器尤光致茂美，當時則效著海內，於是天下咸稱景德鎮瓷器，而昌南之名逐微。

　　——（清）藍浦、鄭廷桂：《景德鎮陶錄》卷五，《景德鎮歷代窯考》，見《續修四庫全書》，第 1111 冊，《子部·譜錄類》，上海：上海古籍出版社，第 383 頁。

　　景德年間（1004-1007）。景德鎮為宋景德年間置鎮。浮於饒稱望邑，景德一鎮，屹然東南一雄觀。業陶者於斯，質陶者聚於斯，天下之大受陶之利，而舉以景德名。浮處萬山之中，而景德一鎮，則固邑南一大都會也。殖陶之利，五方雜居，百貨具陳熙熙乎，稱盛觀矣。昌南鎮陶器，行於九域，施及外洋，事陶之人，動以數萬計，海樽山俎，咸萃於斯，蓋以山國之險，兼都會之雄也。景德江右，一巨鎮也。隸於浮，業制陶器，利濟天下，

四方遠近挾其技能以食力者，莫不趨之如鶩。昌江之南有鎮曰陶陽，距城二十里，而俗與邑鄉異，列市受廛，延袤十三里許，煙火逾十萬家。陶戶與市肆當十之七八，土著居民十之二三，凡食貨之所需求無不便，五方籍借陶以利者甚眾。

——（清）藍浦、鄭廷桂：《景德鎮陶錄》卷八，《陶說雜編上》，見《續修四庫全書》，第 1111 冊，《子部·譜錄類》，上海：上海古籍出版社，第 401、402 頁。

景德年間（1004-1007）。景德鎮為宋景德年間置鎮。陶廠景德鎮，在今浮梁縣西興鄉，水土宜陶。宋景德中始置鎮，因名。置監鎮一員。元更景德鎮稅課局，監鎮為提領。國朝洪武初，鎮如舊，屬饒州府浮梁縣。正德初，置玉器廠專管御器。

――（明）王宗沐纂修，陸萬垓：《江西省大志》卷七，《陶書》，明萬曆二十五年刊本，臺北：成文出版社，1989 年版，第 813 頁。

景德年間（1004-1007）。景德年間知州楊侃說：「（袁州府）地接湖湘，俗雜吳楚，壤沃而利厚，人繁而訟多。」

——雍正《江西通志》卷二六，《風俗》，《文淵閣四庫全書》本。

景德至熙寧年間。歐陽脩（1007-1073），在其《雙井茶》中寫道：「西江水清江石老，石上生茶如鳳爪。窮臘不寒春氣早，雙井芽生先百草。白毛囊以紅碧紗，十斤茶養一兩芽。長安富貴

五侯家，一啜尤須三日誇。寶雲日注非不精，爭新棄舊世人情。
豈知君子有常德，至寶不隨時變易。君不見建溪龍鳳團，不改舊
時香味色。」

　　——（宋）歐陽脩：《雙井茶》，見《文忠集》卷九，《居士
集九·古詩三十首》，《文淵閣四庫全書》本。

　　大中祥符元年（1008）。大中祥符元年閏十月，右諫議大夫
淩策言：「饒州自來官買金，禁客旅興販。或為人論告，即追禁
平人，煩撓刑獄。自今請許納稅錢。」從之。

　　——（清）徐松：《宋會要輯稿》，第一百二十七冊，《食貨
一一》，第 5 頁，北京：中華書局，1957 年版，總第 4995 頁。

　　大中祥符二年（1009）。二年六月，詔：「饒、池州等鑄錢
監，比者歲給緡錢，以贍工匠，宜例加給。饒州歲七十萬，池州
三十萬。」五年，詔增給諸州鑄錢監匠率分錢。五年，除饒、信
州買銅場壞稅錢。饒州鄱陽、樂平、浮梁、德興四縣和買金額五
百四十二兩八錢，三班一員監當。又饒州德興市銀場和買年額千
七百四十九兩五錢，縣官一員監。又饒州興利場和買額二十一萬
一千七百三十四斤二兩，三班一員監。又饒州永平監額四十五萬
三千一百五十貫，朝官、三班各一員監。又饒州及德興、浮梁、
餘干、安仁縣、石頭鎮六務，稅錢額二萬五千四百七十貫。又饒
州及餘干、浮梁、樂平、德興、安仁、興利場，石頭鎮、景德鎮
九務酒麴錢，歲額四萬七千八百三十九斤。又饒州茶品片茶慶合
每斤一百四十三文，運合一百二十二文，仙芝一百一十文，不及

號七十七文，頭金每斤五百文，臘面四百一十五文，頭骨三百五十五文、茗茶、末茶並四十一文，鹿黃三十七文。又饒州公用錢二百貫。《九朝通略》云：初，鑄錢但有饒州永平、池州。

——（清）徐松：《宋會要輯稿》，第一百二十七冊，《食貨一一》，第 5 頁，北京：中華書局，1957 年版，總第 4995 頁。

大中祥符至嘉祐年間。北宋李覯（1009-1059），其《東湖》：古郡城池已瞰江，重湖更在郡東方。水仙坐下魚鱗赤，龍女門前橘樹香。路絕塵埃非灑掃，地無風雨亦清涼。使君待客多娛樂，只有醒時覺異鄉。

——（宋）李覯：《東湖》，見《盱江集》卷三七，《近體》，《文淵閣四庫全書》本。

大中祥符至嘉祐年間。北宋李覯（1009-1059），其《上孫寺丞書》：吾邑之在江表，亦繁巨矣。戶口櫛比，賦米之以斛入者，歲且數萬。

——（宋）李覯：《上孫寺丞書》，見《盱江集》卷二七，《書》，《文淵閣四庫全書》本。

大中祥符四年（1011）。帝以江、淮、兩浙稍旱即水田不登，遣使就福建取占城稻三萬斛，分給三路為種，擇民田高仰者蒔之，蓋旱稻也。內出種法，命轉運使揭榜示民。後又種於玉宸殿，帝與近臣同觀；畢刈，又遣內侍持於朝堂示百官。稻比中國者穗長而無芒，粒差小，不擇地而生。

——（元）脫脫：《宋史》卷一百七十三，志第一百二十六，《食貨志上一·農田》，北京：中華書局點校本，1977 年版，第 4162 頁。

大中祥符五年（1013）。（四月）二十二日，除饒、信州買銅場壞稅錢。

——（清）徐松：《宋會要輯稿》，第一百二十九冊，《食貨一七》，第 16 頁，北京：中華書局，1957 年版，總第 5091 頁。

大中祥符七年（1014）。七月，詔：「自今處、吉州、南安軍納糖，以五萬斤為一綱。交裝之時，須長吏對拜入籠封記，付管押吏。仍具無夾帶稀嫩汁淬狀上三司，每籠以百斤為准。如欠數，即令官吏均償。若管押吏不切點檢，損動封記，即於管押吏催理。其藥蜜庫監官，須折籠秤數，不得傲倖。納下嫩汁者，如已後虧惡，即於本庫剝納虧官錢。」

——（清）徐松：《宋會要輯稿》，第一百四十六冊，《食貨五二》，第 13 頁，北京：中華書局，1957 年版，總第 5705 頁。

天禧三年（1019）。時銅錢有四監：饒州曰永平，池州曰永豐，江州曰廣寧，建州曰豐國。京師、升鄂杭州、南安軍舊皆有監，後廢之。凡鑄錢用銅三斤十兩，鉛一斤八兩，錫八兩，得錢千，重五斤。唯建州增銅五兩，減鉛如其數。至道中，歲鑄八十萬貫；景德中，增至一百八十三萬貫。大中祥符後，銅坑多不發，天禧末，鑄一百五萬貫。

——（元）脫脫等：《宋史》卷一百八十，志第一百三十三，《食貨下二·錢幣》，北京：中華書局點校本，1977 年版，第 4379 頁。

天禧至元豐年間。曾鞏（1019-1083）描述分寧農業情形道：分寧人勤生而嗇施，薄義而喜爭，其土俗然也。自府來抵其縣五百里，在山谷窮處，其人修農桑之務，率數口之家，留一人守舍行饁，其外盡在田。田高下磽腴隨所宜，雜殖五穀無廢壤，女婦蠶杼無惰人。茶鹽、蜜紙、竹箭、材葦之貨，無有纖巨，治鹹盡其身力，其勤如此。富者兼田千畝，廩實藏錢至累歲不發。

——（宋）曾鞏：《分寧縣雲峰院記》，見《元豐類稿》卷一七，《記》，《文淵閣四庫全書》本。

天禧至元豐年間。曾鞏（1019-1083）描述南城麻姑山墾山情形道：麻姑之路摩青天，蒼苔白石鬆風寒。峭壁直上無攀援，懸磴十步九屈盤。上有錦繡百頃之平田，山中遺人耕紫煙。又有白玉萬仞之飛泉，噴崖直瀉蛟龍淵。

——（宋）曾鞏：《麻古山送南城尉羅君》，見《元豐類稿》卷四，《古詩》，《文淵閣四庫全書》本。

天禧至元豐年間。北宋王安石（1021-1086）描述撫州印象：撫之為州，山耕而水蒔，牧牛馬，用虎豹，為地千里，而民之男女以萬數者五六十，地大人眾如此。

——（宋）王安石：《撫州通判廳見山閣記》，見《臨川文

集》卷八三，《記》，《文淵閣四庫全書》本。

天禧至元豐年間。北宋王安石（1021-1086）描述虔州印象：
虔州江南地最曠，大山長谷，荒翳險阻，交廣閩越，銅鹽之販道所出入。椎埋盜奪，鼓鑄之奸，視天下為多。

——（宋）王安石：《虔州學記》，見《臨川文集》卷八三，《記》，《文淵閣四庫全書》本。

天聖元年（1023）。仁宗天聖元年六月，江西勸農使朱正辭上言：「昨知饒州，據鄱陽縣佃戶吳知等經縣請射崇德鄉逃戶田產，今主人有狀，經縣不許請射逃田，遂送法司。大中祥符六年敕：江南逃田如有人請射，先勘會本家舊業下得過三分之一。其吳智等無田抵當，更不給付。以臣愚見，若舊業田有三分方給一分，則是貧民常無田業請射，唯物力戶方有抵當。欲乞特降敕命，應管逃田不問有無田業，欲並許請射。」事下法寺與三司定奪。三司言：「江南逃田，若須令有田之戶以舊業三分請射一分，則無土貧民無由請佃，荒閑蓋多，又有田業人挑段請射。今欲應管逃田，許不問戶下有無田業，並令全戶除墳塋外請射，充屯田佃種，依例納夏、秋租課，永不起稅。若一戶無力全佃，許眾戶同狀分請，一戶逃移勒同請人均輸。」並從之。

——（清）徐松：《宋會要輯稿》，第一百二十一冊，《食貨一》，第 20、21 頁，北京：中華書局，1957 年版，總第 4811、4812 頁。

天聖五年（1027）。十一月，詔：「江淮、兩浙、荊湖、福建、廣南州軍，舊條，私下分田客，非時不得起移，如主人發遣，給與憑由，方許別住。多被主人折勒，不放起移。自今後客戶起移，更不取主人憑由，須每田收田畢日，商量去住，各取穩便；即不得非時衷私起移。如是主人非理欄占，許經縣論詳。」

──（清）徐松：《宋會要輯稿》，第一百二十一冊，《食貨一》，第 24 頁，北京：中華書局，1957 年版，總第 4813 頁。

天聖八年（1030）。八年十月，三司言：「江南西路轉運使苗積言：『檢會轄下一十州軍，每春冬衣賜數內三衣布，除興國軍支遣得足外，餘洪、虔等九州年支布五萬匹，自來並從福建路州軍收買，轉般應副。睹其裨布，全然粗疏，不堪裝著，軍人請到，貨賣價少。自來於福、泉、漳州、興化軍四處置場收買，每匹價錢並津般往回官錢三百四十九文，軍人出賣，得錢三百一十一文省，亦有只得百五十六文足錢去處。以此比仿，實兩虧損。今欲酌中取洪州定支布價，每匹三百二十文省，令洪、虔等九州依例給見錢。所是元支破買布價錢，仍乞令本司勘會，酌實貫伯，每年發送，赴當路交納，應副春冬支給布價。』省司勘會：洪、虔等九州軍分折各情願，乞依洪州例請領衣布價錢，乞令福建路轉運司將每買布價錢般運赴江南西路州軍下卸，應副支給軍人布價。又緣見錢腳重，陸路難以津般，今更不行外，仍乞下福建轉運司，今後更不科買綿、絲、布，將每年合買賣錢於出產銀貨州軍收買鋌銀，計綱上京送納。」從之。

──（清）徐松：《宋會要輯稿》，第一百五十六冊，《食貨

六四》，第 21、22 頁，北京：中華書局，1957 年版，總第 6110
頁。

　　天聖至紹聖年間。北宋沈括（1031-1095），其《夢溪筆談》
記載江西所出漕糧數量：發運司歲貢京師米，以六百萬石為額。
淮南一百三十萬石，江南東路九十九萬一千一百石，江南西路一
百二十萬八千九百石，荊湖南路六十五萬石，荊湖北路三十五萬
石，兩浙路一百五十萬石，通餘羨歲入六百二十萬石。
　　——（宋）沈括：《夢溪筆談》卷一二，《官政二》，長沙：
嶽麓書社，2002 年版，第 95 頁。

　　景祐初（1032-1034）。金橘產於江西，以遠難致，都人初不
識。明道、景祐初，始與竹子俱至京師。竹子味酸，人不甚喜，
後遂不至；而金橘香清味美，置之樽俎間，光彩灼爍，如金彈
丸，誠珍果也。都人初亦不甚貴，其後因溫成皇后尤好食之，由
是價重京師。余世家江西，見吉州人甚惜此果，其欲久留者，則
于綠豆中藏之，可經時不變雲。橘性熱而豆性涼，故能久也。
　　——（宋）歐陽脩：《文忠集》卷一二七，《歸田錄》，《文
淵閣四庫全書》本。

　　景祐二年（1035）。宋景祐二年，置提點刑獄鑄錢監於虔
州。元豐二年，三司請增設一員，定為兩司，一在饒州，一在虔
州，在饒者領江東、淮、浙、七閩，在虔者領江西、荊、湖、二
廣。

——（清）黃德溥等修、褚景昕等纂：《贛縣志》卷五四，《雜類志·軼事》，臺北：成文出版社據清同治十一年（1872）刻本，民國二十三年（1931）重印本影印，1975 年版，第 2061 頁。

景祐後（1034-1038）。臘茶出於劍、建，草茶盛於兩浙。兩浙之品日注為第一。自景祐以後，洪州雙井白芽漸盛，近歲製作尤精，囊以紅紗，不過一二兩，以常茶十數斤養之，用避暑濕之氣。其品遠出日注上，遂為草茶第一。

——（宋）歐陽修：《文忠集》卷一二六，《歸田錄》，《文淵閣四庫全書》本。

景祐至政和年間。北宋蘇轍（1039-1112），其《茶花二首》描述江西名茶「黃蘖茶」：黃蘖春芽大麥粗，傾山倒谷採無餘。只疑殘桃陽和盡，尚有幽光霰雪初。耿耿清香崖菊似，依依秀色嶺梅如。經春結子猶堪種，一畝荒原試為鋤。細嚼花須味亦長，新芽一粟夜間藏。稍經臘雪侵肌瘦，旋得春雷發地強。開落空山誰比數，烝烹來歲最先嘗。枝枯葉硬天真在，踏遍牛羊未改香。

——（宋）蘇轍：《茶花二首》，見《欒城集》卷一〇，《詩九十六首》，《文淵閣四庫全書》本。

慶曆三年（1043）。慶曆三年十一月七日，詔：「訪聞江南舊有圩田，能禦水旱；並兩浙地卑，常多水災，雖有堤塘，大半隳廢。及京東西，亦有積潦之地，舊常開決溝河。今罷役數年，

漸已湮塞，復將為患。宜令江淮、兩浙、荊湖、京東、京西路轉運司轄下州軍圩田，並河渠堤堰陂塘之類，合行開修去處，選官計工料，每歲於二月間未農作時興役，半月即罷。仍具各處開修功績，並所獲利濟大小事狀保明聞奏，當議等第酬獎。內有系災傷人戶，即不得一例差夫搔擾。如吏民有知農桑，可興廢利害，許經運司陳述，件析利害，盡時選官相度。如委利濟，亦即施行。」

——（清）徐松：《宋會要輯稿》，第一百五十二冊，《食貨六一》，第 93 頁，北京：中華書局，1957 年版，總第 5920 頁。

慶歷年間。慶歷中，廣東轉運使李敷、王繇請運廣州鹽於南雄州，以給虔、吉，未報，即運四百餘萬斤於南雄，而江西轉運司不以為便，不往取。後三司戶部判官周湛等八人復請運廣鹽入虔州，江西亦請自具本錢取之。詔尚書屯田員外郎施元長等會議，皆請如湛等議，而發運使許元以為不可，遂止。

——（元）脫脫等：《宋史》卷一百八十二，志第一百三十五，《食貨下四》，北京：中華書局點校本，1977 年版，第 4441 頁。

慶歷至元符年間。曾安止（1048-1098），其《禾譜》云：「江南俗厚，以農為生。吉居其右，尤殷且勤。漕台歲貢百萬斛，調之吉者十常六七，凡此致之縣官者耳。春夏之間，淮甸荊湖，新陳不續，小民艱食。豪商巨賈，水浮陸驅，通此饒而阜彼乏者，不知其幾千萬億計。朽腐之迹，實半天下，嗚呼盛哉。嘗觀三代

之隆，家有宅，夫有田，養生之具，如此其備。垂綖五寸，異服以愧其心；屋粟里布，厚徵以困其財。督責之法，又如此其嚴，猶以為未能丁寧反復，以作其怠惰之氣。田畯至喜，以勸其力，曾孫不怒，以慰其心。故方此時，民無遊手，而地無遺利，亦以其法制全而道化行也。滅裂於秦漢，鹵莽於五季，宅不家給，田不夫制，兼併者得以連阡陌，而貧乏者不能有立錐。遊怠者無恥，不耕者無罰，而天下之民，始倡狂汙漫，若牛馬麋鹿群逐於曠野，惟所適往，曾莫之禁。獨吉之民，承雕儂之餘，能不謬於所習，盷盷然，惟稼穡之為務。凡髫齔之相與嬉，耋耈之相與言，無非櫌、鋤、錢、鎛之器，作訛成易之事，故自邑以及郊，自郊以及野，巉崖重穀，昔人足跡所未嘗至者，今皆為膏腴之壤，而民生其間者，雖椎魯樸鈍，不覘詩書禮義之文，不哦經生儒士之言，而孝悌之行，誠意之心，醇然無異於三代之盛時。豈非處中國之一偏，干戈瘄痍所不及，上下日以播種為俗，無流離凍餒之迫，而有飽食逸居之計。是以歷世雖久，去先王雖遠，而餘澤猶在也。豈惟民哉，儒而士者，平居之日，孰不介止以蒸之作，其有政，爰知小人之依，然則有天下之大者，安可旦晝不及乎此也。近時士大夫之好事者，嘗集牡、荔枝與茶之品，為經及譜，以誇於市肆。予以為農者，政之所先，而稻之品亦不一，惜其未有能集之者，適清河公表臣持節江右，以是屬餘，表臣職在將明，而恥知物之不博。野人之事，為賤且勞，周爰諮訪，不自倦逸，可謂善究其本者哉。予愛其意，而為之書焉。」

　　——（宋）曾安止：《禾譜·序》，轉引自曹樹基：《禾譜校釋》，《中國農史》，1985 年第 3 期。

皇祐四年（1052）。十一月，詔江南西路、荊南路、廣南東、西路人戶常供軍須者，蠲今年秋稅三分。

——（清）徐松：《宋會要輯稿》，第一百六十三冊，《食貨七〇》，第 166 頁，北京：中華書局，1957 年版，總第 6453 頁。

景德至熙寧年間。歐陽脩在《寄題沙溪寶錫院》中描寫家鄉永豐縣當地人種苧麻、織苧麻的習俗。為愛江西物物佳，作詩嘗向北人誇。青林霜日換楓葉，白水秋風吹稻花。釀酒烹雞留醉客，鳴機織苧遍山家。野僧獨得無生樂，終日焚香坐結跏。

——（宋）歐陽脩：《寄題沙溪寶錫院》，見《文忠集》卷一四，《居士集十四·律詩六十五首》，《文淵閣四庫全書》本。

皇祐五年（1053）。五年二月，敕書：「廣南東、西路經賊州縣，未納去年夏、秋稅賦，並除放。非經賊而應付軍須處，已令放稅三分，今更特放二分。如已納，即於將來稅賦內折除。其先因災傷倚閣稅賦，並除之。江南西路、荊湖南路人戶曾運錢、糧、軍須應付廣南者，放將來夏稅五分，仍免差徭一年；其經修築城隍，放將來夏稅三分，去年以前倚閣稅賦，並除之。」

——（清）徐松：《宋會要輯稿》，第一百六十三冊，《食貨七〇》，第 166 頁，北京：中華書局，1957 年版，總第 6453 頁。

皇祐中。皇祐中，饒、池、江、建、韶五州鑄錢百四十六萬

緡，嘉、邛、興三州鑄大鐵錢二十七萬緡。至治平中，饒、池、江、建、韶、儀六州鑄錢百七十萬緡，而嘉、邛以率買鐵炭為擾，自嘉祐四年停鑄十年，以休民力，至是，獨興州鑄錢三萬緡。

——（元）脫脫等：《宋史》卷一百八十，志第一百三十三，《食貨下二‧錢幣》，北京：中華書局點校本，1977 年版，第 4382 頁。

嘉祐二年（1057）。撫非通道，故貴人富賈之遊不至。多良田，故水旱螟螣之災少，其民樂於耕桑以自足，故牛馬之牧於山谷者不收，五穀之積於郊野者不垣，而晏然不知枹鼓之驚、發召之役也。君既因其土俗而治簡靜，故得以休其暇日，而寓其樂於此州，人士女樂其安且治，而又得遊觀之美，亦將同其樂也。故予為之記，其成之年月日，嘉祐二年之九月九日也。

——（宋）曾鞏：《擬峴台記》，見《元豐類稿》卷一八，《記》，《文淵閣四庫全書》本。

嘉祐三年（1058）。十一月，詔曰：「國家建都河汴，仰給江淮，歲漕資糧，溢於唐漢。繄經制之素定，有常守而不逾。六路所供之租，各輸於真、楚；度支所用之數，率集於京師。以發運使總其綱條，以轉運使幹其歲入。荊湖舟楫回載海鹽，淮汴舳艫不涉江路。方冬閉塞，役卒得以少休；近歲因循，茲事從而遂廢。吏緣為蠹，人實告勞。比飭攸司，遵用往則，曠歲於此，格詔未行。豈發運使不能總綱條，而轉運使不能幹歲入哉！今茲講

復，皆本故事，維爾職隳，則有譴罰。其令江南東、西、荊湖南、北路、兩浙運司，限一年，各造船，添梢工及駕船卒，團成本路糧綱。自嘉祐五年為始，止令逐路據年額斛斗般赴真、楚、泗州轉般倉，卻運鹽歸本路發運司，更不得支撥裏河鹽糧綱往諸路。」初，發運使許元言：「江南東、西、荊湖南三路上供斛斗，舊皆逐路載至真、楚、泗三州，覆載鹽以回，而汴船不出外江，謂之裏河綱。每歲往來，四運入京，乃數上供之數。至十月，放牽駕兵卒歸營，謂之放凍。比年諸路轉運司年額不敷，發運司不放兵卒歸，乃令出外江沿江州軍載頭運，故諸路糧船大半為雜般綱，唯要發運司般鹽往逐處運米而還。且汴船不諳外江風水，沉失者多。朝廷累下三司條利害。」既從許元議，而會元罷去，不即行，故特降是詔。

——（清）徐松：《宋會要輯稿》，第一百四十二冊，《食貨四二》，第 19 頁，北京：中華書局，1957 年版，總第 5571 頁。

嘉祐年間（1056-1063）。嘉祐以來，或請商販廣南鹽入虔、汀，所過州縣收算；或請放虔、汀、漳、循、梅、潮、惠七州鹽通商；或謂第歲運淮南鹽七百萬斤至虔，二百萬斤至汀，民間足鹽，寇盜自息；或請官自置鋪役兵卒，運廣南、福建鹽至虔、汀州，論者不一。先嘗遣職方員外郎黃炳乘傳會所屬監司及知州、通判議，謂虔州食淮南鹽已久，不可改，第損近歲所增官估，斤為錢四十，以十縣五等戶夏秋稅率百錢令糴鹽二斤，隨夏稅入錢償官。繼命提點鑄錢沈扶覆視可否，扶等請選江西漕船團為十綱，以三班使臣部之，直取通、泰、楚都倉鹽。詔用炳等策，然

歲才增糶六十餘萬斤。江西提點刑獄蔡挺制置鹽事，乃令民首納私藏兵械給巡捕吏卒，而販黃魚籠挾鹽不及二十斤、徒不及五人、不以甲兵自隨者，止輸算勿捕。淮南既團新綱漕鹽，挺增為十二綱，綱二十五艘，鎖梜至州乃發。輸官有餘，以畀漕舟吏卒，官復以半買取之，繇是減侵盜之弊，鹽遂差善。又損糶價，歲課視舊增至三百餘萬斤，乃罷炳等議所率糶鹽錢。異時，汀州人欲販鹽，輒先伐鼓山谷中，召願從者與期日，率常得數十百人已上，與俱行。至是，州縣督責耆保，有伐鼓者輒捕送，盜販者稍稍畏縮。朝廷以挺為能，留之江西，積數年乃徙。久之，江西鹽皆團綱運致如虔州焉。

　　——（元）脫脫等：《宋史》卷一百八十二，志第一百三十五，《食貨下四》，北京：中華書局點校本，1977 年版，第4441、4442 頁。

　　治平元年（1064）。英宗治平元年四月，江西提點刑獄專制置虔汀漳州賊盜、提舉虔州賣鹽蔡挺理轉運使資序，以久在江西，方委以制置鹽故也。初，江西仰食淮南轉般食鹽，涉歷道遠，比至雜惡不可食。而汀、虔州人多盜販嶺南私鹽，數十百為群，與巡捕吏卒相鬥格，所至擾百姓，捕不能得，至或赦其罪招之。歲月既久，浸淫滋多，朝廷以為患。嘗遣使乘驛會江西、廣東、福建三路轉運使，議行嶺南鹽於虔、汀兩州。當是時，挺方知南安軍，具條奏利害，而三路轉運使等請以虔州十縣五等戶夏秋稅率百錢則令糶鹽二斤，從之，而歲所糶才六十萬斤。至是，令挺制置。挺令民首納私藏兵械，以給巡捕吏卒，而令販黃魚籠

挾鹽不及二十斤，徒不及五人、不以甲兵自隨者，止輸稅，勿捕。而朝廷又別團新綱，選三班使臣直取泰州如皋等諸場新鹽，鎖楸漕之，以給虔州。鹽既差善，而又減糶價，故私鹽稍不售。虔州及興國等九縣兩歲所糶鹽，比故額增至二百九十九萬八千餘斤。又汀州異時人欲販鹽，輒先伐鼓，而山谷中召願從者，與期日，率常得數十百人以上與俱行。至是，州縣督責耆保，有伐鼓者，輒捕送，盜販者由此稍衰息矣。

——（清）徐松：《宋會要輯稿》，第一百三十三冊，《食貨二四》，第1、2頁，北京：中華書局，1957年版，總第5195頁。

治平三年（1066）。治平三年九月，詔淮南、江浙、荊湖制置發運司，若江東、西年額斛斗不足，則許出汴河糧船七十綱以漕。初，許元言：「江東、西、湖南三路往時皆轉運以本路綱漕斛鬥至真、楚、泗州轉般倉，即載鹽歸本路，汴綱止漕三州轉般倉物上供，冬則放漕卒歸營，至春乃復集。近歲諸路因循，綱多壞，乃令汴綱至冬出江，為諸路轉漕，漕卒不得歸息，良困苦。乞詔諸路增修糧船，載年額至真、楚、泗州卸，如故事。」於是言利者亦多以元所言為是，朝廷為詔諸路如元奏。詔出，久之而諸路綱尚不集，嘉祐三年十一月，乃敕諸路限至五年，汴綱不得復出江。比及五年，而諸路船終少，發運司又屢奏乞令汴綱出漕，而執政輒以中旨詆絕之。諸路既患船不給，而汴綱以出江為利，既不得出，兵稍訖冬坐食而苦不足，皆盜折船材以充費，船愈壞，漕年額久愈不及。執政初但欲漕卒得歸息，而近歲糧綱多

和雇夫兒，每船卒不過一二，人既少，至冬當留守船，又實無得歸息者。至是乃詔汴綱出漕，然尚限其數，其後遂複許以皆出如故矣。

　　——（清）徐松：《宋會要輯稿》，第一百四十二冊，《食貨四二》，第 20 頁，北京：中華書局，1957 年版，總第 5571 頁。

　　治平年間（1064-1067）。治平中，京師入緡錢二百二十七萬，而淮南、兩浙、福建、江南、荊湖、廣南六路歲售緡錢，皇祐中二百七十三萬，治平中三百二十九萬。江、湖運鹽既雜惡，官估復高，故百姓利食私鹽，而並海民以魚鹽為業，用工省而得利厚。緣是不逞無賴盜販者眾，捕之急則起為盜賊，江、淮間雖衣冠士人，狃於厚利，或以販鹽為事。江西則虔州地連廣南，而福建之汀州亦與虔接，虔鹽弗善，汀故不產鹽，二州民多盜販廣南鹽以射利。每歲秋冬，田事才畢，恒數十百為群，持甲兵旗鼓，往來虔、汀、漳、潮、循、梅、惠、廣八州之地。所至劫人穀帛，掠人婦女，與巡捕吏卒鬥格，至殺傷吏卒，則起為盜，依阻險要，捕不能得，或赦其罪招之。歲月浸淫滋多，而虔州官糶鹽歲才及百萬斤。

　　——（元）脫脫等：《宋史》卷一百八十二，志第一百三十五，《食貨下四》，北京：中華書局點校本，1977 年版，第 4440、4441 頁。

　　熙寧初。熙寧初，江西鹽課不登，三年，提點刑獄張頡言：「虔州官鹽鹵濕雜惡，輕不及斤，而價至四十七錢。嶺南盜販入

虔，以斤半當一斤，純白不雜，賣錢二十，以故虔人盡食嶺南鹽。乃議稍減虔鹽價，更擇壯舟，團為十綱，以使臣部押。後蔡挺以贛江道險，議令鹽船三歲一易，仍以鹽純雜增虧為綱官、舟人殿最，鹽課遂敷，盜販衰止。自挺去，法十廢五六，請復之便。」詔從之。仍定歲運淮鹽十二綱至虔州。及章惇察訪湖南，符本路提點刑獄朱初平措置搬運廣鹽，添額出賣，然未及行。元豐三年，惇既參政，有郟亶者，邪險銳進，素為惇所喜，迎合惇意，推仿湖南之法，乞運廣鹽於江西。即遣寨周輔往江西相度。周輔承望惇意，奏言：「虔州運路險遠，淮鹽至者不能多，人苦淡食，廣東鹽不得輒通，盜販公行。淮鹽官以九錢致一斤，若運廣鹽，盡會其費，減淮鹽一錢，而其鹽更善，運路無阻。請罷運淮鹽，通搬廣鹽一千萬斤於江西虔州、南安軍，復均淮鹽六百一十六萬斤於洪、吉、筠、袁、撫、臨江、建昌、興國軍，以補舊額。」詔周輔立法以聞。周輔具鹽法並總目條上，大率峻剝於民，民被其害。舊，江西鹽場許民買撲，周輔悉籍於官賣之。遂以周輔遙領提舉江西、廣東鹽事，即司農寺置局。

　　——（元）脫脫等：《宋史》卷一百八十二，志第一百三十五，《食貨下四》，北京：中華書局點校本，1977 年版，第 4443頁。

　　熙寧三年（1070）。三年七月十四日，詔：「江南西路依舊每年運鹽一十二綱赴虔州，仰提點刑獄官與虔州知州提舉出賣，其梢工出剩賞格並年限退換新船，亦並依編敕；合破綱船、兵夫分數，即且依見行條貫。」先是，本路權提點刑獄張頡言：「前

本路提刑蔡挺兼提領鹽事，經畫有功，近日因循，挺之所為十廢五六，故官鹽雜砂，有滯貿易，竊慮嶺南私鹽漸次入界。」手詔：「蔡挺昨在東南處置鹽事最有顯效，績狀可驗，不惟課利增盈，實得盜賊屏息。今無故改革，致有如此不便。或使無賴嘯聚，極非細事。可詳頡奏，速令諸事一切如舊。」故有是命。

　　——（清）徐松：《宋會要輯稿》，第一百三十三冊，《食貨二四》，第 4、5 頁，北京：中華書局，1957 年版，總第 5196、5197 頁。

　　熙寧四年（1071）。四年，陝西轉運副使皮公弼奏：「自行當二錢，銅費相當，盜鑄衰息。請以舊銅鉛盡鑄。」詔聽之。自是折二錢遂行於天下。京西轉運使吳幾復建議：郢、唐、均、房、金五州多林木，而銅鉛積於淮南，若由襄、郢轉致郢、唐等州置監鑄錢，可以紓錢重之弊。神宗是之，而王安石沮之，其議遂寢。後乃詔京西、淮南、兩浙、江西、荊湖五路各置鑄錢監，江西、湖南十五萬緡、餘路十萬緡為額，仍申熟錢斤重之限。又以興國軍、睦衡舒鄂惠州既置監六，通舊十六監，水陸回遠，增提點之官。

　　——（元）脫脫等：《宋史》卷一百八十，志第一百三十三，《食貨下二·錢幣》，北京：中華書局點校本，1977 年版，第 4382 頁。

　　熙寧四年（1071）。四年，立錢綱驗樣法。崇寧監以所鑄御書當十錢來上，緡用銅九斤七兩有奇，鉛半之，錫居三之一。詔

頒其式於諸路，令赤仄烏背，書畫分明。時趙挺之為門下侍郎，繼拜右僕射，與蔡京議多不合，因極言當十錢不便，私鑄寖廣。乃令提刑司歲較巡捕官一路所獲多寡，繼令福建、廣南毋行用，第鑄以上供及給他路。凡為人附帶若封識影庇私鑄錢者，悉論以法，毋得蔭贖。其置鑄錢院，蓋將以盡收所在亡命盜鑄之人，然犯法者不為止。乃命荊湖南北、江南東西、兩浙並以折十錢為折五，舊折二錢仍舊。慮冒法入東北也，令以江為界，淮南重寶錢亦作當五用焉。五年，兩浙盜鑄尤甚，小平錢益少，市易濡滯。遂命以折五、折十上供，小平錢留本路；江、池、饒、建、韶州錢監，歲課以八分鑄小平錢，二分鑄當十錢。俄詔廣南、江南、福建、兩浙、荊湖、淮南用折二錢改鑄折十錢皆罷，其創置鑄錢院及招置錢戶並停。繼復罷鑄當十二分之令，盡鑄小平錢。荊湖、江南、兩浙、淮南重寶錢作當三，在京、京畿、京東西、河東、河北、陝西、熙河作當五。通寶錢所鑄未多，在官者悉封椿，在民間者以小平錢納換。旋復詔京畿、京東西、河北、河東、陝西、熙河當十錢仍舊，兩浙作當三，江南、淮南、荊湖作當五。

——（元）脫脫等：《宋史》卷一百八十，志第一百三十三，《食貨下二・錢幣》，北京：中華書局點校本，1977 年版，第 4387、4388 頁。

熙寧七年（1074）。於時，同、渭、秦、隴等州錢監，廢置移徙不一，銅鐵官多建言鑄錢，事不盡行，而又自弛錢禁，民之銷毀與夫闌出境外者為多。張方平嘗極諫曰：「禁銅造幣，盜鑄

者抵罪至死，示不與天下共其利也。故事，諸監所鑄錢悉入於王府，歲出其奇羨給之三司，方流布於天下。然自太祖平江南，江、池、饒、建置爐，歲鼓鑄至百萬緡。積百年所入，宜乎貫朽於中藏，充足於民間矣。比年公私上下並苦乏錢，百貨不通，人情窘迫，謂之錢荒。不知歲所鑄錢，今將安在。夫鑄錢禁銅之法舊矣，令敕具載，而自熙寧七年頒行新敕，刪去舊條，削除錢禁，以此邊關重車而出，海舶飽載而回，聞沿邊州軍錢出外界，但每貫收稅錢而已。錢本中國寶貨，今乃與四夷共用，又自廢罷銅禁，民間銷毀無復可辦。銷鎔十錢得精銅一兩，造作器用，獲利五倍。如此則逐州置爐，每爐增數，是猶畎澮之益，而供尾閭之泄也。」

——（元）脫脫等：《宋史》卷一百八十，志第一百三十三，《食貨下二·錢幣》，北京：中華書局點校本，1977 年版，第 4383、4384 頁。

熙寧至政和年間。北宋謝薖（1074-1116），其《竹友集》云：「撫於江西為富州，其田多上腴。有陂池川澤之利，民飽稻魚樂業而易治。歲比不登，道殣者眾。破資鬻田宅者，十室而七八；持妻子取雍直者，十室而三四。其輕俠少年無不椎埋掘塚，白晝劫人於市，寖以不治。」

——（宋）謝薖：《狄守祠堂記》，見《竹友集》卷八，《古賦論辯序記》，《文淵閣四庫全書》本。

熙寧八年（1075）。熙寧八年，兩浙饑饉，朝旨截撥江西及

本路上供斛斗一百二十五萬石，賜本路賑濟。只緣本路奏乞後，時不及於事，卒死五十萬人。去歲，十一月二十九日，聖旨令發運司撥上供斛斗二十萬石，賜本路減價出糶，所費只及熙寧六分之一。然及時濟用，倉廩有備，米不騰踴，人免流殍。本司今來勘會蘇、湖、常、秀等州，頻年災傷，人戶披訴已倍去歲，檢放苗米亦必加倍。不惟人戶闕食，亦恐軍糧不足。欲乞檢會去年體例，更賜加數，特與截撥本路或發運司上供斛斗三十萬石，令本路減價出糶，或用補軍糧之闕。伏望慈溍念一路軍民，特與盡數應副。

——（宋）蘇軾：《相度準備賑濟第一狀》，見《東坡全集》卷五八，《奏議一十二首》，《文淵閣四庫全書》本。

熙寧八年（1075）。十月二日，都提舉市易司言：「袁州和買綢絹，舊以鹽准折，今乞依諸路例，每匹給錢千，從本司遣官據合支鹽數，以末鹽鈔赴州出賣。」從之。

——（清）徐松：《宋會要輯稿》，第一百四十冊，《食貨三八》，第 2 頁，北京：中華書局，1957 年版，總第 5467 頁。

熙寧至紹興年間。葉夢得（1077-1148），其《避暑錄話》記載：「草茶極品，惟雙井、顧渚。亦不過各有數畝。雙井在分寧縣，其地屬黃氏魯直家也。元祐間魯直力推賞於京師旅人交致之，然歲僅得一二斤。爾顧渚在長興縣，所謂吉祥寺也，其半為今劉侍郎希范家所有，兩地所產歲亦止五六斤。近歲寺僧求之者多不暇精擇，不及劉氏遠甚。余歲求於劉氏，過半斤則不復佳，

蓋茶味雖均其精者，在嫩芽。取其初萌如雀舌者，謂之槍。稍敷而為葉者，謂之旗。旗非所貴，不得已取一槍一旗猶可，過是則老矣，此所以為難得也。」

　　——（宋）葉夢得：《避暑錄話》卷下，《文淵閣四庫全書》本。

　　熙寧十年（1077）。熙寧十年四月二十九日，司農寺言：「勾當公事王覺同江南西路監司、提舉司相度：興國軍永興縣民每稅錢一出役錢一，今減二分。」詔減五分。

　　——（清）徐松：《宋會要輯稿》，第一百五十七冊，《食貨六五》，第 20 頁，北京：中華書局，1957 年版，總第 6166 頁。

　　熙寧十年（1077）。十年正月九日，中書言：「近許市易司與江南西路轉運司兌供撫等五州軍鹽，和買綢絹，差屬官歐陽成總領，以鹽引從便移易，與轉運司財賦並場務課額有妨，欲令以諸州所支和買鹽數委轉運司相度裁定，罷還市易務所差官。」從之。

　　——（清）徐松：《宋會要輯稿》，第一百三十三冊，《食貨二四》，第 13 頁，北京：中華書局，1957 年版，總第 5201 頁。

　　熙寧至紹聖年間。北宋釋道潛，其《歸宗道中》，詳細描寫了南康軍星子縣的歸宗墟的開市情景：朝日未出海，杖藜適松門。老樹暗絕壁，蕭條聞哀猿。迤邐轉穀口，悠悠見前村。農夫爭道來，聒聒更笑喧。數辰競一虛，邸店如雲屯。或攜布與楮，

或驅雞與豚。縱橫箕帚材，瑣細難具論。老翁主貿易，俯仰眾所尊。區區較尋尺，一一手自翻。得無筋力疲，兩鬢埋霜根。

——（宋）釋道潛：《歸宗道中》，見《參寥子詩集》卷一，《廬山雜興十五首》，《文淵閣四庫全書》本。

元豐元年（1078）。二月二日，江南西路提舉司言：「興國軍永興縣有熙寧六年至九年拖欠役錢萬一千餘緡，本縣民戶地薄稅重，累經災傷，又役錢稍重，乞特蠲免。」從之。

——（清）徐松：《宋會要輯稿》，第一百六十三冊，《食貨七○》，第 171 頁，北京：中華書局，1957 年版，總第 6456 頁。

元豐元年（1078）。（七月）十八日，詔三司勘當江南路轉運司，如去年糧綱起發已辦，宜免折變見錢外，仍下發運司具析於六路，敷錢不均及並差官在江南西路劃刷。因依以聞。初，有旨聽發運司據逐路未運糧百萬碩折變見錢，至是，江南轉運司訴以年額轉漕已足，兼令於六路均出，今發運司獨令本路折變六十萬碩，又別遣官起本路見錢，靡有孑遺，違編敕量留準備，羅置三年芻糧之法，故有是詔。

——（清）徐松：《宋會要輯稿》，第一百四十冊，《食貨三九》，第 29 頁，北京：中華書局，1957 年版，總第 5503 頁。

元豐二年（1079）。曾鞏之《洪州東門記》曰：「南昌於禹貢為揚州之野，於地志為吳分其部所領八州。其境屬於荊閩南

粵，方數千里。其田宜粳稌，其賦粟輸於京師，為天下最。在江湖之間，東南一都會也。」

——（宋）曾鞏：《洪州東門記》，見《元豐類稿》卷一九，《記》，《文淵閣四庫全書》本。

元豐二年（1079）。哲宗即位，御史中丞黃履奏福建多以鹽抑民，詔：「去歲先帝已立分遣御史、郎官察舉監司之法，福建遣御史黃降，江西遣御史陳次升按之。」繼又以命吏部郎中張汝賢並察舉周輔所立鹽法。降言：「福州緣王氏之舊，每產錢一當餘州之十，其科納以此為率，餘隨均定，鹽額亦當五倍，而實減半焉。昨王子京奏立產鹽法，失於詳究，遂概以額增，多寡之間，遼遠絕殊，遠民久無以伸。」詔付汝賢。明年，按察司盡以所察事狀聞，於是福建轉運副使賈青、王子京皆坐掊克，謫監湖南鹽酒稅；刑部侍郎蹇周輔坐議江西鹽法，掊克誕謾，削職知和州；郟亶坐倡議運廣鹽江西，張士澄坐附會推行周輔之法，肆志抑擾，並黜官；閩清縣尹徐壽獨用鹽法初行，能守官不撓，民以故不多受課，言於朝加賞焉。汝賢請定福建產賣鹽額，詔從其請；凡抑民為鹽戶及願退不為行者，以徒一年坐之，提舉鹽事官知而不舉，論如其罪。已而殿中侍御史呂陶奏：「朝廷以福建、江西、湖南等路鹽法之弊，流毒生靈，遣使按視，譴黜聚斂之吏，以慰困窮之民，天下皆知公議之不可廢也。然湖南、江西運賣廣鹽添額之害，京東、河北榷鹽，皆章惇所倡，願付有司根治其罪，使賊民罔上之臣，少知所畏。」監察御史孫升繼言：「江西、湖南鹽法之害，兩路之民，殘虐塗炭，甚於兵火，獨提舉官

劉誼乃能上言極其利害，誼坐奪官勒停。」詔御誼官，起守韶州。崇寧以後，蔡京用事，鹽法屢變，獨福建鹽於政和初斤增錢七，用熙寧法聽商人轉廊算請，依六路所算末鹽錢每百千留十之一，輸請鹽處為鹽本錢。

——（元）脫脫等：《宋史》卷一百八十三，志第一百三十六，《食貨下五》，北京：中華書局點校本，1977 年版，第 4462、4463 頁。

元豐二年（1079）。二年，袁州禾一莖八穗至十一穗，皆層出，長者尺餘。洪州六縣稻已獲，再生皆實。

——（元）馬端臨：《文獻通考》卷二九九，《物異考五》，北京：中華書局，1986 年版，第 2368 頁。

元豐三年（1080）。九月二十八日，詔權發遣三司度支副使蹇周輔相度江西、廣東賣鹽。

——（清）徐松：《宋會要輯稿》，第一百三十三冊，《食貨二四》，第 19、20 頁，北京：中華書局，1957 年版，總第 5204 頁。

元豐四年（1081）。三月一日，權發遣三司度支副使蹇周輔言：「江西歲運淮鹽有常數，人若淡食，而廣東所產不得輒通，無賴奸民冒利犯禁，習以盜販為業。已與兩路監司會議，謂宜立法，兼通廣鹽於虔州，以七百萬斤為年額，以百萬斤為準備，復均虔州舊賣淮鹽六百一十六萬餘斤於洪、吉、筠、袁、撫、臨

江、建昌、興國等州軍闕鹽出賣處，不害淮鹽舊法，而可通廣鹽。」詔令周輔限一月立法。已而周輔具江西、廣東路鹽法並總目條上，從之。

——（清）徐松：《宋會要輯稿》，第一百三十三冊，《食貨二四》，第 20 頁，北京：中華書局，1957 年版，總第 5204 頁。

元豐四年（1081）。（三月）四日，權發遣三司度支副使公事塞周輔奏：「聞江南西路人納淨利買撲鹽場，緣鹽係民食，與坊場不同，今欲量縣大小、戶口多寡立年額，官自出賣，仍先乞廢罷買撲處，令轉運司候法行日，於增賣鹽錢內據淨利錢數撥還提舉司。」從之。

——（清）徐松：《宋會要輯稿》，第一百三十三冊，《食貨二四》，第 20 頁，北京：中華書局，1957 年版，總第 5204 頁。

元豐五年（1082）。五年正月二十四日，詔：「開封府界諸路封樁禁軍闕額錢，除三路外，及淮、浙、江、湖等路增剩鹽錢，江西賣廣東鹽錢、福建路賣鹽息錢，並輸措置河北糴使司。先借支內藏庫錢三十萬緡於河北糴使司，以福建路鹽息還。」

——（清）徐松：《宋會要輯稿》，第一百五十六冊，《食貨六四》，第 71 頁，北京：中華書局，1957 年版，總第 6135 頁。

元豐五年（1082）。黃庭堅任太和縣令，其《上大蒙籠》：黃霧冥冥小石門，苔衣草路無人跡。苦竹參天大石門，虎远兔蹊聊倚息。陰風搜林山鬼嘯，千丈寒藤繞崩石。清風源裡有人家，

牛羊在山亦桑麻。向來陸梁嫚官府，試呼使前問其故。衣冠漢儀民父子，吏曹擾之至如此。窮鄉有米無食鹽，今日有田無米食。但願官清不愛錢，長養兒孫聽驅使。

——（宋）黃庭堅：《上大蒙籠》，見《山谷集》外集卷三，《古詩六十六首》，《文淵閣四庫全書》本。

元豐五年（1082）。五年三月四日，提舉江南西路常平等事劉誼言：「由唐至於五代，暴政所興，二廣則戶計一丁，出錢數百，輸米一碩。江東、西許之釀酒則納麴錢，與之食鹽則輸鹽米，供軍須即有鞋錢，入倉庫則有口錢，正稅之外又有租錢。宋有天下，承平百年，二廣之丁米不除，江南榷酒而收麴錢，民不得鹽而食米，比五代為加賦矣。嘉祐中，許商通茶，乃立租錢，茶租以歲為本，比國初又加賦矣。陛下起王安石而相之，又以安石所推引而任呂惠卿、曾布、李承之，內則議令，外則察訪，舉天下之法而新之。上下日以赴功，而一切禁言新令之不便，行之數年，天下訟之，法弊而民病，色色有之，其於役法尤甚。臣請試言其甚者：朝廷立一法，使民出錢，而害法者十。不原賦稅本末輕重而出錢，一也；不正天下之籍而出錢，二也；下戶出錢，三也；庸錢太多，又有徒費，四也；出錢太重，五也；寬剩太多，六也；法未成而立法之臣去朝廷，七也；司農不察法，倉官不究弊，八也；減役人而樁留其錢，九也；百色配買，賤價傷民，十也。凡此數弊者，不見於上而見於民，民情壅於上聞，甚可痛也。救今日之弊，豈有難哉，陛下鑒害法者悉更之，民享十利矣。」詔：「劉誼職在奉行法度，概有所見，自合公心陳露。

輒敢張惶上書，惟舉撤一二偏僻不齊之事，意欲既壞大法，公肆誕謾，上惑朝廷，外搖眾聽，宜加顯黜，以儆在位，特勒停。」

——（清）徐松：《宋會要輯稿》，第一百五十七冊，《食貨六五》，第 24、25 頁，北京：中華書局，1957 年版，總第 6168、6169 頁。

元祐八年（1093）。哲宗元祐八年五月一日，監察御史黃慶基言：「朝廷覆育海內，無有遠邇，一視而同仁，至於救患恤災，欲民無失所之歎者，尤加意於賑濟。故比歲淮甸旱，倉廩不足以給民，至以上供綱運米賙之。前年浙西水，本路歲計不足，至使江西、湖北運米以濟之，所費無慮數百萬。然而不惜重費以濟一時，不若修舉良法，以垂惠於萬世。蓋義倉者，良法也，始自隋長孫平建議。元豐間，先帝復行其法，以為隋唐取於民太重，慮民不堪其求，於是納苗米一碩者輸義倉米五升，可謂至薄矣。夫樂歲粒米狼戾，雖多取之不為虐，又況納苗米一碩，止輸五升，固非重斂也。蓄積稍豐，或有水旱，則所至倉廩自足以濟民矣。臣去歲道過太平，則見饑民甚眾而無流亡溝壑者，蓋猶有當日義倉所積之米足以賑濟故也。又聞蘇、湖之民，雖蒙朝廷運米以濟之，然饑者朝不及夕，往往不得霑上之惠，而殍殣者多矣。乃知義倉誠天下之良法。今其條制具在，望自今歲復行。」詔令戶部詳度。

——（清）徐松：《宋會要輯稿》，第一百五十三冊，《食貨六二》，第 22、23 頁，北京：中華書局，1957 年版，總第 5959、5960 頁。

紹聖元年（1094）。江西和買綢絹歲五十萬匹，舊以錢、鹽三七分預給。自鹽鈔法行，不復給鹽，令轉運司盡給以錢，而卒無有，逮今五年，循以為常，民重傷困。大觀初，詔假本路諸司封樁錢及鄰路所掌封樁鹽各十萬緡給之。其後提舉常平張根復言：「本路和買，未嘗給錢，請盡給一歲鹺鹽，許轉運司移運或民戶至場自請。」而江西十郡和買數多，法一匹給鹽二十斤，比錢九百，歲預於十二月前給之。轉運司得鹽不足，更下發運司會積歲所負給償。尚書省言大觀庫物帛不足，令兩浙、京東、淮南、江東西、成都、梓州、福建路市羅、綾、紗一千至三萬匹各有差。二年，又令京東、淮南、兩浙市絹帛五萬及三萬匹，並輸大觀庫；又四川各二萬，輸元豐庫。江東、西如四川之數，輸崇寧庫。而州縣和買，有以鹽一席折錢六千，令民至期輸綢絹六匹，又前期督促，致多逃徙，詔遞加其罪。坊郭戶預買，有家至四五百匹，興仁府萬延嗣戶業錢十四萬二千緡，歲均千餘匹，乃令減半均之。

　　——（元）脫脫等：《宋史》卷一百七十五，志第一百二十八，《食貨上三·布帛和糴》，北京：中華書局點校本，1977年版，第4235、4236頁。

　　紹聖四年（1097）。筠，江西支郡，始者市區寂寥，人物鮮少，近歲乃更昌大蕃富。其屬邑布在險阻，樂歲粒米糧戾，而四方商賈不能至，囷倉之積，守之至白首而不發。

　　——（清）趙之謙撰：《江西通志》卷六七，《建置略》，清光緒七年（1881）刊本，臺灣：華文書局，1967年版，第1413

頁。

元符三年（1100）。元符三年，詔饒、信、潭、韶等州膽銅更不置局，並撥歸鑄錢司。

——（清）徐松：《宋會要輯稿》，第一百三十八冊，《食貨三四》，第 21 頁，北京：中華書局，1957 年版，總第 5399 頁。

建中靖國元年（1101）。建中靖國元年，陝西轉運副使孫傑以鐵錢多而銅錢少，請復鑄銅錢，候銅鐵錢輕重稍均，即聽兼鑄。崇寧元年，前陝西轉運判官都郟複請權罷陝西鑄鐵錢。戶部尚書吳居厚言：「江、池、饒、建錢額不敷，議減銅增鉛、錫，歲可省銅五十餘萬斤，計增鑄錢十五萬九千餘緡。所鑄光明堅韌，與見行錢不異。」詔可。然課猶不登。二年，居厚乃請檢用前後上供鑄錢條約，視其登耗之數，別定勸沮之法。會蔡京當政，將以利惑人主，托假紹述，肆為紛更。有許天啟者，京之黨也，時為陝西轉運副使，迎合京意，請鑄當十錢。五月，始令陝西及江、池、饒、建州，以歲所鑄小平錢增料改鑄當五大銅錢，以「聖宋通寶」為文，繼而並令舒、睦、衡、鄂錢監，用陝西式鑄折十錢，限今歲鑄三十萬緡，鐵錢二百萬緡。募私鑄人丁為官匠，並其家設營以居之，號鑄錢院，謂得昔人招天下亡命即山鑄錢之意。所鑄銅錢通行諸路，而陝西、河東、四川系鐵錢地者禁之，第鑄於陝西鐵錢地而已。

——（元）脫脫等：《宋史》卷一百八十，志第一百三十三，《食貨下二‧錢幣》，北京：中華書局點校本，1977 年版，

第 4386、4387 頁。

崇寧元年（1102）。崇寧元年八月二日，中書省言：「臣僚奏：戶部右曹更改諸路役法，增損元豐舊制五百九項不當。勘會永興軍路乞行差役，州、縣申請官已降指責罰。湖南、江西提舉司乞減一路人吏雇直，見取會別作施行外，如江西州軍止以物賤減削人吏雇直，顯未允當。至如役人罷給雇錢去處，亦害法意，理合依舊。」詔戶部並依《紹聖常平免役令格式》及元降《紹聖簽貼役法》施行。其元符三年正月後來沖改《紹聖常平免役敕令格式》並沖改《簽貼》續降指揮，並不施行。

——（清）徐松：《宋會要輯稿》，第一百二十八冊，《食貨一四》，第 13 頁，北京：中華書局，1957 年版，總第 5044 頁。

崇寧年間。俄定諸路措置茶事官置司：湖南於潭州，湖北於荊南，淮南於揚州，兩浙於蘇州，江東於江寧府，江西於洪州。其置場所在：蘄州即其州及蘄水縣，壽州以霍山、開順，光州以光山、固始，舒州即其州及羅源、太湖，黃州以麻城，廬州以舒城，常州以宜興，湖州即其州及長興、德清、安吉、武康，睦州即其州及青溪、分水、桐廬、遂安，婺州即其州及東陽、永康、浦江，處州即其州及遂昌、青田，蘇、杭、越各即其州，而越之上虞、餘姚、諸暨、新昌、剡縣皆置焉，衢、台各即其州，而溫州以平陽。大法既定，其制置節目，不可毛舉。

——（元）脫脫等：《宋史》卷一百八十四，志第一百三十七，《食貨下六》，北京：中華書局點校本，1977 年版，第 4503

頁。

大觀元年（1107）。大觀元年十二月十六日，尚書省箚子：「勘會大觀庫見今闕少物帛，竊慮緩急闕。詔令兩浙、京東、淮南、江南東、西、成都府、梓州、福建路於出產物帛處，轉運司於來年絲蠶豐熟州縣，依市價收買，其價錢並於本路提刑、提舉司朝廷封樁錢內支撥應副，務在兩平和買，不得科配，抑勒搔擾。如違，官員降黜，公吏人等決配。若因而減尅乞取，或作他人名目，受者以自盜論。其買到物帛，逐旋支撥與刑司拘管團綱，差使臣或本路見任待闕得替官，管押起發本庫送納，仍令轉運司每月具已、未買及已起發數目、月日、管押人姓名申尚書省。所有撥到價錢，如轉運司敢別有支移使用，除依擅便朝廷封樁錢物法外，亦當重行降責，仍令所買路分轉運司、逐處依式具帳申尚書省。」

——（清）徐松：《宋會要輯稿》，第一百四十冊，《食貨三八》，第 6、7 頁，北京：中華書局，1957 年版，總第 5469、5470 頁。

政和元年（1111）。政和元年六月二十六日，戶部言：「江南東路監司乞凡依條合運載官物所用舟車之類，委當職官臨時依民間價直僦雇，不立定制。」從之。

——（清）徐松：《宋會要輯稿》，第一百四十三冊，《食貨四三》，第 6 頁，北京：中華書局，1957 年版，總第 5575 頁。

政和二年（1112）。七月十七日，江南西路轉運使言：「本路每年合發上供糧斛一百二十餘萬碩，雖許差衙前權押，或用土人軍將，少有行止之人，乞在部進納官銓試不中之人，許令注擬管押，以三年為任。任內無違闕，即與依試中人例注授差遣。」從之。

　　──（清）徐松：《宋會要輯稿》，第一百四十三冊，《食貨四三》，第7頁，北京：中華書局，1957 年版，總第 5576 頁。

　　政和七年（1117）。政和七年，立東南六路州軍知州、通判裝發上供糧斛任滿賞格，自一萬石至四十萬石升名次減年有差。張根為江南西路轉運副使，歲漕米百二十萬石給中都。

　　──（元）脫脫等：《宋史》卷一百七十五，志第一百二十八，《食貨上三》，北京：中華書局點校本，1977 年版，第 4255 頁。

　　宣和元年（1119）。宣和元年，臣僚言：「方量官憚於跋履，並不躬親，行繪拍埄、驗定土色，一付之胥史。致御史台受訴，有二百餘畝方為二十畝者，有二頃九十六畝方為一十七畝者，虔之瑞金縣是也。有租稅十有三錢而增至二貫二百者，有租稅二十七錢則增至一貫四百五十者，虔之會昌縣者是也。望詔常平使者檢察。」二年，遂詔罷之。民因方量流徙者，守令招誘歸業；荒閒田土，召人請佃。自今諸司毋得起請方田。諸路已方量者，賦稅不以有無訴論，悉如舊額輸納；民逃移歸業，已前通欠稅租，並與除放。

——（元）脫脫等：《宋史》，卷一百七十四，志第一百二十七，《食貨上二・方田賦稅》，北京：中華書局點校本，1977年版，第 4202 頁。

宣和二年（1120）。宣和二年三月十八日，詔：「義倉本以待水旱，頃歲諸路災傷，有司便文自營，並不陳乞通融支用，截撥過上供年額米斛數多，致關中都歲計。可將京畿東路，江南東、西，兩浙，荊湖南、北路見在義倉穀數留三分，以待本路支用外，餘並令逐路提舉常平、轉運、輦運、撥發司官同共計置起發上京，補還截過上供額米斛，免執奏。內不係沿流州縣，措置移那，並限至今年十月終盡數到關，係御筆處分。如敢執占，以稽滯御筆論。逐司官先具措置撥發次第聞奏。」

——（清）徐松：《宋會要輯稿》，第一百五十三冊，《食貨六二》，第 24 頁，北京：中華書局，1957 年版，總第 5960 頁。

宣和二年（1120）。二年六月十九日，發運司言：「臣僚言：東南歲漕召募土人，有物力自愛之民多不應募，惟無賴子弟產業僅存及兵梢奸猾者，則旋以百千置產，使親屬應募，遂補守關進義副尉。及得管押萬碩綱至京，欠及一分五釐，計米一千五百碩，才得杖罪差替，復多引赦用例，止罰銅十斤。計一歲六百二十萬碩之數，所欠無慮數十萬矣。乞下六路，應米麥綱運依法募官，先募未到部小使臣及非泛補授校尉已上未許參部人並進納人管押。淮南以五運，兩浙及江東二千里內以四運，江東二千裡外及江西以三運，湖南北以二運，各欠不及五釐，依格推賞外，仍

許在外指射合入差遣一次。若應募而輒敢沮抑及乞取者，併科違制罪。」詔依前項先次施行，召募土人法並罷，其餘應合條盡事件，仰陳亨伯、趙億限一月同共措置，條畫以聞。

——（清）徐松：《宋會要輯稿》，第一百四十三冊，《食貨四三》，第 9 頁，北京：中華書局，1957 年版，總第 5577 頁。

宣和三年（1121）。三月十九日，詔：「江南路官私圩埠，有司希功妄作，或輒將上流閉塞，致下流無水灌溉；或壅遏，無所發洩，致鄰左例遭水患；及有元供頃畝數多，後來實數不及，輒敷與民戶，或勒令等第承佃，或抑配倍納租賦，因此多致民戶流徙。可限十日改正，見妨民戶灌溉及擁遏無發洩者，所屬司相度措置，或弛以予民；所輸稅賦，比附鄰近立為永制。如尚教營私觀望，許民戶越訴，當議重行黜責。

——（清）徐松：《宋會要輯稿》，第一百二十四冊，《食貨七》，第 37、38 頁，北京：中華書局，1957 年版，總第 4924頁。

宣和四年（1122）。四年五月二日，詔：「江南東、西路有逃絕及江水壞田，多是虛招租稅。監司不問，督責州縣，民力不堪。令轉運司並州縣當職官體究根括，置籍拘管，仍勸誘歸業，及召人租佃承買。其認納租稅，令於額內除閣。」

——（清）徐松：《宋會要輯稿》，第一百二十一冊，《食貨一》，第 6 頁，北京：中華書局，1957 年版，總第 4804 頁。

宣和五年（1123）。七月十八日，發運司言：「契勘江湖路裝糧重船，多是在路買賣，違程住滯。本司看詳：上供錢物綱在路有故違程，依法不得過三日，累不得過一月。所有諸路糧綱即未有立定明文，今欲比類上供錢物立定：有違程不得過十日，內江東、淮南、兩浙路地累不得過一月，湖南、北，江西路地遠不得過兩月，所有守閘日分許與除豁，及無稽程並經由催綱地分官司，亦乞比附上供錢量行增立法禁。」詔六路糧綱地分官司不催發，杖一百。

——（清）徐松：《宋會要輯稿》，第一百四十三冊，《食貨四三》，第 11 頁，北京：中華書局，1957 年版，總第 5578 頁。

宣和五年（1123）。五年八月十一日，中書門下省言：「江東、西，浙東路昨緣雨澤衍期，有傷苗稼。詔令逐路轉運司委官前去體度，如是被災傷去處，依條檢視施行。」

——（清）徐松：《宋會要輯稿》，第一百二十一冊，《食貨一》，第 8 頁，北京：中華書局，1957 年版，總第 4805 頁。

宣和五年（1123）。（十一月）十九日，發運司言：「江西，湖南、北，兩浙西路新用敕告香藥鈔均糶斛斗，已准指揮權暫和雇舟船般運。合要管押人自合依前後所降處分召募起發外，相度欲乞從吏、刑部每路各更差小使臣並副尉、校尉一十人，發遣赴逐路相度差押綱運。」從之。

——（清）徐松：《宋會要輯稿》，第一百四十三冊，《食貨四三》，第 11 頁，北京：中華書局，1957 年版，總第 5578 頁。

宣和七年（1125）。七年三月二十日，江南西路轉運判官高述奏：「本路宣和七年合起發上供額米一百二十萬八千九百石，依近降御筆處分，搬至淮南下卸，依條分三限，內第一限二月，計四十萬二千九百七十石。本司牒諸州縣計置起發。今據申，已發過四十一萬九千六百十一石九斗八升前去淮南下卸，內已充足，第限合發米數外，又攏發過第二限米一萬六千六百四十一石九斗八升，已具綱名細數申尚書省去訖。」詔：「高述頃以事罷漕司，旋命復職。今能修舉漕計，今春上供四十餘萬石，已足上限，繼運下限亦已起發，奉法修職。可特除直秘閣，以勸諸路奉公之吏。」

—— （清）徐松：《宋會要輯稿》，第一百四十三冊，《食貨四五》，第 6 頁，北京：中華書局，1957 年版，總第 5597 頁。

宣和年間（1119-1125）。撫州蓮花紗，都人以為暑衣，甚珍重。蓮花寺尼凡四院造此紗，撚織之妙，外人不得傳。一歲每院才織近百端，市供尚局，並數當路計之，已不足用。寺外人家織者甚多，往往取以充數。都人買者，亦自能別。寺外紗，其價減寺內紗什二三。

—— （宋）朱彧：《萍州可談》卷二，《文淵閣四庫全書》本。

宣和年間（1119-1125）。江西瑞州府黃蘗茶，號絕品，士大夫頗以相餉，所產甚微。寺僧、園戶竟取他山茶冒其名，以眩好事者。黃魯直家正在雙井，其自言如此。

——（宋）朱彧：《萍洲可談》卷二，《文淵閣四庫全書》本。

宣和至嘉泰年間。洪邁（1123-1202），其《夷堅志》曰：閻大翁者，居鄱陽，以販鹽致富，家貲巨億。夫婦皆好布施，諸寺觀無不沾其惠，而獨於安國寺出力尤多。

——（宋）洪邁：《夷堅志》，三志辛卷第七，《閻大翁》，北京：中華書局，1981 年版，第 1439 頁。

約靖康至建炎年間。周輝在《清波雜誌》中誇到：「雙井因山谷而重。蘇魏公嘗云：平生薦舉，不知幾何人。唯孟安序朝奉歲以雙井一斤為餉，蓋公不納包苴，顧受此，其亦珍之耶！」

——（宋）周輝：《清波雜誌》卷四，《文淵閣四庫全書》本。

建炎初。高宗建炎初，於真州印鈔，給賣東南茶鹽。當是時，茶之產於東南者，浙東西、江東西、湖南北、福建、淮南、廣東西，路十，州六十有六，縣二百四十有二。霅川顧渚生石上者謂之紫筍，毗陵之陽羨，紹興之日鑄，婺源之謝源，隆興之黃龍、雙井，皆絕品也。建炎三年，置行在都茶場，罷合同場十有八，惟洪、江、興國、潭、建各置場一，監官一。罷食茶小引，捕私茶法視捕私鹽。二十一年，秦檜等始進茶鹽法。先是，臣僚或因事建明，朝廷亦因時損益，至是審訂成書，上之。

——（元）脫脫等：《宋史》卷一百八十四，志第一百三十

七，《食貨下六》，北京：中華書局點校本，1977 年版，第 4508
頁。

建炎元年（1127）。高宗建炎元年，詔諸路綱米以三分之一
輸送行在，餘輸京師。二年，詔二廣、湖南北、江東西綱運輸送
江寧府，福建、兩浙路輸送平江府，京畿、淮南、京東西、河
北、陝西及川綱輸送行在。又詔二廣、湖南北綱運如過兩浙，許
輸送平江府；福建綱運過江東、西，亦許輸送江寧府。三年，又
詔諸路綱運見錢並糧輸送建康府戶部，其金銀、絹帛並輸送行
在。紹興初，因地之宜，以兩浙之粟供行在，以江東之粟餉淮
東，以江西之粟餉淮西，荊湖之粟餉鄂、岳、荊南。量所用之
數，責漕臣將輸，而歸其餘於行在，錢帛亦然。雇舟差夫，不勝
其弊，民間有自毀其舟、自廢其田者。

——（元）脫脫等：《宋史》卷一百七十五，志第一百二十
八，《食貨上三·布帛和糴》，北京：中華書局點校本，1977 年
版，第 4260 頁。

建炎至開禧年間。楊萬里（1127-1206），描述吉州墾種山田
狀況：兩邊山木一溪風，盡日行程在井中。猶喜天圍能裡許，井
中那得個寬通。田塍莫笑細於椽，便是桑園與菜園。嶺腳置錐留
結屋，盡驅柿栗上山顛。沙鷗數個點山腰，一足如鉤一足翹。乃
是山農墾斜崦，倚鋤無力政無聊。下山入屋上山鋤，圖得生涯總
近居。桑眼未開先著椹，麥胎才苗便生須。秋疇夾岸隔深溪，東
水何緣到得西。溪面祇銷橫一筧，水從空裡過如飛。驀然今歲十

分強，催得農家日夜忙。已縛桁竿等新麥，更將丫木撐欹桑。晴明風日雨乾時，草滿花堤水滿溪。童子柳陰眠正著，一牛吃過柳陰西。山根一徑抱溪斜，片地才寬便數家。漫插漫成堤上柳，半開半落路旁花。

　　——（宋）楊萬里：《桑茶坑道中》，見《誠齋集》卷三四，《詩》，《文淵閣四庫全書》本。

　　建炎至開禧年間。楊萬里描述農耕狀況：小兒著鞭鞭土牛，學翁打春先打頭。黃牛黃蹄白雙角，牧童綠蓑笠青蒻。今年土脈應雨膏，去年不似今年樂。兒聞年登喜不饑，牛聞年登愁不肥。麥穗即看雲作帚，稻米亦復珠盈斗。大田耕盡卻耕山，黃牛從此何時閑。

　　——（宋）楊萬里：《觀小兒戲打春牛》，見《誠齋集》卷一二，《詩》，《文淵閣四庫全書》本。

　　建炎至開禧年間。楊萬里描述圩田狀況：江東水鄉，堤河兩岸，而田其中，謂之圩。農家云：圩者，圍也。內以圍田，外以圍水。蓋河高而田反在水下，沿堤通斗門，每門疏港以溉田，故有豐年而無水患。

　　——（宋）楊萬里：《圩丁詞十解》，見《誠齋集》卷三二，《詩·江東集》，《文淵閣四庫全書》本。

　　建炎二年（1128）。五月五日，江西提刑司言：「准尚書省劄子：東南神宵宮近有賜田房錢並諸處贍學錢甚多，自合根括拘

摧，就東南計置銀絹，前來應副國用。本司專委虔、洪等州軍根括拘催施行外，契勘諸州縣所收贍學錢係發運司拘收，專充糴本，今來即未審合與不合，依今降指揮卻行計置銀絹起發，乞明降指揮，以憑遵守施行。」詔且令更作糴本一年。三年八月四日，詔兩浙並江南西路：「今歲豐熟，令三省支俵糴本，付逐路轉運司廣行收糴，於穩便州縣別項封管，非奉朝廷指揮，不得擅行支用。」

——（清）徐松：《宋會要輯稿》，第一百四十一冊，《食貨四〇》，第 13 頁，北京：中華書局，1957 年版，總第 5515 頁。

建炎二年（1128）。（五月）二十三日，戶部言：「江南東路轉運司言：本路綱運舊行直達日，每綱用剩下二分私物力勝裝載糧斛，依雇客船例支錢，復行轉搬本路額斛，依專法祇至淮南下卸。向緣靖康元年九月二十二日朝旨，不許裝載二分私物，以此綱運繳計不行，押綱人皆不願管押。今欲且令本路綱運依舊例用二分私物力勝攬載年額斛斗，依和雇客船例支給雇錢，更不攬搭客貨。如押綱人輒更搭攬私貨，即乞朝廷重立法禁。本部勘當，欲依本司所乞，非情願投狀承攬者，不許抑勒；如已攬載額斛力勝外，更載私物因致稽滯者，於本罪各加一等。」從之。

——（清）徐松：《宋會要輯稿》，第一百四十三冊，《食貨四三》，第 15 頁，北京：中華書局，1957 年版，總第 5580 頁。

建炎二年（1128）。高宗建炎二年六月三日，戶部言：「左藏庫申：『椿辦八月冬衣，緣諸路年額起發條限上限八月終，下

限十月終。計綱上京送納，已過支衣日限，難以措擬支用。欲乞自來年依例下江南東、西路，各兌起絹二十萬匹、綢六萬匹，兩浙絹五十萬匹、綢八萬匹，令逐路轉運司先次那融本司諸色窠名或朝廷封樁見在，並限七月上旬到京，候輸納到，令本處依窠各樁還。』」從之。

——（清）徐松：《宋會要輯稿》，第一百五十六冊，《食貨六四》，第 28 頁，北京：中華書局，1957 年版，總第 6113 頁。

建炎二年（1128）。十二月二十四日，江南西路轉運司言：「本路歲額上供糧斛，舊押綱使臣多為發運司拘截，真、揚排岸司所遣者，多浮浪不根及有因應募效用補受副尉之人，既無家業可以倚仗，兼不諳熟綱運次第，欲乞應有副尉乞押本路糧綱，並先令供其家業，及召命官或有物力人保委，審量心力可以委付，即乞發遣前來。」從之。

——（清）徐松：《宋會要輯稿》，第一百四十三冊，《食貨四三》，第 15 頁，北京：中華書局，1957 年版，總第 5580 頁。

建炎三年（1129）。（四月）十二日，司農寺丞蘇良冶言：「淮、浙路併發運司糧綱到京，依條少欠一分五釐批發，及江、浙兩路轉般赴淮南用一分。今來車駕駐蹕杭州，節次即未有立定分數。欲乞將江東路糧綱依舊用一分法，兩浙路地里不遠，權用五釐法施行。」詔已降指揮移蹕江寧府，重別措置，申尚書省。司農寺措置：「兩浙並江西路綱運少欠乞用一分法外，若地里及三百里以下，乞用三釐法；四百里以下，乞用四釐法；五百里以

下，乞用五氂法；八百里以下，乞用七氂法；一千里以下，乞用八氂法，餘並乞用一分法。若有礙分綱運，依京倉施行。」從之。

——（清）徐松：《宋會要輯稿》，第一百四十三冊，《食貨四三》，第 16 頁，北京：中華書局，1957 年版，總第 5580 頁。

建炎四年（1130）。八月十八日，饒、信州德音：「應曾被焚劫逃避人戶，仰令、佐多方招誘歸業。內闕食不能自存之人，依災傷放稅七分法賑給，即雖歸業而無力耕種者，令提刑司量行借貸，收買牛、具之類，候將來豐熟日，分二年逐料帶納。人戶置買耕牛，權免稅錢一年。」紹興四年七月一日，虔州曲赦同此。

——（清）徐松：《宋會要輯稿》，第一百六十一冊，《食貨六九》，第 48 頁，北京：中華書局，1957 年版，總第 6353 頁。

建炎四年（1130）。四年八月二十一日，廣南西路轉運、提刑司言：「今乞罷催稅戶長，依熙、豐法，以村疃三十戶，每料輪差甲頭一名催納租稅、免役等錢物，委是經久利便。」詔依，其兩浙，江南東、西，荊湖南，福建，廣南東路州軍並依此。

——（清）徐松：《宋會要輯稿》，第一百五十七冊，《食貨六五》，第 76 頁，北京：中華書局，1957 年版，總第 6194 頁。

建炎至慶元年間。朱熹（1130-1200）詩中提及江州農業事象：槐花黃盡不關渠，老向功名意自疏。乞得山田三百畝，青燈

徹夜課農書。

　　——（宋）朱熹：《戲贈勝私老友》，見《晦庵集》卷七，
《詩》，《文淵閣四庫全書》本。

　　建炎年間。李正民（1131 年前後在世）描述江西富庶：「江
西諸郡，昔號富饒，廬陵小邦，猶稱沃衍，一千里之壤地，粳稻
連雲，四十萬之輸，將舳艫蔽水，朝廷倚為根本。」

　　——（宋）李正民：《吳運使啟》，見《大隱集》卷五，
《啟》，《文淵閣四庫全書》本。

　　建炎至嘉泰年間。王明清（1127-1202），其《揮麈錄》載江
西刻書業之發達：承平時士大夫家，如南都戚氏、歷陽沈氏、廬
山李氏、九江陳氏、鄱陽吳氏，俱有藏書之名，今皆散逸。近年
所至郡府多刊文籍，且易得本傳錄，仕宦稍顯者，家必有書數千
卷。

　　——（宋）王明清：《揮麈錄》，前錄卷一，《文淵閣四庫全
書》本。

　　紹興初年。建炎之後，江、浙、湖、湘、閩、廣，西北流寓
之人遍滿。紹興初，麥一斛至萬二千錢，農獲其利，倍於種稻。
而佃戶輸租，只有秋課。而種麥之利，獨歸客戶。於是競種春
稼，極目不減淮北。

　　——（宋）莊綽：《雞肋編》卷上，《文淵閣四庫全書》本。

紹興初年。臨川市民王明，居廛間販易，貲蓄微豐，買城西空地為菜圃，雇健僕吳六種植培灌，又以其餘者俾鬻之。受傭累歲，紹興辛亥，力辭去，留之不可，王殊恨恨。未幾，夢其至，趨役如平常，責之曰：「汝既告去，何為復來？」對曰：「自九月六日到此矣。」覺而疑焉，俄聞其已死。他日詣圃，見傭耕者，言數夜前犬生兩子，其一不存，王始悟得非吳僕乎。問何時，曰：「初六日也。」以夢告之，傭曰：「近鄰圃人妻，當夜亦夢如此。」因往視，新犬方開目，試呼吳六郎，呦呦若應然。王氏謂其生前貨蔬隱其直多，故受此報。

　　——（宋）洪邁：《夷堅志》，支志甲卷第五，《灌園吳六》，北京：中華書局，1981 年，第 752 頁。

　　紹興初。先是，江、池、饒州、建寧府四監，歲鑄錢百三十四萬緡，充上供；衡、舒、嚴、鄂、韶、梧州六監，歲鑄錢百五十六萬緡，充逐路支用。建炎經兵，鼓鑄皆廢。紹興初，並廣寧監於虔州，並永豐監於饒州，歲鑄才及八萬緡。以銅、鐵、鉛、錫之入，不及於舊，而官吏稍稟工作之費，視前日自若也，每鑄錢一千，率用本錢二千四百文。時范汝為作亂，權罷建州鼓鑄，尋復舊，泉司供給銅、錫六十五萬餘斤。六年，斂民間銅器，詔民私鑄銅器者徒二年。贛、饒二監新額錢四十萬緡，提點官趙伯瑜以為得不償費，罷鼓鑄，盡取木炭銅鉛本錢及官吏闕額衣糧水腳之屬，湊為年計。十三年，韓球為使，復鑄新錢，興廢坑冶，至於發塚墓，壞廬舍，籍冶戶姓名，以膽水盛時浸銅之數為額。浸銅之法：以生鐵鍛成薄片，排置膽水槽中浸漬數日，鐵片為膽

水所薄，上生赤煤，取刮鐵煤入爐，三煉成銅。大率用鐵二斤四兩，得銅一斤。饒州興利場、信州鉛山場各有歲額，所謂膽銅也。無銅可輸者，至鎔錢為銅，然所鑄亦才及十萬緡。二十四年，罷鑄錢司歸之漕司。二十七年，出版曹錢八萬緡為鑄本，歲權以十五萬緡為額。復饒、贛、韶鑄錢監，以漕臣往來措置，通判主之。

——（元）脫脫等：《宋史》卷一百八十，志第一百三十三，《食貨下二·錢幣》，北京：中華書局點校本，1977 年版，第 4394、4395 頁。

紹興元年（1131）。四月十三日，戶部侍郎孟庾言：「江南東、西路合起發行在額斛，係以去年秋稅計置起發，已承十一月四日朝旨，將二分折起價錢外，餘八分起發本色糧米。緣所起數多，即目道路未甚通快，深慮艱於一併搬運，又民間見闕糧斛，今欲將逐路合起發米將二分依市價糶賣，將賣到錢計置金銀起發，餘六分本色依舊。」詔依，仍仰將已納在官合起發上供米斛依市價出糶，如有未納數目，即拘催本色，不得抑勒稅戶認納價錢，卻成搔擾。

——（清）徐松：《宋會要輯稿》，第一百五十六冊，《食貨六四》，第 46、47 頁，北京：中華書局，1957 年版，總第 6122、6123 頁。

紹興元年（1131）。七月四日，江南東路安撫大使兼知江州朱勝非言：「竊見自江以南，稻米二種，有早禾，有晚禾，見行

條令稅賦不納早米，乞權行許納。」詔令江東、西，兩浙路轉運司量度急闕數目，許納早禾米應付支用，即不得充上供米斛。

——（清）徐松：《宋會要輯稿》，第一百二十六冊，《食貨九》，第 20 頁，北京：中華書局，1957 年版，總第 4971 頁。

紹興元年（1131）。十月十七日，知興國軍王絢言：「本軍諸處酒務及坊場焚毀既盡，今欲將大冶並通山縣酒務，不拘命官商價等，願以家財計置，許於本務造酒出賣，月納淨利，以補支費。仍乞鄰州或鄰路人並富商具買。願以金帛之類抵當買撲者，從本軍相度，量減抵當及課額元數，許召本土名保明識認。」詔權以此措置，候及三年，依本條施行。

——（清）徐松：《宋會要輯稿》，第一百三十一冊，《食貨二〇》，第 15 頁，北京：中華書局，1957 年版，總第 5140 頁。

紹興元年（1131）。（十月十五日）同日，江南西路安撫大使李回言：「江州、南康、興國軍界赤地千里，無人耕種，乞依淮南、兩浙路，專委監司措置營田。」詔依，仍令帥臣同共措置。

——（清）徐松：《宋會要輯稿》，第一百五十四冊，《食貨六三》，第 86 頁，北京：中華書局，1957 年版，總第 6029 頁。

紹興二年（1132）。二年三月二十二日，戶部尚書李彌大言：「今來道路並無梗阻，其諸路州軍上供錢帛斛斗，自合遵依上供條限，盡數起發，前來行在送納。望嚴賜指揮諸路漕臣。」

詔兩浙東、西，江南東、西路，各就委逐路劃刷折帛錢官拘催，並福建路，荊湖南、北路，廣南東、西路，並仰逐路漕臣照會，戶部已行事理，訓誡州縣將合起發物各依條限起發。今來係充贍軍支用，務在悉心拘權，毋令蹈習前弊。令戶部不住催促施行。如尚敢違限，不為依數起發，仰本部按劾取旨，重置於法。

　　——（清）徐松：《宋會要輯稿》，第一百五十六冊，《食貨六四》，第 47 頁，北京：中華書局，1957 年版，總第 6123 頁。

　　紹興二年（1132）。紹興二年閏四月六日，江西運副韓球言：「虔、吉州、臨江軍等處有見管白礬、青礬、土礬三十餘萬斤，州郡不敢擅行出賣。詔令権貨務據上供礬指數給降礬引，赴本路茶鹽司出榜召人算請。其收到錢數，發赴行在所屬。」

　　——（清）徐松：《宋會要輯稿》，第一百三十八冊，《食貨三四》，第 6 頁，北京：中華書局，1957 年版，總第 5391 頁。

　　紹興二年（1132）。二年閏四月十六日，知興國軍王絢言：「本軍管下通山、永興、大冶縣所管買撲坊場，皆因賊馬經劫之後，無力開沽，停閉日久，無人承買。今來江州已於元買淨課錢內減定五分，欲権依江州體例召人買撲，逐月送納，候及三年，即依本條施行。」戶部契勘：「欲乞依兩浙路已得指揮施行，經劫之後，復業之人如無力，別有力之家出本，經官共狀合買，其後來復業，元同買人吏不許陳乞出開沽。仍令江西提刑司檢察，即不得將雖曾經盜賊燒劫、見今已有人承買開沽處下例減放施行。」詔依，権減五分，候及三年，即依本條。

　　——（清）徐松：《宋會要輯稿》，第一百三十一冊，《食貨二一》，第 12、13 頁，北京：中華書局，1957 年版，總第 5150 頁。

　　紹興二年（1132）。（五月）十九日，江西安撫大使李光言：「契勘自來受納二稅，必使赴軍資庫送納，卻行起赴朝廷。今若使物帛徑從縣道起發，則自此以後，令佐皆得直達朝廷，若有紕疏、巧偽、濕惡及正數不足，估剝所虧，監司守臣必不肯任責，朝廷行移，又將直下諸縣，如此，不亦多事乎？今來胡蒙等申陳，欲望速賜寢罷。」從之。

　　——（清）徐松：《宋會要輯稿》，第一百六十二冊，《食貨七〇》，第 32、33 頁，北京：中華書局，1957 年版，總第 6386、6387 頁。

　　紹興二年（1132）。五月二十二日，詔：「江東、西各糴一十萬石，委催促物帛郎官將合起發應付，如不足，於俞儋榷貨務錢內貼支，江東於建康府、江西於饒州府封樁。其糴買日限及應幹合行事件，並依兩浙已得指揮施行。」

　　——（清）徐松：《宋會要輯稿》，第一百四十一冊，《食貨四〇》，第 15 頁，北京：中華書局，1957 年版，總第 5516 頁。

　　紹興二年（1132）。六月四日，江西提舉茶事趙伯瑜言：「檢准宣和七年六月五日朝旨：州委通判、知縣專一督捕私鹽。其私茶未有依此明文，欲望申明行下。」從之。

——（清）徐松：《宋會要輯稿》，第一百三十七冊，《食貨三二》，第 29 頁，北京：中華書局，1957 年版，總第 5372 頁。

紹興二年（1132）。六月二十四日，江西運副吳革言：「臨江軍所置比較務委是利便，乞權創置臨江軍在城比較務，差見任官兼管，每月支錢十貫文省。其收到賣酒錢，自合依條分撥椿發上供經制諸司所得錢數。應本路未曾復置及自來不曾置比較酒務州軍，仍乞下江南西路轉運司逐旋究見可以興置去處，從本司保明施行。」從之。

——（清）徐松：《宋會要輯稿》，第一百三十一冊，《食貨二〇》，第 15 頁，北京：中華書局，1957 年版，總第 5140 頁。

紹興二年（1132）。七月十八日，江南西路安撫大使兼知洪州李光言：「前嘗具奏，江西路人戶惟以納和買及夏稅本色為重賦。今州縣催納一年本色絹，遂至五貫文足一匹，綿增至六百文足一兩。綿絹之價既日增，而早米入市，其價日減，貧弱之戶，計所收米不足以輸所納。欲望且令本路將和預買及上供綿絹並折價錢。江南西路歲預買並上供一半本色綢絹綿，除綿已全行支撥，及綢絹已於數內有應副過福建等路宣撫使司一行官兵冬衣之數外，其餘綢絹理當權宜措置，以寬民力。」詔：「江南西路人戶合納一半本色和預買並上供綢絹，及洪州合起催衣綢四千一百餘匹、絹二萬五百餘匹，將截日未納數並特許折納價錢一次。依已立定折充糴本錢數，絹每匹作四貫五百文省，綢每匹作三貫文省。如今人戶願納米斛，紐計市價，從便折納。」光奏：「洪州

舊管上供准衣綢四千一百餘匹、絹二萬五百餘匹，歲下六縣，將夏稅綢絹折納而成端匹價錢收買。今屬縣殘破，逃亡未復，委實無所從出，乞蠲免一年。」尋詔特依。

　　——（清）徐松：《宋會要輯稿》，第一百二十六冊，《食貨九》，第 22、23 頁，北京：中華書局，1957 年版，總第 4972、4973 頁。

　　紹興二年（1132）。九月四日，知洪州李光言：「本州屬縣殘破，收買上供准衣綢絹無所從出，乞更予蠲免一年。」從之。

　　——（清）徐松：《宋會要輯稿》，第一百五十四冊，《食貨六三》，第 3 頁，北京：中華書局，1957 年版，總第 5988 頁。

　　紹興二年（1132）。十月十三日，都省言：「江西吉、筠州、臨江軍上供糧斛，累年並無起發數目，今歲豐稔，秋苗理當措置。」詔差倉部郎官孫逸前去，同本路漕臣韓球於逐州催納，先次起發三十萬碩，各差逐州通判兵官一員管押，赴鎮江府權行交卸。其合用舟船，如官綱不足，仰本路安撫大使司協力那融應副，仍限至十二月終起發盡絕。如有已受納到早米，亦仰疾速起發，祇備應接行在支遣，令戶部常切催促。如限內依數起足，其韓球、孫逸並管押官，一例推恩。若出限不足，取旨降黜。及差郎官一員、密院準備將兩員前去受納，令別項椿管，非奉朝廷指揮，不以是何去處，不得支動顆粒，並沿路不得拘截。如違，並重置典憲。

　　——（清）徐松：《宋會要輯稿》，第一百五十六冊，《食貨

六四》，第 48 頁，北京：中華書局，1957 年版，總第 6123 頁。

紹興二年（1132）。（十一月）七日，江南東西路宣諭劉大中言：「徽州山多地瘠，所產微薄。自偽唐陶雅將歙縣、績溪、休寧、祈門、黟縣田園分作三等，增起稅額，上等每畝至稅錢二百文、苗米二斗二升。為輸納不前，卻將納絹綿布虛增高價，紐折稅錢，謂之元估八折。惟婺源一縣不曾增添，每畝不過四十文。乞將二稅依鄰近州縣及本州婺源縣則例輸納。」詔令江東轉運司考究本末因依，相度具委如何施行事狀保明以聞。

——（清）徐松：《宋會要輯稿》，第一百二十六冊，《食貨九》，第 24 頁，北京：中華書局，1957 年版，總第 4973 頁。

紹興二年（1132）。（十一月二十四日）同日，樞密院計議官、權監察御史、江南東、西路宣諭薛徽言：「欲望許諸路宣諭官於所至州縣，取積年欠負桉籍，不以是名何色，凡在建炎元年大赦前者重行點檢，內有顯合蠲除者，悉以焚棄，絕其弊源，使不敢歸業之人有以取信。」從之。

——（清）徐松：《宋會要輯稿》，第一百五十四冊，《食貨六三》，第 3 頁，北京：中華書局，1957 年版，總第 5988 頁。

紹興二年（1132）。十二月十九日，呂頤浩奏：「近遣郎官孫逸督江西上供米，比聞已起三綱，可准擬三十萬斛。」上曰：「以江西漕臣不以時起，必待朝廷遣郎官催促，然後起發。如此，則漕臣失職，可黜責。朕嘗面訓都轉運使張公濟，俾先理會

常賦。若常賦不入，乃反務橫歛，非朕愛民恤下之意。」

——（清）徐松：《宋會要輯稿》，第一百四十三冊，《食貨四三》，第 18 頁，北京：中華書局，1957 年版，總第 5581 頁。

紹興二年（1132）。十二月十九日，詔吉州榷貨務支錢二萬貫應付嶽州，專充糴軍糧支用。

——（清）徐松：《宋會要輯稿》，第一百四十一冊，《食貨四〇》，第 15 頁，北京：中華書局，1957 年版，總第 5516 頁。

紹興二年（1132）。十二月二十八日，臣僚言：「伏睹德安府復州漢陽軍鎮撫使陳規措置屯田事，頗有條理，深得古『寓兵於農』之意，欲望陳規所由畫一，令淮南諸鎮撫使依仿而行之。其府、縣勸諭宣力官吏，令逐鎮保明推賞。」詔委都司檢詳官參照陳規申請畫一併前降指揮，限十日條具以聞。同日，中書門下省言：「湖北、江西、浙西路對岸荒田尤多，理合隨所隸一就措置。」詔湖北委劉洪道、江西委李回、江東委韓世忠、浙西委劉光世措置，仍令都督府總治。

——（清）徐松：《宋會要輯稿》，第一百五十四冊，《食貨六三》，第 89 頁，北京：中華書局，1957 年版，總第 6031 頁。

紹興二年（1132）。詔江東、西宣撫使韓世忠措置建康營田，如陝西弓箭手法。世忠言：「沿江荒田雖多，大半有主，難如陝西例，乞募民承佃。」都督府奏如世忠議，仍蠲三年租，滿五年，田主無自陳者，給佃者為永業。詔湖北、浙西、江西皆如

之，其徭役科配並免。

　　——（元）脫脫等：《宋史》卷一百七十六，志第一百二十九，《食貨上四‧屯田常平義倉》，北京：中華書局點校本，1977 年版，第 4271 頁。

　　紹興三年（1133）。高宗紹興三年正月二十三日，江東、西路宣諭劉大中言：「信州並諸縣從來受納人戶秋苗粳米等，於正耗外別收名色非一，據合納正數，不啻一倍以上。乞申嚴法禁，行下諸路州縣，不得更似日前大收加耗。」詔令戶部檢坐條列，申嚴行下，不得加耗太重。

　　——（清）徐松：《宋會要輯稿》，第一百五十九冊，《食貨六八》，第 1 頁，北京：中華書局，1957 年版，總第 6254 頁。

　　紹興三年（1133）。三年正月二十九日，詔江東、西、湖北路紹興元年、二年未起上供紙數，並特與權行倚閣，紹興三年合發數目，一半權折納價錢。

　　——（清）徐松：《宋會要輯稿》，第一百五十六冊，《食貨六四》，第 49 頁，北京：中華書局，1957 年版，總第 6124 頁。

　　紹興三年（1133）。三年正月三十日，南康軍言：「本軍昨因兵火，人戶去年秋稅無力耕種。欲望行下，許本軍令上戶送納本色，下戶依市價折納見錢，庶得貧闕人戶易於輸納。」從之。

　　——（清）徐松：《宋會要輯稿》，第一百六十二冊，《食貨七〇》，第 35 頁，北京：中華書局，1957 年版，總第 6388 頁。

紹興三年（1133）。（二月）二十七日，戶、工部言：「准都省劄子：江南路宣諭劉大中奏：信州等處坑爐戶欠少官錢，乞依赦蠲免。詔逐部勘當，申尚書省。契勘坑爐人戶借過官本錢，以銀、銅中納乞官自官興以來，坑冶苗脈微細，緣鑄錢司引用元符三年九月十四日朝旨，不作欠負，依舊見行催理。本部昨緣渡江，燒毀桉牘，即無上件朝旨檢照外，緣已降指揮，諸路宣諭官於所屬州縣取見積年欠負內有顯合蠲除者，悉以焚棄。欲下江淮等路點檢坑冶鑄錢處饒州司，將建炎以前年分所欠錢數依赦蠲免。」從之。

　　——（清）徐松：《宋會要輯稿》，第一百五十四冊，《食貨六三》，第 3 頁，北京：中華書局，1957 年版，總第 5988 頁。

　　紹興三年（1133）。三年三月，以兩浙和買物帛，下戶艱於得錢，聽以七分輸正色，三分折見緡。初，洪州和買，八分輸正色，二分折省錢，匹三千。四年，帥臣胡世將請以三分匹折六千省。又言絹直踴貴，請匹增為五千足。戶部定為六千足。殿中侍御史張致遠言：「江西殘破之餘，和預買絹請折輸錢，朝廷從之，是欲少寬民力。匹輸錢五千省，比舊直已增其半，較之兩浙時直，匹多一千五百，戶部又令折六貫文足，是欲乘民之急而倍其斂也。物不常貴，則絹有時而易辦；錢額既定，則價無時而可減。」於是詔江西和買絹匹折輸錢六千省，願輸正色者聽。是冬，初令江、浙民戶悉輸折帛錢。當是時，行都月費錢百餘萬緡，重以征戍之費，令民輸紬者全折，輸絹者半折，匹五千二百省。折帛錢由此愈重。

——（元）脫脫等：《宋史》卷一百七十五，志第一百二十八，《食貨上三·布帛和糴》，北京：中華書局點校本，1977 年版，第 4237 頁。

紹興三年（1133）。四月四日，太尉、武成感德軍節度使、充江南東西路宣撫使韓世忠言：「契勘陝西因創建州軍城寨之後，應四至境內田土盡得系官，即無民戶稅業交雜其間。其田荒隙，遂招致土人充弓箭長行，每名給地二頃，有馬者別給額外地五十畝，率空地八百頃即招集四百人，立為一指揮。一境之中，均是弓箭手，自相服從。今內地州縣田土皆係民戶稅業，雖有戶絕、逃棄，往往畸零散漫，若便依仿陝西法摽給，須合零就整，轇數分撥。其田遠近不同，即不接連，難相照管，又如去城百餘里外給地，付之軍兵，使混雜莊農養種，切慮生事。今相度，欲先將建康府管下根括到近城荒田除戶絕、逃田一面措置耕種外，其有主而無力開墾者，散出文榜，限六十日許人戶自陳頃畝，著實四止。如情願將地段權與官中合種，所用人戶、牛具、種糧並從官給，候收成日，據地段頃畝，先次依本色供納二稅及除豁牛具、種糧，其餘據見在斛斗量給地主外，盡給種田人。候至地主有力耕時，赴官自陳，即時給還元業。若限滿不自陳，即依逃田例直行摽撥。庶幾不致荒閒田畝，軍、民兩有所濟。並契勘人戶願與官中合種地段，若伺候將來收成除豁二稅、種糧外，據現在臨時量給，竊慮地主妄稱鄉原舊例，過數邀求。今欲於人戶自陳日，即便議定，據將來實收到斛斗，除上件出豁外，以十分為率，內二分給地主。若稱所給數少，不願官種者，即具村保姓名

開排地段，送本縣置籍收繫。田雖荒閑，須管依條限催理二稅，無令少欠，庶幾地主不敢僥倖，妄有希求。」都督府言：「勘會今已二月，伺候朝廷指揮，方立限許人戶投狀與官中合種，深恐已過布種時日，轉致荒蕪。已將昨因兵火逃亡未曾歸業見今荒田，令世忠先次措置召人承佃耕種，其合納稅租，第一年全免，第二、第三年以下分為率，各與免納五分，三年外依舊全納。田主歸業自種，在五年內者，聽依已布種法，見佃人收畢交割；五年外不歸業者，聽見佃人為主。庶幾不致荒閑，失陷二稅。已行下世忠照會施行。如蒙俞允依，湖北、江西、浙西未歸業逃田並乞依此施行。」戶部勘當：「欲依都督府奏請事理施行。如有人戶歸業，即依去年四月十八日已降指揮年限理認，即時給還。內已布種者，收畢交割。並下江南東路轉運照會，仍乞令湖北、江西路疾速措置，具利便申取朝廷指揮。」從之。

——（清）徐松：《宋會要輯稿》，第一百五十四冊，《食貨六三》，第 93、94 頁，北京：中華書局，1957 年版，總第 6033 頁。

紹興三年（1133）。三年五月五日，江南西路轉運司言：「州縣通放萬戶造酒去處，於建炎四年內因從衛一行官兵在虔州日，權置酒務沽賣，係一時措沽賣即不立額。今來所收課利，不償監專、作匠等人請給之費，委是虛占官吏，枉費財用，乞行住罷。」從之。

——（清）徐松：《宋會要輯稿》，第一百三十一冊，《食貨二一》，第 13 頁，北京：中華書局，1957 年版，總第 5150 頁。

紹興三年（1133）。七月十八日，江南東西路宣諭劉大中言：「州縣曾經殘破人戶元不曾離業者，紹興元年秋料稅租、役錢減放四分，以前拖欠與倚閣。州縣引用海行法，不得過三分。乞全行倚閣。」詔興國軍不曾離業人戶合納紹興二年分和買綢絹，並特予全行放免。

——（清）徐松：《宋會要輯稿》，第一百五十四冊，《食貨六三》，第 4 頁，北京：中華書局，1957 年版，總第 5988 頁。

紹興三年（1133）。（十月）七日，江南東、西路宣諭劉大中言：「徽州山多地瘠，所產微薄。自為唐陶雅將歙縣積溪、休甯、祁門、黟縣田園分作三等增起稅額，上等每畝至稅錢二百文、苗米二鬥二升，為輸納不前，卻將綢、絹、綿布虛增高價，紐折稅錢，謂之元估八折。惟婺源一縣不曾增添，每畝不過四十文。乞將二稅依鄰近州縣及本州婺源縣則例輸納。」詔令江東轉運司考究本末因依，相度具委合如何施行事狀保明以聞。

——（清）徐松：《宋會要輯稿》，第一百六十二冊，《食貨七〇》，第 35、36 頁，北京：中華書局，1957 年版，總第 6388 頁。

紹興三年（1133）。十月七日，江南東西路宣諭劉大中言：「欲將江東、西路應幹閑田立三等租課，上等每畝令納米一斗五升，中等一斗，下等七升，更不須臨時增減，但令州縣開具已籍定田色，召人請佃，據佃頃畝等第出給公據。如係未經籍定田土，限當日勘給承佃，免兩料催科外，自起催日令納租課，更不

別納二稅。」詔下戶部，本部欲下轉運司參酌所立租課，比較夏、秋兩料稅額，別無虧損，即依逐等所定數目召人承佃。若於稅額卻有減損，即依舊來稅額輸納。從之。十一月九日，吏部員外郎劉大中言：「所乞將江南兩路應幹閑田立三等租課，令民承佃，已蒙下本路轉運司參酌比較，若於稅額卻有減損，即依舊來稅額輸納。逃絕閑田，在法自合立租，召人請佃，緣江南累經兵火，田多荒閑，有人戶元因稅重，或曾經典賣田產，虛抱推割未盡稅苗，輸納不前，遂至拋棄田業，逃移在外，今若令依舊來稅額輸納，全不減損，委是無人願佃，愈見失陷財富。」詔令江南東、西路轉運司自今降指揮到日，將應未佃閑田依劉大中立定三等租課召人請佃，候滿三年，即依元稅額送納。所有閑田元地主積次稅租，即不得於佃人名下催理。其日後逃閑田土，依今年十月七日指揮，昭應稅額輸納。

　　——（清）徐松：《宋會要輯稿》，第一百五十四冊，《食貨六三》，第 199、200 頁，北京：中華書局，1957 年版，總第 6086 頁。

　　紹興三年（1133）。十一月二十三日，詔令兩浙、江東西路提舉司、轉運司同共取索管下州縣買撲坊場，將興盛及過界並減定淨利錢若敗闕去處，各條具利害、自來逐場有無造酒年額，並差官點棧體利申戶部。其官務若管酒價錢，而拍戶沽賣私價，大段高貴，贏落厚利，自合隨宜增添。仍令逐州軍每季具官務酒價與市價有無虧申轉運司檢察。四年四月十二日，江南西路轉運司言：「漕計之實，惟仰酒稅課利資助支遣，比年以來，州郡多以

應軍期為名，更不請降朝廷處分，一面擅置比較酒務、回易庫，將漕計錢物不住取撥充本。又於諸城門增置稅務，其逐處所收課息，並不分隸諸司。是致所在軍期稅務往往增羨，舊務例皆虧欠，其諸城門稅正與軍期酒務事體一同。欲下諸路，除帥司措置贍軍，及諸州已得專降指揮許置場務外，其餘不係朝廷指揮州郡自行創置比較酒務並回易庫，及添置逐門收稅去處，應幹官物及合趁課額，並併入漕計，本州不得擅便曆收置，仍乞令轉運司將已巳前收置錢物委官驅磨。」詔依，如有不遵條例去處，仰本司具狀申尚書取旨黜責。

　　——（清）徐松：《宋會要輯稿》，第一百三十一冊，《食貨二〇》，第 15、16 頁，北京：中華書局，1957 年版，總第 5140 頁。

　　紹興三年（1133）。（十二月）二十七日，中書門下省言：「江南西路安撫制置大使趙鼎奏：本路邊臨大江，控扼千里，打造戰船二百支，般載錢糧船一百支，工費不下十餘萬貫。乞就吉州榷貨務支降見錢一十萬貫。」詔令吉州榷貨務支降見錢二萬貫，依數打造般載錢糧船，仍開具料例及合用的確錢數，申尚書省。其戰船關送樞密院。

　　——（清）徐松：《宋會要輯稿》，第一百四十五冊，《食貨五〇》，第 15 頁，北京：中華書局，1957 年版，總第 5664 頁。

　　紹興四年（1134）。四年正月二日，都省言：「近者給降糴本，令兩浙、江南東、西路轉運司和糴斛斗六十四萬餘石，元限

去年十月已前開場，今年正月終糶買數足。若不比較賞罰，竊慮無以勸阻。」詔戶部候今年正月終，比較逐司並逐州軍已糶已起數多及糶買最少去處，具轉運司並州軍當職官職位、姓名申尚書省，取旨賞罰，仍先次行下逐司照會。

——（清）徐松：《宋會要輯稿》，第一百四十一冊，《食貨四〇》，第 19 頁，北京：中華書局，1957 年版，總第 5518 頁。

紹興四年（1134）。（七月）三十日，戶部言：「節次承降指揮：將見行役法等與《嘉祐條法》窒礙未盡事件，及保正副差免利害，令諸路常平官條具聞奏。除湖北路未據相度條具外，節次承據兩浙、江南、廣南東、西並福建、荊湖南路八路常平司奏到，內六路乞依紹聖條法；並保正副差免利害，亦據江西等四路乞依見行條法施行。今相度，欲乞將役法及保正副代者長並依見行諸州、縣已定役法及《紹聖免役條法》施行。仍乞下諸路常平司照會。」從之。

——（清）徐松：《宋會要輯稿》，第一百二十八冊，《食貨一四》，第 22 頁，北京：中華書局，1957 年版，總第 5049 頁。

紹興四年（1134）。四年八月十九日，殿中侍御史張致遠言：「伏睹鎮南軍申：『乞以本州和買絹、綢合起八分本色，更將二分許人戶折納價錢，每匹六貫文省。』又胡世將申：『洪州在市一絹之直，已增長八貫五百文足，自餘州軍有至十貫足以上去，乞每匹折錢五貫或六貫文足，今計折價錢納米應副江北支用。』戶部勘當：『乞將江西八分本色絹內，令三分依洪州所

乞，折納價錢，每匹作六貫文足。如人戶願納米穀，各依逐處市價聽納。』已從其請。切以江西殘破之餘，軍旅轉餉殆無虛日，鎮南軍和預買絹，自起催至六月，才納及一分。民力不易，自可想見。每匹令納錢六千省，比之舊折三司價例，已增一半，若比浙中見價，每匹計多一千五百。戶部勘減當更令折錢，每匹六貫文，其實八貫省耳，是於三等之中，獨取極價，欲乘民之急而倍其斂也。物不常貴，官有定額。民得蠶織，則絹有時而易辦；錢額既定，則無價時而可減。臣側聞章聖皇帝嘗語宰輔曰：『兩浙、福建、湖廣州軍，歲輸丁口錢四十餘萬，國家恤念遠人，非深行惠澤，無以致其康樂，當永除之。』丁謂以為方東、西巡幸，賜予億計，慮有司經費不給。章聖曰：『朝廷推恩，所貴及民，但當本抑末，節用愛人，何至以經費為辭耶？』夫丁口錢民輸甚易，且有定制，章聖不恤，經一言而除之。和買舊給本錢，每端一千，方時多艱，白取既非得已，有司請寬民力，戶部乃用極價，雖致數千萬緡，豈陛下所以增念黎元之本心耶？」詔依已降指揮折納價錢，每匹減作六貫文省，如人戶願納本色者聽。

　　——（清）徐松：《宋會要輯稿》，第一百五十六冊，《食貨六四》，第 29-31 頁，北京：中華書局，1957 年版，總第 6114、6115 頁。

　　紹興四年（1134）。十一月十二日，戶部侍郎梁汝嘉言：「契勘兩浙、江南西路朝廷給降糴本、金銀錢物，欲望特降指揮，如漕司並諸州軍輒敢侵支借兌移易，其當職官並重置典憲，人吏並行斷遣，仍乞逐路提刑躬親前去點檢。」從之。

——（清）徐松：《宋會要輯稿》，第一百四十一冊，《食貨四〇》，第 19、20 頁，北京：中華書局，1957 年版，總第 5518 頁。

紹興五年（1135）。五年閏二月二十七日，侍御史張致遠言：「訪聞江東、西昨來預借折帛價錢，民極省費，而州縣責辦倉猝，不及下戶。今宜令上戶代納本色，卻令下戶補納價錢，以寬貧乏。」詔人戶合納夏稅和預買物帛，仰均行輸納，卻不得抑令下戶遍納本色，余路依此。

——（清）徐松：《宋會要輯稿》，第一百五十六冊，《食貨六四》，第 31 頁，北京：中華書局，1957 年版，總第 6115 頁。

紹興五年（1135）。五年四月十六日，詔令江南東、西，兩浙，福建諸州軍守臣各行體度本處米價，如是騰踴，仰將見管常平米斛依條出糶，候秋成日，卻行收糴撥還，依舊樁管。仍令常平司拘收。

——（清）徐松：《宋會要輯稿》，第一百五十三冊，《食貨六二》，第 26 頁，北京：中華書局，1957 年版，總第 5961 頁。

紹興五年（1135）。（四月二十八日）同日，總領司言：「專切措置財用申：『二廣，福建，江南東、西路免役一分寬剩錢，若無災傷減閣支用，並令發赴行在。及兩浙西路役人顧（雇）錢除歲用外，餘錢應副大軍支用。並已得朝旨施行外，有浙東、湖南、北路，欲依臣僚所乞事理，將理到顧（雇）役用外剩錢發赴

行在送納。」」從之。

——（清）徐松：《宋會要輯稿》，第一百五十六冊，《食貨六四》，第 90、91 頁，北京：中華書局，1957 年版，總第 6144、6145 頁。

紹興五年（1135）。八月八日，江南西路提舉茶鹽常平等公事司言：「在法，應給納常平、免役、場務淨利等錢，每貫收頭子錢五文足，專充經製錢起發。今來諸色錢物，每貫收頭子錢增添共二十三文足，既非橫斂，有補經費，其常平司錢物出納，理合一體。欲乞依例收頭子錢二十三文足，除五文依舊法專充常平等支費外，其增收到錢，與經製錢作一項窠名起發。」專切措置財用言：「欲依所申事理施行。仍令戶部行下諸路常平司依此施行。」從之。

——（清）徐松：《宋會要輯稿》，第一百五十六冊，《食貨六四》，第 92、93 頁，北京：中華書局，1957 年版，總第 6145、6146 頁。

紹興五年（1135）。八月二十四日，內降德音：「應潭、郴、鼎、澧、嶽、複州、荊南、龍陽軍、循、梅、潮、惠、英、廣、韶、南雄、虔、吉、撫州、南安、臨安軍、汀州管內，已降指揮，人戶附種營田，並主戶下客丁官中科種，收課數多，緣此流移，未肯歸業。應人戶已請官種種苗在地，比每年減半送納，自來年並免附種。並諸軍預先抑勒表散和顧（雇），栽插人工錢，奪其工力，益見困乏。已令諸軍不許預表顧（雇）夫錢。尚慮不

切尊稟，仰荊湖北路安撫、轉運使依所降指軍施行，毋致違戾。仍仰帥臣、監司常切遵守，戒諭諸軍不得抑勒預表工錢。如違，仰憲司取勘聞奏。荊湖人戶耕牛，已降指揮與免拘集，並已請官種種苗在地者，減半送納官課，自來年更不科種營田。仰安撫司檢察州縣，不得科敷。」

——（清）徐松：《宋會要輯稿》，第一百五十四冊，《食貨六三》，第 97、98 頁，北京：中華書局，1957 年版，總第 6035 頁。

紹興五年（1135）。十月九日，三省言：「湖南、江西歲旱，田畝災傷，自今秋成之際，民間已是缺食，恐至來春大饑。欲令常平司多方廣糴，以備賑濟。」上曰：「朕聞江、湖歲歉，夙夜為憂。常平法自漢以來行之，乃是救荒之政。祖宗專用義倉賑濟，最為良法，比來多有失陷，可降指揮申飭有司稽考之。」上又曰：「江西、湖南歲歉，恐來春艱食，雖已廣糴以待賑濟，可更令監司、守臣勸課種麥，庶來歲有以接濟饑民。仍更丁寧，示朕夙夜念民疾苦之意。」

——（清）徐松：《宋會要輯稿》，第一百五十三冊，《食貨六二》，第 26、27 頁，北京：中華書局，1957 年版，總第 5961、5962 頁。

紹興五年（1135）。十二月七日，江南西路轉運司言：「筠、袁、洪、吉、江、撫州、臨江、興國軍及臨江軍新喻縣災傷，乞支降本路苗米五七萬石，委提舉司以州縣災傷分數取撥，比市價

減十分之三糶。及令州縣勸喻有力之家入納粳米，每一千石或稻穀每二千石，如係曾得文解人，三代中有文官無刑責，補迪功郎，餘人補承信郎，依獻納人例理選限升陟，從本州保奏，給降付身，便作官戶，免身丁差役，免審量，令本路帥司舉辟合入差遣。其入納到米，即減價賑糶。並令州縣出給公據，勸諭商賈收糶斛斗，從便出糶，與免力勝稅錢，每米百石，許附帶貨物約百貫。詢訪停塌斛斗之人，勸諭量取利息，責認石斗數目，出糶接濟。及饑民合給米豆，雖放稅不及七分縣分，亦許販給。委提舉司審度，若常平穀不足，聽取撥入納到米（謂今來因災傷勸誘到者）支給，候將來有納到義倉斛斗，卻行撥還州縣。當職官賑濟有方者，委提舉司保明，提刑司核實以聞，優與旌賞。」詔：「已令收糶米斛六萬石準備賑濟，令乞支苗米，難議施行。內勸諭人納稻穀依入納米補官便作官戶一節，見別作施行外，餘並依。仍委知、通勸諭有力之人，出糶斛斗接濟，不得搔擾。」

——（清）徐松：《宋會要輯稿》，第一百五十九冊，《食貨六八》，第 57、58 頁，北京：中華書局，1957 年版，總第 6282 頁。

紹興五年（1135）左右。李綱在《准省箚催諸州軍起發大軍米奏狀》言：右勘會江西一路，自兵火殘破之後，又經旱災，人戶凋耗，雖去年稍得豐稔，人戶未盡歸業，田土荒廢尚多，謂如洪州分寧、奉新等縣，人戶所存才有十之三四，其餘縣分號為多處，不過十分之六七，通一路計之，多寡相補，才及承平之半，稅賦自然難以及額。又加虔州累年為盜賊猖獗，稅賦往往催科不

行。吉、撫、筠、袁等州亦有盜賊,殘擾去處,遂致苗稅亦多拖欠。若不以實入之數起發,上供一切督迫州縣,必欲及承平額數,不惟無所從出,兼恐州縣不免數外科敷,重困人戶,非獨不足以仰副朝廷寬恤之意,亦使官吏虛負罪責。所有轉運司具到前項,因依伏望聖慈,詳酌特降睿旨施行。

　　——(宋)李綱:《准省箚催諸州軍起發大軍米奏狀》,見《梁溪集》卷九六,《表箚奏議五十八》,《文淵閣四庫全書》本。

　　紹興五年至紹興七年(1135-1137)。李綱在《申省乞施行糴納晚米狀》言:據洪州申准轉運司牒備奉朝廷指揮,今歲和糴大米五萬石,內先糴一萬五千石,並限九月終糴足,起發前去張少保軍前。緣本州管下諸縣,民田多種早占,少種大禾。其所種大禾,係在向去十月,方始成熟,民間並無蓄積陳大米,即與其餘路分州軍事體不同。今來秋田闕少雨澤,已覺亢旱,見在差官分頭祈禱,尚未感應。若以等候大禾成熟日收糴,竊慮有違九月糴足起發元限,本州亦未敢趁時收糴早占米斛,已申轉運司,乞賜申明朝廷施行外,申本司並承轉運副使徐顯謨公文契勘:近准六月二十八日尚書省箚子指揮,上供米斛,係充軍糧,早米不堪久貯,其合起應副行營左護軍湖北京西宣撫司早米二十萬石,不須更催早米,如人戶願以舊米豫納,即行受納起發,即不得催理早禾。以此本路和糴米斛,併合收糴粳米,內先糴一十萬碩。本司已於七月十六日,牒諸州照會收糴舊米外,其餘米九月開場,自合收糴晚米。申本司契勘本路春夏之間,雨暘調適,早禾已是成熟,收割了當。自入秋以來,闕少雨澤,已覺亢旱,又生青蟲,

食害苗稼，見今祈禱未獲感應。若更旬日內無雨，晚田決致旱傷。竊見朝廷近降指揮受納秋苗，及和糴米斛，並要一色晚米，竊慮既不糴納早米，晚稻又失指准，有誤大計，已具奏聞，乞賜朝廷詳酌施行。去訖今據洪州前項申述本司契勘：本州管下鄉民所種稻田，十分內七分，並是早占米，只有三二分布種大禾。又緣入秋以來，久闕雨澤，已見亢旱。竊慮晚田向去難以指准，其早米官中既不糴納，慮為兼併之家停蓄，及他路客販前去，有誤歲計，欲望詳酌，早賜指揮施行。

　　——（宋）李綱：《申省乞施行糴納晚米狀》，見《梁溪全集》卷一〇六，《狀二》，《文淵閣四庫全書》本。

　　紹興六年（1136）。六年，湖、廣、江西旱，詔撥上供米振之。婺民有遏糴致盜者，詔閉糴者斷遣。殿中侍御史周秘言：「發廩勸分，古之道也，許以斷遣，恐貪吏懷私，善良被害。望戒守令多方勸諭，務令樂從，或有擾害，提舉司劾奏。」從之。

　　——（元）脫脫等：《宋史》卷一百七十八，志第一百三十一，《食貨上六·役法下振恤》，北京：中華書局點校本，1977年版，第 4340 頁。

　　紹興六年（1136）。（正月）二十六日，詔令江東、西，湖南、北，福建，浙東提舉常平官體認前後詔令，各仰躬親不住往來於旱傷州縣，遵依前後指揮，一一檢察賑濟存恤。如有流移人戶，亦仰措置踏逐寺院及係官屋宇，多方安存，依條支破錢、米養濟。仍仰帥臣嚴察督責所委屬官，並逐州通判職官、諸縣令

佐，各仰依此極力推行，無致少有流移死損。仍日具見今如何措置，並賑濟過饑民人數，及有無死損結罪保明狀，入急遞聞奏，仍遍於災傷去處鄉村大字出榜曉諭。

　　——（清）徐松：《宋會要輯稿》，第一百六十一冊，《食貨六九》，第 55 頁，北京：中華書局，1957 年版，總第 6357 頁。

　　紹興六年（1136）。二月一日，詔令江西轉運司於去年上供米內支撥一萬石，付本路帥司勘量災傷輕重，與常平米相兼均表，賑濟支用。七日，右諫議大夫趙霈言：「去秋旱傷，連接東南，今春饑饉，特異常歲。湖南為最，江西次之，浙東、福建又次之。伏睹累降指揮賑濟，固備盡矣，然今日賑救有二，一則發廩粟減價以濟之，二則誘民戶賑糶以給之。諸路固嘗許借常平、義倉米，又常令州縣賑糶，艱難之際，兵食方闕，州縣往往逐急移用，無可賑給，唯勸誘賑糶尤為實惠。然自來官中賑濟，多止在城郭，而不及鄉村。願以上戶所認米數，紐計城郭鄉村人戶多寡，分擘米數，縣差丞、簿，於在城及逐鄉要鬧處監視出糶，計口給曆照支，或支五日，或並支十日，其交籌收錢，並令人戶親自掌管，官司不得干預。既無所擾，人亦願從。乞申嚴戒諭，如當職官不親詣鄉村監糶米斛，與故縱人吏科擾，令監司按劾，及許人戶赴訴，其官吏重行竄斥。」從之。

　　——（清）徐松：《宋會要輯稿》，第一百五十九冊，《食貨六八》，第 58 頁，北京：中華書局，1957 年版，總第 6282 頁。

　　紹興六年（1136）。三月一日，江南西路安撫制置大使兼知

洪州李綱言：「乞於淮南、襄漢宣撫招討使各置招納司，以招納京東、西，河北之民，明出文榜，厚加撫循。有來歸者，撥田土，給牛具，貸種糧，使之耕墾，許江、湖諸路於地狹人稠路分自行招誘，而京中人兵願耕者聽。」詔令都督行府措置。

　　——（清）徐松：《宋會要輯稿》，第一百五十四冊，《食貨六三》，第 103 頁，北京：中華書局，1957 年版，總第 6038頁。

　　紹興六年（1136）。三月一日，詔權發遣撫州劉子翼與轉一官，以江南西路安撫制置司都轉運提舉茶鹽常平司公事言：「子翼自到任，節次共起發過糧米五萬三千八百碩、錢二十四萬八千八百貫往嶽飛軍前，及常州應付糴買；又勸誘人戶樁補措置，收糴到賑糴米計三萬一千石，流離之人，往往復業。」故有是命。

　　——（清）徐松：《宋會要輯稿》，第一百四十一冊，《食貨四〇》，第 21 頁，北京：中華書局，1957 年版，總第 5519 頁。

　　紹興六年（1136）。六年三月四日，江南西路安撫制置大使兼知洪州李綱言：「洪州遞年合發淮衣綢絹，自建炎三年殘破後，用度缺乏，不曾收樁，已免至紹興三年。所有四年、五年分委是無從收簇。」詔與蠲免。

　　——（清）徐松：《宋會要輯稿》，第一百五十四冊，《食貨六三》，第 6 頁，北京：中華書局，1957 年版，總第 5989 頁。

　　紹興六年（1136）。三月二十八日，詔：「江南西路洪、吉

等八州軍，將災傷本戶放稅五分以上。等（第）四等以下逃移人戶合納今年夏、秋二稅，以十分為率，每料各與倚閣二分，候來年隨本料送納。即不得將不係逃移人戶一例倚閣。餘路依此。」

——（清）徐松：《宋會要輯稿》，第一百六十一冊，《食貨六九》，第 55、56 頁，北京：中華書局，1957 年版，總第 6357 頁。

紹興六年（1136）。四月十二日，江南西路安撫制置大使兼知洪州李綱言：「已遵睿訓勸誘，出榜置曆，差官分詣諸州，委知、通、縣官召上戶積米之家，許留若干食用，其餘依市價量減，盡數出糶。其流民，官中賑給。竊恐秋成尚遠，難以接濟，已一面勸誘上戶納錢、米入官，以助賑濟，乞許給官告、度牒之類，折還價直。」從之。二十三日，詔筠州高安、上高兩縣當職官，各先次特降一官放罷，令本路提刑司取勘，具案聞奏。以提舉常平司言：「賑濟乖方，至有盜賊竊發，殍亡暴露，田畝荒萊，饑民失所。」故有是命。

——（清）徐松：《宋會要輯稿》，第一百五十九冊，《食貨六八》，第 59 頁，北京：中華書局，1957 年版，總第 6283 頁。

紹興六年（1136）。五月八日，右司諫王縉言：「乞下江西路，應人戶折納，以麥一石二斗折米一石外，不得別更收耗。如有違戾，監司按劾施行。」從之。

——（清）徐松：《宋會要輯稿》，第一百六十二冊，《食貨七〇》，第 37 頁，北京：中華書局，1957 年版，總第 6389 頁。

　　紹興七年（1137）。九月十八日，赦：「江南東、西，兩浙，湖南州軍認發大軍月樁錢，從來並係漕臣均下所部州軍，取撥經制有額上供等錢應副。訪聞漕司有不斟量州軍財賦所入多寡，一例分拋，致有不均去處，深慮因而橫斂於民。仰逐路漕司更切相度所部州郡，令取窠名，斟量所入多寡，增減均數，務要各得均平，易於樁辦。」

　　——（清）徐松：《宋會要輯稿》，第一百五十六冊，《食貨六四》，第 79 頁，北京：中華書局，1957 年版，總第 6139 頁。

　　紹興七年（1137）。九月二十二日，明堂赦：「昨降指揮，令四川，江東、西，湖南、北漕司，將管下州軍縣鎮不係舊來收稅一面增置場稅，立便住罷；仍將合收稅處，不得過收稅錢。訪聞臨江軍管下新淦縣稅場自住罷之後，依前收稅。已送戶部取問本軍因依外，切慮餘路尚似此去處。仰逐路轉運司檢照已降指揮，開具本路元增置若干稅場，各於某年月日住罷，後來有無違戾去處，及將合收稅錢曾如何指置懲革，逐一保明申尚書省。仍令帥司、憲司常切覺察，務令商賈通快，不致邀阻。」

　　——（清）徐松：《宋會要輯稿》，第一百二十九冊，《食貨一七》，第 36、37 頁，北京：中華書局，1957 年版，總第 5101、5102 頁。

　　紹興八年（1138）。十二月十九日，參知政事李光言：「諸路月樁，最為民間重害，而江東、西為甚。元降指揮許取撥應幹上供封樁，諸司並州縣等不以有無拘礙上供、經製、酒稅課利及

漕司移用等錢樁辦。今江南路漕司往往將移用等錢於逐州主管司專委通判拘收，不許取撥。乞下諸路，應月樁錢許將諸色錢樁辦，如有餘，方許漕司拘收。貼黃稱：諸路月樁錢，當時守臣不量民力，有承認偏重去處，重為民害，如撫、信二州是也。乞行下諸路漕司，將逐州每歲所入均敷，不得輒有輕重，以傷民力。」當日宰執秦檜進呈，上曰：「朕累次說與宰臣，更不肯理會。若盡將上供等錢樁辦，自是不必科敷。令三省條具。」

　　——（清）徐松：《宋會要輯稿》，第一百五十六冊，《食貨六四》，第 79 頁，北京：中華書局，1957 年版，總第 6139 頁。

　　紹興九年（1139）。二月十三日，尚書省言：「江東、西，湖南，兩浙每月樁發大軍錢，係將朝廷並漕計等財賦應副，各有合取撥窠名，從來多緣漕司不以州軍所入多寡均拋，致有偏重。或將本司錢物支使，止以朝廷窠名錢充辦，因此收趁不足去處，科擾及民，理合別作措置。」仍連具到逐路月樁窠名。詔令逐路轉運司將偏重不均去處，委本司官以縣州大小、所入財賦多寡，重別斟量均定，務要輕重適當，易於樁辦。仍仰據合取撥窠名先次收樁月樁錢數足，方許應副其他窠名支使。如未足，諸司並不得占留他用，致科擾及民。敢有敷斂，仰提刑司按劾奏聞。違戾官吏，並當重行貶竄，仍許人戶赴訴。

　　——（清）徐松：《宋會要輯稿》，第一百五十六冊，《食貨六四》，第 80 頁，北京：中華書局，1957 年版，總第 6139 頁。

　　紹興十五年（1145）。十五年八月十八日，權發遣興國軍宋

時言：「本軍自經兵火，除絕戶外，目今來歸業人七千餘戶。所有拋棄田戶，依條十年出賣。今欲於十年之限更乞寬展。」詔令給事中、戶部侍郎看詳。李若谷等今看詳：「欲令州縣遇有出限歸業人戶，即契勘元拋下田土委是無人耕佃，歸業人既有可照，盡行給付。若見有人承佃或官賣了當，並於系官可耕田內比較給還。諸路依此。」從之。

　　——（清）徐松：《宋會要輯稿》，第一百六十一冊，《食貨六九》，第 58 頁，北京：中華書局，1957 年版，總第 6358 頁。

　　紹興十六年（1146）。十六年，知袁州張成己言：「江西良田，多占山岡，望委守令講陂塘灌溉之利。」

　　——（元）脫脫等：《宋史》卷一百七十三，志第一百二十六，《食貨上一·農田》，北京：中華書局點校本，1977 年版，第 4183 頁。

　　紹興十六年（1146）。十一月，前知袁州張成己言：「江西良田多占山崗，上資水源以為灌溉，而罕作池塘以備旱暵。望令江西守令，俾務隙時勸督父老，相地之宜，講究池塘灌溉之利，以為耕種無窮之資。」詔令戶部檢具賞格，行下本路常平司措置。

　　——（清）徐松：《宋會要輯稿》，第一百五十二冊，《食貨六一》，第 110 頁，北京：中華書局，1957 年版，總第 5928 頁。

紹興十七年（1147）。九月十四日，宰執言：「戶部開具到諸路州郡月樁錢：江南東路信州五萬四千餘貫；徽州五萬八千七百余貫，宣州四萬九千七百餘貫；江南西路吉州六千七百餘貫，撫州二萬五千四百餘貫，江州一萬一千餘貫，建昌軍二千三百餘貫，臨江軍四千六百餘貫，筠州六千九十餘貫，南安軍六千六百餘貫。」上曰：「科敷之類，富者猶不能堪，下戶何所從出？可並特與減放。」檜曰：「指揮行下，百姓想皆歡欣鼓舞。」上曰：「朕備嘗艱難，深知細民闕乏，雖百錢亦不易得。或有餘財，即命椿留，以備緩急支用。」

——（清）徐松：《宋會要輯稿》，第一百五十六冊，《食貨六四》，第 81 頁，北京：中華書局，1957 年版，總第 6140 頁。

紹興十七年（1147）。（九月）是月二十六日，尚書省言：「江、浙州軍見輸納折帛錢，舊立價錢，比之時價稍高，兼逐路土產物帛不一，竊慮民戶難於出辦。」乃詔兩浙綢絹每疋減作七貫文，內和買減作六貫五百文，綿每兩減作四百文，江南東、西路綢絹每疋並減作六貫文，綿每兩減作三百文，自紹興十八年為始，仍詔令逐路轉運司酌度州軍出產多寡，均撥分數，務令均被實惠，仍具數以聞。

——（清）徐松：《宋會要輯稿》，第一百六十二冊，《食貨七〇》，第 41、42 頁，北京：中華書局，1957 年版，總第 6391頁。

紹興十八年（1148）。十八年二月二十一日，權知蘄州呂延

年言：「江西一路自李氏稅苗數外增借三分，以應軍須。欲乞行下本路漕司，如委具田產步畝所載稅苗倍於他路，即取旨量與裁定。仍乞先將沿納一項錢米特免支移折變。」詔令戶部取索諸路色目一體看詳以聞。

——（清）徐松：《宋會要輯稿》，第一百二十六冊，《食貨九》，第 31 頁，北京：中華書局，1957 年版，總第 4977 頁。

紹興二十六年（1156）。十一月二十三日，江南西路轉運司主管文字逢汝舟言：「望詔有司戒飭州縣，於每歲增起二分錢物，不得增敷於民，庶使民力不致重困。」於是戶部言：「合起上供錢物，除湖南州軍依格起發外，欲下荊湖北路轉運司鈐束逐州軍，合將增認數目依條收椿起發，即不得增敷於民。如有違戾去處，仰本司按劾施行。」從之。

——（清）徐松：《宋會要輯稿》，第一百五十六冊，《食貨六四》，第 52、53 頁，北京：中華書局，1957 年版，總第 6125、6126 頁。

紹興二十七年（1157）。二十七年五月十一日，中書門下省言：「軍中揀退人或有死亡，州軍不支請給，其妻其子遂為窮民。已許指射荒閒田耕種支與一年請給，令買牛種、免租稅丁役，使為永業。今欲淮東、淮西、江東、江西、湖北、京西下逐州，委知、通、知縣及逐路委常平、提舉官，括責形勢戶及民戶、見任官佔據沒官逃移等田已未耕墾各若干頃畝，限半月開具申尚書省，遇有指射荒田請佃人，州縣日下標撥，併合支請給，

於常平錢內並支，令州縣量度資給，即農具亦仰借助。仍官為修蓋草席屋應副居止，以便耕種。其見任差遣者，除所支一年請給外，其未滿日月，令與接續批勘，已任滿人，布種之後，如闕食用，令州縣於常平米內量度借支，候收成日，分限還納。若將來耕種就緒，願增添請射者聽。若所委官及州縣措置有方，請佃數多去處，取旨升擢。」從之。

———（清）徐松：《宋會要輯稿》，第一百二十一冊，《食貨一》，第 39 頁，北京：中華書局，1957 年版，總第 4821 頁。

紹興二十七年（1157）。二十七年六月十五日，江南東路轉運判官葉義問言：「江東、西州縣受納人戶苗米水腳等錢，每石收二百文省，委是酌中。宣州頃因知州秦梓申奏畫旨，每石納錢一百文省，往往受納之際，暗加斗面，或別立名目，科斂於民。欲望行下宣州，每石納錢二百文省。」從之。

———（清）徐松：《宋會要輯稿》，第一百五十九冊，《食貨六八》，第 8、9 頁，北京：中華書局，1957 年版，總第 6257、6258 頁。

紹興二十八年（1158）。二十八年七月三日，直敷文閣、新權江南西路計度轉運副使李邦獻言：「奉旨，令臣與李若川將江西路紹興二十一年至二十六年分已起未到米一百六萬四千五百碩疾速催趲前來，並未起七十萬五千二百餘碩並綱裝發，並限半年到行在等處。竊緣江西米運，其弊有五：一則押綱不得其人，二則官綱舟船滅裂，三則水腳廉費不足，四則不曾措置指運遠邇，

五則卸綱處乞取太重，斗面太高，不除擲颺折耗，所以失陷數多。欲望許召募土豪及子本客人裝載，並與依舊例上更許搭帶一分私載，於裝發米處出給所附行貨長引並批上行程赤曆，沿路與免商稅，即不得留滯綱運。如不願請船腳錢者，管押及二萬碩、無少欠，與補進武校尉，二萬碩功加一資，依軍功補官法。如土豪客船不足，許令逐州選差見任文官宣教郎以下至選人及武官大、小使臣管押，若無欠少，與依紹興五年十一月立定賞格推恩，如一萬碩一千里以下，減四年磨勘；二萬碩更乞與減二年磨勘，三萬碩轉兩官止。」戶部看詳：「一、乞召募土豪及子本客人裝載。今欲許召募有家業及所押物數不曾充公人，亦不曾犯徒刑、非兇惡編管會赦原免之人，當職官審驗詣實，其自備人船，每碩三十里支水腳錢三百文省，餘計地里紐支。許將一分力券裝載私物，與免收稅，批上行程，沿路照驗。若所供不實或借人抵產，許人陳告，依詭名挾戶條勒斷罪，財產沒官。經由稅場監官即躬親照驗放行，干係公吏乞覓，論如監臨主司受財法計贓斷罪；無故留滯者，杖一百。到卸納處，依自來綱運條例計地里除破耗米，如有少欠，候補足，保明申朝廷，降付戶部勘驗，關吏部等處依今來修立賞格請降付身。所乞逐州選差見任文武官，今欲令江西運司于見任應差出之官內選差，或募寄居待闕官，召保官二員。除計地裡合破耗外，如無拋失少欠、違程，從交納官司保明，依今來修立到賞格等推賞。並重別增損擬定賞罰格如後：土豪子本客人運載米斛二萬碩，舟運每二萬碩轉一官資，通押及四萬碩，行放參部注授差遣。三千里以上承信郎，二千里以上進武校尉，一千里以上進義校尉。右除地裡折耗外，如少欠三釐以

下，與依格推賞，如三氂以上，候補足日推賞。命官差募管押賞：一萬碩、二千里以上無官欠，減四年磨勘，每加一萬碩，增一倍推賞。不滿一氂，減三年半磨勘，不滿二氂，減三年磨勘；一千里以上無官欠，減三年磨勘，每加一萬碩，增一倍推賞。不滿一氂，減二年半磨勘，不滿二氂，減二年磨勘；三千里以上，與遞增一等推賞，謂如元合減四年磨勘而及三千里以上者，減三年磨勘之類。罰：少欠三氂，展三季磨勘，每加一氂展一季，展至一分止，少欠二分，每分加展半年磨勘，至四分止。副尉、下班祗應比類。少欠五分，命官沖替，副尉、下班祗應勒停。一、卸納處乞取太重，斗面太高，不除擲颺折耗。今欲令江西轉運司將合起米先次差人別齎一般樣赴司農寺照會，候綱到日申戶部，差郎官一員前去對樣交卸，不得將所起米擅便擲颺折耗，疾速交納。其合赴總領所米，亦合依此封樣，候到，差官交納。仍令戶部長貳、總領官不測赴倉點檢，如有違戾，各仰按劾施行。其押到米與元樣不同，委有夾雜沙土，即申本部及總領所差官看驗，依條交卸。一、水腳糜費錢，本路所起米一百七十餘萬碩，有逐州隨苗收到水腳錢三十四萬餘貫，兼朝廷給降乳香套一十三萬貫，並就撥經制總錢十七萬八千餘貫應副裝發，本司自合將上件錢相兼措置起發，自餘押綱作弊，舟船滅裂，並係本司合行事務，欲下江西路轉運司一面措置。」從之。

　　——（清）徐松：《宋會要輯稿》，第一百四十三冊，《食貨四四》，第4、5頁，北京：中華書局，1957年版，總第5585頁。

紹興二十八年（1158）。九月十九日，臣寮言：「江州德安縣向於太平興國年中分撥三社人煙創建星子縣，自兵火後，為鄰邑德化縣已侵界至十餘里，民間就地裡近便，止於德安縣輸納稅苗。昨來經界，其德化、星子兩縣已盡將德安縣撥過田產收歸逐縣，所有苗稅未曾隨產改割，是致德安一縣兼受納兩縣無產之稅。欲望下戶部，將德安縣苗米且依經界以前逐畝租額輸納，仍委自兩路漕臣選擇清強官躬詣地頭，會集耆老取索幹照，從實改正，免致一縣偏受重賦。」於是戶部言：「欲下江東、西漕臣徐度、李邦獻公共相度，如有交互未割正苗稅，即行從實改正，仍具合行改正數目申尚書省。如無未割正苗稅，即遵已降指揮施行。」從之。

——（清）徐松：《宋會要輯稿》，第一百六十二冊，《食貨七〇》，第 48 頁，北京：中華書局，1957 年版，總第 6394 頁。

紹興二十八年（1158）。（九月）二十三日，禮部言：「江南西路州縣道觀，多有朝廷撥賜田產，近來至有全無道士去處，其田產盡為他人侵耕盜用。欲自今更不撥充學糧，令常平司拘收，別項椿管。」從之。二十五日，三省言：「權戶部侍郎趙令 言：『州縣義倉米遇積欠陳腐，即行出糶。及水旱災傷，乞檢放及七分，便許賑濟。』宰臣沈該等奏曰：『在法，義倉米止許賑濟，若行出糶，恐失豫備也。』上曰：『逐郡義倉米自有定數，若每歲量糶十之三，椿收價錢，次年依數收糴撥還，亦何至侵損數目？又如災傷，檢放一州通及七分方許賑濟，饑荒自有高下，必須及七分，則合賑濟絕少矣，饑荒之民，何繇獲濟？卿等可別作

措置。』沈該等奏曰：『陛下恤民之念，可謂切至。臣等當遵依聖訓，別擬進呈。』於是詔令諸路常平司，據州縣所管義倉米，以十分為率，量行出糶，歲不得過三分。拘收價錢，次年糶還。仍歲具糶過數目申尚書省。」

——（清）徐松：《宋會要輯稿》，第一百四十七冊，《食貨五三》，第 27 頁，北京：中華書局，1957 年版，總第 5733 頁。

紹興二十九年（1159）。臣僚言：「江東、西、二廣村疃之間，人戶凋疏，彌望皆黃茅白葦，民間膏腴之田耕布猶且不遍，豈有餘力可置官產？」

——（元）馬端臨：《文獻通考》卷七，《田賦考七·官田》，北京：中華書局，1986 年版，第 81 頁。

紹興二十九年（1159）。二月二十四日，上嘗論輔臣曰：「江西道路間聞有數人為群剽掠。」王綸曰：「臣竊意止是艱食之人不得已而為之，未必皆嘯聚之徒，正賴州縣安集之爾。」上曰：「朕自去冬，凡災傷去處悉合賑濟，及蠲放積欠已及二十五年矣，比又將二十六年、二十七年者悉蠲之，不知州縣奉行如何。輕徭薄賦，自無盜賊。」

——（清）徐松：《宋會要輯稿》，第一百五十四冊，《食貨六三》，第 16 頁，北京：中華書局，1957 年版，總第 5994 頁。

紹興二十九年（1159）。九月十六日，詔：「兩浙，江東、西去歲水潦賑貸去處，在法合於今秋成熟之後具數還官，可特行

蠲免。浙東，江東、西近日以雨澤少愆，頗生螟螣，委監司、守郡體訪，如實有損稻去處，量行減放今年租稅。」

——（清）徐松：《宋會要輯稿》，第一百五十四冊，《食貨六三》，第 17 頁，北京：中華書局，1957 年版，總第 5995 頁。

紹興二十九年（1159）。二十九年，上聞江西盜賊，謂輔臣曰：「輕徭薄賦，所以息盜。歲之水旱，所不能免，儻不寬恤而惟務科督，豈使民不為盜之意哉？」於是詔諸路州縣，紹興二十七年以前積欠官錢三百九十七萬餘緡及四等以下戶官欠，悉除之。九月，詔：兩浙、江東西水，浙東、江東西螟，其租稅盡蠲之。自是水旱、經兵，時有蠲減，不盡書也。

——（元）脫脫等：《宋史》卷一百七十四，志第一百二十七，《食貨上二·方田賦稅》，北京：中華書局點校本，1977 年版，第 4216、4217 頁。

紹興三十年（1160）。八月二日，臣僚言：「竊惟漕運所用，莫急於舟，江東諸郡皆雇客船，江西則於洪、吉、贛三州官置造船場，每場差監官二員、工後兵卒二百人，立定格例，日成一舟，率以為常。運司募押綱使臣，悉由關節。訪聞一綱例行賂七百緡始得之，皆胥吏輩為奸也。且以江東與江西事體相類，但江西運米稍多耳。江東每綱給水腳、糜費錢，付之押綱官，令自雇客舟及水手以往。客人愛護其舟，亟去亟還，不肯留滯；獨江西撥船發卒，一切仰給於官，較之江東雇舟，大不相侔。乞委江西帥臣或提舉常平司同吉、贛州守臣公共相度造舟與雇舟利害以

聞，別賜裁酌。」從之。

——（清）徐松：《宋會要輯稿》，第一百四十三冊，《食貨四四》，第 6、7 頁，北京：中華書局，1957 年版，總第 5586 頁。

紹興三十年（1160）。十一月三日，守侍御史汪澈言：「江西歲以筠、袁二州民戶苗米令赴臨江軍輸納，以江道淺狹而裝綱非便，緣此官吏恣為侵漁，色目甚多，其數浩瀚。知軍坐享公庫之豐，而筠、袁之民嗟怨，盈於道路。今欲乞令江西漕司與二州守臣相度，或只就本州受納。若必欲寄敖，即令各州自差官吏、專、斗受納，無使臨江之人干預。」從之。

——（清）徐松：《宋會要輯稿》，第一百五十九冊，《食貨六八》，第 9、10 頁，北京：中華書局，1957 年版，總第 6258 頁。

紹興三十一年（1161）。三十一年八月二十六日，戶部言：「今相度，欲令逐路漕司與州軍當職官，將今年合發上供額斛且依年例數目認樁施行。仍多方措置檢察，遵依條限，依數樁辦起發，赴所屬應辦給遣，務要盡實，毋致欺隱。如違，從本部開具違戾去處，按劾施行。」從之。浙東路上供錢六萬七千六百九十四貫文；浙西路上供錢一十五萬四千八百三十貫文；江東路上供錢一十八萬一千一百七十貫文；江西路上供錢一十五萬六百一十貫文；福建路上供錢三萬二千六百七十三貫八百八十九文，銀一十六萬三千二百六十一兩六錢六分八釐；淮東路上供錢七萬八千

二百九十一貫文；淮西路上供錢二十四萬三千一百一十九貫文；湖南路上供錢二十八萬一百一十一貫文；湖北路上供錢二十八萬一千六百貫文，銀八十一兩六錢；廣東路上供錢四萬一千四百九十八貫文，銀三萬八百二十二兩，金一十五兩；廣西路上供錢六萬四千八百七十貫文，銀六百五兩；成都府路上供錢三百八十貫文；潼川府路上供錢三萬七千五十六貫七百九十五文；利州路上供錢九千七百三十九貫三百六十二文，銀九千九百七十八兩；夔州路上供銀三萬六千八百八十一兩四錢二分五釐二絲，金四百八十兩；京西路上供錢四千六百八十貫文。

　　——（清）徐松：《宋會要輯稿》，第一百五十六冊，《食貨六四》，第 54、55 頁，北京：中華書局，1957 年版，總第 6126頁。

　　紹興三十一年（1161）。十月三日，臣僚奏：「方今秋成之時，粒米狼戾，理宜儲蓄。況數百萬之眾屯於邊郵，日張口以待哺，不廣為之備，可乎？伏望先於兩浙，江南東、西，福建路逐州各給度牒一十道出賣，仍各給右迪功郎告一道，勸諭轉變錢物，趁時依市價收糴米斛，附綱起發，以助軍須。度牒一道，納錢五百貫省；告一道，納錢一萬貫省，與免試注官，理為官戶，依奏蔭體例，更不改易。度牒及告於本州書填給付。如欲以米准錢，悉從其便。或有山險非沿流不出米州軍，仰以錢或置輕齎到戶部委官交納，卻於出米州軍收糴。如係小軍壘內，減度牒三道；若帥府外，增度牒三道，更增給右迪功郎告一道。」戶部、司農寺勘會：「內外用度牒糧斛萬數浩瀚，即次措置承降指揮支

降本錢，令江浙、荊湖、淮南路轉運司選委清強官置場，或就各船興販到米斛收糴晚禾米添助支用。承今年二月二十五日指揮，製造度牒，每道立定價錢五百貫，綾紙錢一十貫。及承今年六月四日指揮，立定江、浙、荊、湖路中賣米斛，不願請領價錢願補官資之人，內迪功郎八千貫。今來臣僚所陳迪功郎，乞與免試注官，理為官戶，依奏蔭例作一萬貫。本寺今欲令吏、禮部取見逐路州軍帥府合給空名度牒並右迪功郎告下兩浙，江東、西，福建路轉運司，將今來所降度牒並官告拘收，責令逐州軍府知、通勸諭請買書填，轉變錢物，即不得抑勒搔擾。今來所降度牒官告除兩浙路外，其餘路分令吏部每路各差短使小使臣管押前去轉運司交割。」從之。

——（清）徐松：《宋會要輯稿》，第一百四十一冊，《食貨四〇》，第 33、34 頁，北京：中華書局，1957 年版，總第 5525頁。

紹興三十一年（1161）。三十一年十月六日，詔令兩浙，江東、西，湖南路常平司委官分詣所部州縣，據見管米數子細看驗，分為上、中、下三等，各具色額及有無不堪之數，限五日開具申尚書省。

——（清）徐松：《宋會要輯稿》，第一百五十三冊，《食貨六二》，第 38 頁，北京：中華書局，1957 年版，總第 5967 頁。

紹興三十一年（1161）。十月十四日，戶部言：「諸路州縣人戶買撲坊場，並係豪右有力之家，其兩浙，江東、西，湖南、

北總計一界合納淨利錢三百八十萬餘貫，今來軍興，調發官兵合用激賞錢物萬數至廣。今相度，欲除認發納藏庫年額錢外，餘數乞令浙東、西，江東、西，湖南、北路常平司依例預借一界淨利錢，以助軍興支用。仍責令限半月先次先納計網起發。內兩浙赴左藏庫，江東、西赴建康總領所，湖南、北赴鄂州總領所下卸椿備，合用水腳，於所起發錢內支破，其不通水路州縣，許輕買賣發納。」從之。

　　——（清）徐松：《宋會要輯稿》，第一百三十一冊，《食貨二一》，第 15 頁，北京：中華書局，1957 年版，總第 5151 頁。

　　紹興三十二年（1162）。八月十一日，詔贛州七里鎮東江務並歸城下商稅務，從江西轉運司請也。

　　——（清）徐松：《宋會要輯稿》，第一百三十冊，《食貨一八》，第 1 頁，北京：中華書局，1957 年版，總第 5108 頁。

　　紹興三十二年（1162）。南渡，坑冶廢興不常，歲入多寡不同。今以紹興三十二年金、銀、銅、鐵、鉛、錫之冶廢興之數一千一百七十，及乾道二年鑄錢司比較所入之數附之。湖南、廣東、江東西金冶二百六十七，廢者一百四十二；湖南、廣東、福建、浙東、廣西、江東西銀冶一百七十四，廢者八十四；潼川、湖南、利州、廣東、浙東、廣西、江東西、福建銅冶一百九，廢者四十五。舊額歲七百五萬七千二百六十斤有奇，乾道歲入二十六萬三千一百六十斤有奇。淮西、夔州、成都、利州、廣東、福建、浙東、廣西、江東西鐵冶六百三十八，廢者二百五十一，舊

額歲二百一十六萬二千一百四十斤有奇，乾道歲入八十八萬三百斤有奇。淮西、湖南、廣東、福建、浙東、江西鉛冶五十二，廢者一十五，舊額歲三百二十一萬三千六百二十斤有奇，乾道歲入一十九萬一千二百四十斤有奇。湖南、廣東、江西錫冶一百一十八，廢者四十四，舊額歲七十六萬一千二百斤有奇，乾道歲入二萬四百五十斤有奇。

　　——（元）脫脫等：《宋史》卷一百八十五，志第一百八十三，《食貨下七》，北京：中華書局點校本，1977 年版，第4531、4532 頁。

　　紹興年間。青塞李氏，其先魯人，宋靖康、建炎間，避金難轉徙而南，顛頻十數年，始履吉之境，當時閔恤流民，令所在郡縣安養，李氏自出力辟土，得田四百畝，請於官，官畀之為世業。於是自記官事勒石，以貽永久，期與子孫宗族共用公上之賜，又推所餘及親，故處心蓋廣且遠，並載給田守卒令佐姓，召示不忘所自。時維紹興八年，記之者李興時，書之者其族父知建昌縣李德祥也。終宋之世，田屬李氏，大元營田司立乃奪而歸之。官李之子孫輸租耕其田，如昨舊碑亦被人竊負而去，幸猶有墨本存焉，裔孫業圖再刻石，以不墜祖之所付託，而予為書於碑陰，嗚呼！紹興而至元百五十年。爾田之有予有奪，彼一時也此一時也。為之民者如之何哉？事之已往者已矣，未來者自勉可也，業其倡率宗族人人強為善苟為善，子孫必有興者，其興也將有光於前，而四頃之田一片之石已失者，又奚足芥蒂於懷也哉」！

——（元）吳澄：《題李氏世業田碑後》，見《吳文正集》卷六三，《題跋》，《文淵閣四庫全書》本。

紹興年間。張孝祥（1132-1169）描述洪州農業：「老農歌舞手作拍，一雨紛紛稻花折。去年秋田旱政苦，使君隨車有甘雨。旁州不熟我州熟，至今中家有藏穀。地碓春粳珠滿斛，老農左餐仍右粥。使君行矣伊佐湯，緝熙和氣無常暘。豈徒一雨潤九穀，要為萬物除千殃。」

——（宋）張孝祥：《鄱陽使君王龜齡閔雨再賦一首》，見《於湖集》卷二，《古詩》，《文淵閣四庫全書》本。

紹興年間。但見江西地理素薄，民生甚微，方此耕耨之時，舉家暴露，視田桑盼盼然，不得為卒歲衣食之計，人人愁歎，陛下所當恤也。

——（宋）汪藻：《撫州奏乞罷打造戰船等事》，見《浮溪集》卷一，《奏疏》，《文淵閣四庫全書》本。

紹興年間。程邁，字進道，新安黟人，登元符三年進士乙科。徽宗時，除提舉江西常平。民有訟田者二十年不決，邁閱其牘，問訟者：「年幾何？」曰：「六十六。」邁曰：「爾所齎券乃慶曆三年，時方年九歲，安得妻財置產？」訟者歎以為神，曰：「早二十年遇之，可以無訟。」歲旱饑，募流民浚東湖，及出常平粟以濟，後為忌者所中，坐發廩，逾數免官，再起再罷。紹興中，差知信州。信民囂訟吏巧於法。邁獲奸痛治之，境內懾服，

訟訴為衰。明年，郡既潦復旱，蟲傷稼累，禱輒應蟲抱稼以死。歲乃大豐，邦人為作感應，記曆發運使知鎮江府，兼沿江安撫使，進徽猷閣直學士，知饒州，條畫寬恤，三十年許事揭於城門。人情大悅，乃奏乞蠲舟車徵算，增米價以來遠商，察徵商諸弊，使不得為梗。未幾，米暴集，閱數至六十餘萬斛，價為之損半，民食大足，而羨餘及於徽、信二州。

——（清）趙之謙撰：《江西通志》卷一二六，《官績錄》，清光緒七年（1881）刊本，臺北：華文書局，1967 年版，第 2647 頁。

紹興年間。紹興間來，每年遇聖節，饒州有貢金一千兩，而麩金十兩之額，與他例同，此不與焉。本州先期敷科，吏緣為奸，豪商操權，私價轉增，遂至一方久罹其害，人莫敢言，罔知所起。或云藝祖初年，江南郡庫適有金，取以獻長春節，遂為例；或云發運司持錢收買；或云政和以來，轉運司撥所部內散收三說。得之傳聞，無所考信。第民困官憂，已非一日。後郡守唐文若奏乞蠲減，詔付兩省，時戶部郎魏安行持示左藏，以他州攀例為辭，遂不得免。所謂諸路只貢聖節，只係銀絹，饒固有之，且已兼任泉臬兩司之數。乃若貢金千兩，獨此郡任焉，與他不等，蓋失於敷陳也。陛下恭儉愛民，雖和糴百萬，一箚盡免，苟知此患，必垂矜恤。夫千金在朝廷為甚少，在一州為甚多，況民力極敝，甚不堪支，朝家蓄金，除交鄰錫（按：賜）賚外，所用不多，可與減除。昔仁宗採張方平之對，直降手詔，罷河北榷鹽，父老歡迎。澶淵且刻之石，臣之州民豈不知此？臣不敢以鄉

井自嫌，隱默不言，倘蒙聖慈，不以臣言為過，願勿下有司，逕以御筆蠲減，令本州酌量措買，不得仍前科斂，民困稍蘇，此患漸息。仰請恩旨，特賜宣示。干犯宸嚴，無任惶懼。

——（宋）洪邁：《減貢金笴子》，見（清）趙之謙撰：《江西通志》卷四九，《輿地略·物產》，清光緒七年（1881）刊本，臺北：華文書局，1967 年版，第 1070 頁。

紹興年間。蘇翁者，初不知其何許人。紹興兵火末，來豫章東湖南岸，結廬獨居。待鄰右有恩禮，無良賤老稚，皆不失其歡心，故人愛且敬之，稱曰蘇翁，猶祖翁、婦翁云。身長九尺，美鬚髯，寡言笑。布褐草履，終歲不易。未嘗疾病，筋力數倍於人，食啖與人亦倍。巨鋤長柄，略與身等。披荊棘，轉瓦礫，辟廢地為圃。或區或架，或籬且塍。應四時蔬菜，不使一闕。藝植耘芟，皆有法度，灌注培壅，時刻不差。雖隆暑極寒，土石焦灼，草木凍死，圃中根荄芽甲，滋鬱暢茂。以故蔬不絕圃，味視他圃蔬為最勝。市鬻者，利倍而售速。每先期輸直，不二價，而人無異辭。晝爾治圃，宵爾織屨。屨堅韌，革烏可穿，屨不可敗。織未脫手，人爭貿之以饋遠，號曰蘇公屨。

——（宋）張世南：《游宦紀聞》卷三，《文淵閣四庫全書》本。

紹興年間。西瓜形如扁蒲而圓，色極青翠，經歲則變黃，其瓝類甜瓜，味甘脆，中有汁，尤冷。《五代史四夷附錄》云：「以牛糞覆棚種之」。予攜以歸，今禁圃、鄉圃皆有，亦可留數月，

但不能經歲，仍不變黃色。鄱陽有久苦目疾者，曝乾服之而愈。蓋其性冷故也。

　　——（宋）洪皓：《松漠紀聞》卷二，《文淵閣四庫全書》本。

　　紹興至淳熙年間。羅願（1136-1184），其《新安志》中記載：祁門水入於鄱，民以茗、漆、紙、木行江西，仰其米自給。俗重蠶，至熏浴齋潔以飼之。

　　——（宋）羅願：《新安志》卷一，《風俗》，《文淵閣四庫全書》本。

　　隆興元年（1163）。《絜齋集》記載進士趙善持通判吉州時所遇到的情形：嘗攝郡政，時方和糴，江西吉當十萬石。官吏白公：「本錢未降，而省符屢趣，計將安出？均之諸縣其可？」公曰：「今八縣之民輸米郡倉，斛計四十八萬，凡水腳等費，皆變米得錢，市商牟利，由是傷農，其可重擾乎？若使以米代錢，公私俱便。」行之不疑，民果樂從。比新大守至，糴已足矣，敏於集事類此，諸司以課最，奏天子，始知器業不群，遂有彝陵之命。

　　——（宋）袁燮：《朝請大夫贈宣奉大夫趙公墓誌銘》，見《絜齋集》卷一七，《志銘》，《文淵閣四庫全書》本。

　　隆興元年（1163）。壽皇聖帝隆興元年正月二十六日，詔：「江、浙諸州軍合發上供綢絹綿，年例除進奉外，將夏稅和預買

准衣以分數折納價錢，補助經費，令江、浙轉運司依去年所折分數酌度均撥，行下折納。」既而臣僚言：「去年所折分數，嘗以十分為率，內絹折二分，綢折八分，綿折五分。兩浙路綢絹每疋折錢七貫，和買折錢六貫五百，綿每兩折錢四百；江南兩路綢絹減作六貫，綿減作三百。依此拘摧，歲供錢六百餘萬貫。蓋緣養兵之費不欲強斂於民，故從折變，字民之官往往加數以折，或令全折，及將零寸就整，無慮增倍。蠶未及桑，預行催借，因求嬴餘，且復強取，勢必重困。乞嚴賜戒飭逐路漕臣督察州縣，於省部立定折納分數外，不得擅有增加。如違，許人戶越訴，置之典憲。漕臣符同，亦加黜責。」從之。

——（清）徐松：《宋會要輯稿》，第一百六十二冊，《食貨七○》，第 53、54 頁，北京：中華書局，1957 年版，總第 6397 頁。

隆興二年（1164）。二年四月，知贛州趙公稱以寬剩錢十萬緡為民代輸夏稅，是後守臣時有代輸者。

——（元）脫脫等：《宋史》卷一百七十四，志第一百二十七，《食貨上二·方田賦稅》，北京：中華書局點校本，1977 年版，第 4217 頁。

隆興二年（1164）。二年六月十四日，戶部言：「內外添屯軍馬合用糧斛，比舊增廣萬數浩瀚，緣諸路合發上供米斛，所入不償所費，每年支降本錢，令逐路轉運司和糴米斛補湊支遣。所有江東、西、湖南路乞先次支降本錢，令逐路轉運司拘收，轉變

見錢椿管，候秋成日，委官置場，或就官般。興販到米斛，依時價收糴。所降度牒，乞每道減價作三百一十二貫出賣。仍乞逐路轉運司嚴行約束州縣，不得妄有科率，如有違戾，仰本司覺察，按劾施行。」從之。

——（清）徐松：《宋會要輯稿》，第一百四十一冊，《食貨四〇》，第 36、37 頁，北京：中華書局，1957 年版，總第5526、5527 頁。

隆興二年（1164）。（七月）庚申。早過方廣，回入落塘源，觀歐陽氏陰地。遂上雞岡，永和之朝山也，窯泥皆仰給於此，遇地脈可鑿。躡階以入，深至數十丈。初取皆細泥，見風乃凝如白石。一穴盡，即他之，山為之蓋，不知幾百年。或云隨取隨生，恐是理。遍觀山頂，其高稍亞金鳳，而相聯屬。

——（宋）周必大：《文忠集》卷一六六，《文淵閣四庫全書》本。

隆興二年（1164）。八月三日，詔支降本錢三百四十萬五千貫，付逐路沿流州軍守臣置場，別項和糴米一百五十萬石。戶部言：「去歲江西已承指揮和糴米一百萬石，今歲若更行收糴一百五十萬石，竊慮數目稍多，艱於收糴，及難以起發。今相度，欲止依去年例，支降本錢和糴米一百萬石。乞依年例下隆興府、吉州、筠州、江州、撫州、臨江軍、贛州、建昌軍收糴，並限來年二月終一切了畢起發，付淮東總領所送納。兼契勘去年所糴米斛，守臣多不用心自行措置，止是分拋下諸縣，又將給去年本錢

侵移，不盡數支還，以致搔擾，不能如期辦集。今欲委守倅協力同共措置，將蓄積有米之家不拘官戶、編戶，勸諭收糴。如不及所糴數目，即卻將本州隨苗、水腳、頭子等錢，令人戶依估定價將米折納，卻將所給去會子兌還隨苗、水腳等錢，仍更委自守倅隨宜措置。若限內收糴裝發了足，守倅優與推賞；若有弛慢，取旨黜責。一、今來降去糴本，委自守倅令作庫眼拘收，如外縣赴州地遠，願就縣支請，即不得分給下縣。如遇人戶納米交量訖，不以早晚赴州支請，即於本縣應有管窠名錢內先次支給，卻將降去糴本錢數理還，並仰即時給付。如有阻節減落，許行越訴。」從之。同日，戶部言：「外路諸軍歲用馬料，依年例於上供米內以米二十萬五千石折納馬料四十五萬石。緣今歲浙西、江東田畝水傷，所有隆興二年分合折納馬料更不折納。今欲每石且以一貫文省供支降本錢三十萬貫，令兩浙、江東西路轉運司分撥於沿流出產州軍置場，以市價趁時收糴，專委知通認數，如法椿管，不得擅行侵用。」從之。

——（清）徐松：《宋會要輯稿》，第一百四十一冊，《食貨四〇》，第 37、38 頁，北京：中華書局，1957 年版，總第 5527 頁。

隆興二年（1164）。（九月）二十一日，中書門下省言：「今歲浙西、江東州軍內有水傷去處，損害禾嫁，竊慮民戶流移闕食，乞下江西常平司，於見管常平、義倉米內取撥二十萬碩賑濟。」從之。

——（清）徐松：《宋會要輯稿》，第一百五十九冊，《食貨

六八》，第 63 頁，北京：中華書局，1957 年版，總第 6285 頁。

　　隆興二年（1164）。二年，以饒州貢金千兩，民力不支，遂減十分之七，以蘇一郡之民。

　　——（清）徐松：《宋會要輯稿》，第一百三十八冊，《食貨三四》，第 19 頁，北京：中華書局，1957 年版，總第 5398 頁。

　　乾道元年（1165）。乾道元年正月一日，南郊赦：「兩浙，江東、西，湖南、北，福建路合造發上供歲額軍器物料甲葉並泛拋軍器物料，可自紹興三十二年以前拖欠未起之數並予蠲免。」

　　——（清）徐松：《宋會要輯稿》，第一百五十四冊，《食貨六三》，第 22 頁，北京：中華書局，1957 年版，總第 5997 頁。

　　乾道元年（1165）。乾道元年正月十一日，詔知吉州葛立象措置和糴米三十萬碩，職事修舉，特轉一官。立象言：「吉州守臣和糴米三十萬碩，除已起發外，用過水腳、廩費一十七萬三千二百七十餘貫，兵稍食米八百九十餘碩，並係本州節省用度，專一椿充上件起綱支遣，職事修舉。」故有是命。

　　——（清）徐松：《宋會要輯稿》，第一百四十一冊，《食貨四〇》，第 40 頁，北京：中華書局，1957 年版，總第 5528 頁。

　　乾道元年（1165）。乾道元年，提點坑冶鑄錢司王楫、李大正言：「欲將江南、淮南、兩浙、潼川、利州路分隸饒州司，江西，湖南、北，二廣，福建路分隸贛州司，錢糧物料，並依所分

路分催趲足辦。其潼川、利州路逐年所趲銅課，緣為路遠，稽察不前，訪聞得逐處產銅浩瀚，欲下潼川、利州路產銅州縣，應有額外增羨數目，與免立為年額，盡數起發，添助鼓鑄。」從之。李大正言：「自昔坑冶銅課最盛之處，曰韶州岑水場，曰潭州永興場，曰信州鉛山場，號三大場。」又言：「近點檢韶州岑水場黃銅遞年課額，雖號二三萬斤，而堪用者實少，蓋坑戶秖於舊坑中收拾苴滓，雜以沙土，或盜他人膽銅，烹成片鋌，其面發裂，殆若泥壤，每斤價直計二百二十文省，徒費官錢。今且權住收買，別踏新坑。顧坑戶採取膽土以為淋銅之用，其膽銅坑戶就官請鐵裂，舊來采銅坑戶承接膽水浸洗礦，未烹煉成銅。今欲分別水味濃淡、各人合用鐵數支給，更不剋鐵本，以鐵計銅，得銅數多，則不復問；得銅數少，計鐵比較，追其所虧。仍將逋欠錢鐵權與倚閣，每斤實支價錢一百三十文省，除椿充經總製錢並顧工價炭，猶可得錢七十三文省。如銅色不及十分，即隨分數估剋支給。或趲辦年額之外，能有增買者，則更優支價錢四十文省。應淋銅取土，皆在窮山絕頂，所役兵士皆是二廣配隸之人，衣糧經年不至。今欲依信州鉛山場兵士例，日貼支米二升半外，有韶州永通監，遞年鑄錢多不及三千貫或四千貫，今欲酌取中數管認三千五百貫。」從之。

　　——（清）徐松：《宋會要輯稿》，第一百三十八冊，《食貨三四》，第 21、22 頁，北京：中華書局，1957 年版，總第 5399 頁。

　　乾道元年（1165）。八月十七日，臣僚言：「訪聞去歲江西、

湖外和糴，其弊非一，不問家之有無，例以稅錢均敷，無異二稅，此一弊也。州縣各以水腳耗折為名，收耗米什之二三，此二弊也。公吏斗腳，百方乞覓，量米則有使用，請錢則有廩費，此三弊也。官以關會償價，許之還以輸官，然所在往往折價，至於輸官，則不肯受，此四弊也。苟四弊不去，欲民之不病，其可得邪？乞詔有司申嚴法禁，力革前之四弊，仍令州縣各隨其時價之貴賤，鄉土之有無，低昂而損益之，明與支降水腳之費，俾之勿得收耗，通行使用關會之類，俾之無所阻節，且命逐路漕臣時督察之，則人皆樂輸，官亦易辦，上下皆得其利矣。」詔逐路委漕臣並提舉常平官往來巡按，務盡和糴之意，以革四弊。如安坐不恤，奉行簡慢，必罰無赦，以俟遣使按實。

　　——（清）徐松：《宋會要輯稿》，第一百四十一冊，《食貨四〇》，第 41、42 頁，北京：中華書局，1957 年版，總第 5529頁。

　　乾道元年（1165）。八月二十五日，江西運判朱商卿、史正志言：「贛、吉州船場，每歲額管造船五百艘，近歲所造糧船殊極簡薆，皆造船官吏通為奸弊。本司相去地遠，難以稽察。欲乞將贛、吉兩州船官見今四員，於內各省罷一員。所存留一員，自今止差文臣兼。贛州造船，多阻於灘磧，今乞移贛州一所就隆興府制場打造，本司朝夕可以稽察。仍乞降旨，自今兩船場監官到罷，並就本司批書，庶幾專以可以督責。」從之。

　　——（清）徐松：《宋會要輯稿》，第一百四十五冊，《食貨五〇》，第 20、21 頁，北京：中華書局，1957 年版，總第

5666、5667 頁。

乾道元年（1165）。（十月）十三日，執政進呈江東常平司見在錢米數。上曰：「可行下諸路，催促趁時收糴，仍不得搔擾，準備不測，差官前去點檢。」上又曰：「聞江西米價甚平。」洪適奏曰：「官司所以不肯承當收糴者，只緣水腳甚有所費。」上曰：「用軍中車船如何？」適奏曰：「恐亦可用，容更商議奏陳。」

——（清）徐松：《宋會要輯稿》，第一百四十一冊，《食貨四〇》，第 42 頁，北京：中華書局，1957 年版，總第 5529 頁。

乾道二年（1166）。七月四日，戶部言：「江西州郡每歲起發米綱應副江、池、建康、鎮江府等處軍儲，以路遠，多因管押使臣及兵梢沿路侵盜，往往少欠數多。又如上江灘磧，舟船阻滯。欲下江西轉運司就隆興府踏逐順便高阜去處，改造轉般都倉一所，官吏令運司就差。上流諸州縣合發米斛，自受納之日，便差定本州使臣或見任寄居官計置舟船，每及三千碩或萬碩為一綱，支給水腳廩費等錢，先次起發，不必拘定。仍據隆興府轉般倉至交納處。合用水腳、廩費等錢數附綱起發，趁江水泛漲之時，徑押赴轉般倉交納，每年所科逐軍米，各以三分為率，二分令都統司裝載糧船，差撥官兵前去隆興府擺泊伺候，認數交裝，或就近便去處支撥起發。合用水腳、廩費等錢將隨綱起到錢，依官綱以地裡遠近則例支破耗米，其管押官酬賞，亦與依見行條法推賞；餘一分令轉運司依舊用官綱裝發，凡轉般倉受納下米斛才

及一綱，專委漕司日下支給水腳、廩費等錢，出給綱解，起發前來軍前下卸。欲自今年秋成為始。」從之。

——（清）徐松：《宋會要輯稿》，第一百四十三冊，《食貨四四》，第 9 頁，北京：中華書局，1957 年版，總第 5587 頁。

乾道二年（1166）。十二月十二日，臣僚言：「贛州並福建路廣南等處，以煙瘴之地，許民間自造服藥酒，以禦煙瘴，謂之萬戶酒。小民無力醞造，榷沽之利，盡歸豪戶。乞將應造酒之家，將所造之酒經官稅畢，然後出賣，仍將稅錢椿發行在。」戶部看詳：「逐州軍風俗不同，又事幹財計，乞下江南西，福建，廣南東、西路轉運司從長相度。」從之。

——（清）徐松：《宋會要輯稿》，第一百三十一冊，《食貨二一》，第 7 頁，北京：中華書局，1957 年版，總第 5147 頁。

乾道二年（1166）。乾道二年，戶部侍郎曾懷言：「江西路營田四千餘頃，已佃一千九百餘頃，租錢五萬五百餘貫，若出賣，可得六萬五千餘貫；及兩浙轉運司所括已佃九十余萬畝，合而言之，為數浩瀚。今欲遵元詔，見佃願買者減價二分。」詔曾懷等提領出賣，其錢輸左藏南庫別貯之。

——（元）脫脫等：《宋史》，卷一百七十三，志第一百二十六，《食貨上一·農田》，北京：中華書局點校本，1977 年版，第 4192 頁。

乾道三年（1167）。六月七日，宰執奏事之處，上曰：「湖、

秀、越三州雨水為害，可論守臣，如民間訴潦，宜予減放。」魏杞奏曰：「依條自當減放，更當諭以聖懷軫懷之意。」上曰：「三州和糴，宜與免放。」又曰：「江西今年和糴米免一百萬石，民力想少寬。」陳俊卿奏曰：「此陛下一念之及，足以致和氣，況百萬石米，民之受惠多矣!」

　　——（清）徐松：《宋會要輯稿》，第一百五十四冊，《食貨六三》，第 27 頁，北京：中華書局，1957 年版，總第 6000 頁。

　　乾道三年（1167）。閏七月二十八日，敷文閣直學士、左朝散郎劉珙言：「和糴之弊，湖南、江西為尤甚，朝廷知其害，故嘗下蠲免之令矣。遠方之民，舉手相賀，曾米（未）數月，又復分拋。州縣既乏緡錢，將何置場收糴？民間關引無用，則與白著一同。每歲諸路綱運欠折，少以千計，多以萬計，取之於此，損之於彼，儻有以革綱運之弊，自可減和糴之數。欲望降詔攜和糴之數，絕白著之害，以裕民力。」從之。宰執進呈列珙箚子，及進呈江西湖南常平米數。上曰：「可於江西取十萬、湖南五萬，以充和糴之數，令兩路繳回元給降關子，庶幾不致科擾百姓為一方害也。」

　　——（清）徐松：《宋會要輯稿》，第一百四十一冊，《食貨四〇》，第 45、46 頁，北京：中華書局，1957 年版，總第 5531頁。

　　乾道三年（1167）。十二月九日，戶部侍郎曾懷言：「諸路常平、義倉米見在者，總三百五十七萬九千餘碩，並錢二百八十

七萬一千餘貫，除兩浙東西、江東西、湖南北、廣東西、福建、成都、潼川府、利州路樁積米並已有餘外，有淮東西、京、夔州路雖有見管，各不過一十萬碩。乞委逐路常平官將見管錢於管下州軍依市價收糴，以所糴米通舊管均撥諸州，準備水旱支用。」從之。

　　——（清）徐松：《宋會要輯稿》，第一百五十三冊，《食貨六二》，第 41、42 頁，北京：中華書局，1957 年版，總第 5969頁。

　　乾道四年（1168）。二月九日，權發遣隆興府沈樞言：「去歲江西諸郡類多水澇，而本府諸邑如南昌、新建、豐城、進賢，被患尤甚。竊料歉澇之餘，民必艱食。本府常平倉米自累歲賑糴之後，所存無幾。檢照乾道二年八月戶部撥降江西、淮西、湖北路常平錢二十五萬貫，於本府糴米一十五萬碩，就常平倉樁管。近者戶部申請行下本路轉運司起發赴鄂州。今欲於十五萬碩中量留五萬碩接續賑糴，候秋成日，卻行收糴起發。」從之。

　　——（清）徐松：《宋會要輯稿》，第一百五十三冊，《食貨六二》，第 42、43 頁，北京：中華書局，1957 年版，第 5969、5970 頁。

　　乾道四年（1168）。四年四月十六日，臣僚言：「國朝徵賦，止是夏稅、秋苗。軍興以來，乃有折帛、和買，而州郡不恤，多將夏稅、秋苗大半高價估折，卻於他州買絹，以充上供之數；斛面取米，以足軍糧之儲。民安得不重困哉！乞降指揮禁約諸州、

軍依法催科，並要本色，不得折納價錢。至於畸零，自如常
制。」戶部契勘：「催科本色，除省部立定折納分數外，欲下諸
路轉運司詳今來臣僚奏陳，照應見行條法約束，令監司互察施
行。」從之。

　　——（清）徐松：《宋會要輯稿》，第一百六十二冊，《食貨
七〇》，第 59、60 頁，北京：中華書局，1957 年版，總第 6400
頁。

　　乾道四年（1168）。（六月）二十七日，江西提舉胡堅常言：
「去歲部內十一州免於水患者才三數處，自今春米價踴貴，諸郡
賑糶，比市價三分之二，雖今秋得熟，急於收糴，以補所糶，恐
止及元數之半，而見在米不無積久腐敗不可食之數，爾後或值水
旱，何以為備？乞將一路常平錢除合起發外，盡數收糴。」從
之。

　　——（清）徐松：《宋會要輯稿》，第一百五十三冊，《食貨
六二》，第 44 頁，北京：中華書局，1957 年版，總第 5970 頁。

　　乾道四年（1168）。（七月）二十四日，臣僚言：「州縣常平
錢穀多有名無實，如近日江西、福建與饒、信荒歉，饑民奪米，
幾於嘯聚，蓋常平法弊，遂至於此。今雨暘適時，可望小稔，乞
下諸路常平司將見在封樁錢物於九月、十月置場收糴。如糴本不
足，則那撥別錢以繼之。兼湖南、江西諸郡有常平米積下不曾支
遣者，數目亦多，恐失陳腐，亦乞令提舉官分撥往常平米欠闕去
處，庶易補足。」從之。

——（清）徐松：《宋會要輯稿》，第一百五十三冊，《食貨六二》，第 44 頁，北京：中華書局，1957 年版，總第 5970 頁。

乾道四年（1168）。（八月）四日，詔江南西路合發湖廣總領所蓄商博絹五千匹，並予蠲除。

——（清）徐松：《宋會要輯稿》，第一百五十四冊，《食貨六三》，第 29 頁，北京：中華書局，1957 年版，總第 6001 頁。

乾道四年（1168）。八月十六日，尚書度支郎官劉師尹面對，奏：「江、浙兩路折帛錢，紹興初年立價折納，後增一倍。至十五年，四路折帛並從裁減，自後二浙夏稅綢絹各減一貫五百，江東、西並減兩貫。緣州縣不依省部科折分數，暗有增添，如絹止合科三分，今科至七分。乞漸次裁減，以寬民力。」上曰：「朕未嘗妄用一毫，只為百姓，可從其請。」

——（清）徐松：《宋會要輯稿》，第一百六十二冊，《食貨七〇》，第 60 頁，北京：中華書局，1957 年版，總第 6400 頁。

乾道四年（1168）。九月二日，隆興府言：「本府蒙拋降和糴米一十五萬碩，緣晚田收成粗了，稅賦年例糴買米斛，惟仰客舟。今來上江贛、吉、袁、撫州、建昌軍亦自荒歉，少得客人搬運，本府難以收糴，乞賜蠲免。」詔江西轉運司依隆興府所申，據前項所糴米一十五萬碩拘收本錢，均撥於本路豐熟州軍，專委守臣措置收糴。

——（清）徐松：《宋會要輯稿》，第一百四十一冊，《食貨

四〇》，第 48 頁，北京：中華書局，1957 年版，總第 5532 頁。

乾道四年（1168）。十二月十七日，詔：「兩浙，江東、西路乾道五年夏稅、和買、折帛錢，並權與減半輸納一年。如州縣輒敢過取民一文以上，許人詣檢鼓院進狀陳訴，官吏當重置典憲。」既而中書門下省言：「所降指揮非不嚴切，近來州縣放免數外，將逐年合納本色高抬價直，勒民戶納錢自行買絹充數，又其間有將合減之數不盡蠲減，謂如每疋合減三貫止減二貫之類，甚失朝廷寬恤之意。」詔令逐路監司嚴切覺察，如有似此違戾去處，按劾奏聞。監司或失於檢舉，令戶部糾劾，御史臺彈奏，並重作施行。

——（清）徐松：《宋會要輯稿》，第一百六十二冊，《食貨七〇》，第 61 頁，北京：中華書局，1957 年版，總第 6401 頁。

乾道四年（1168）。冬十有二月甲辰，詔：「兩浙、江東、西路乾道五年夏稅和買折帛錢，並權與減半輸納一年。如州縣過取一文以上，許人戶詣檢鼓院進狀陳訴。」

——（清）徐松：《宋會要輯稿》，第一百五十六冊，《食貨六四》，第 37 頁，北京：中華書局，1957 年版，總第 6118 頁。

乾道四年（1168）。乾道四年，減兩浙、江東西路乾道五年夏稅、和買折帛錢之半。

——（元）脫脫等：《宋史》卷一百七十五，志第一百二十八，《食貨上三·布帛和糴》，北京：中華書局點校本，1977 年

版，第 4238 頁。

乾道四年（1168）。孝宗乾道四年，宰執進呈度支郎官劉師尹奏：「江、浙四路折帛錢，紹興初年立價折納，至十一年，頓增一倍。十二年九月赦書，止令折十之一。十五年，又詔兩浙夏稅綢絹匹減一貫，和預買減一貫二百；江東、西減兩貫。緣州縣不盡遵依，暗有增添，乞裁減以寬民力。」上曰：「朕未嘗妄用一毫，只為百姓，可從之。」

——（清）徐松：《宋會要輯稿》，第一百五十六冊，《食貨六四》，第 36、37 頁，北京：中華書局，1957 年版，總第 6117、6118 頁。

乾道五年（1169）。五年三月六日，提舉江南東路常平茶鹽公事翟紱言：「饒、信兩州諸縣多醖私酒，擅於鄉村置立拍戶，抑勒鄉人沽買，錢每月三二百文，騷擾人民，攙奪常平坊場課利。」詔即日盡罷，計本路監司察覺。

——（清）徐松：《宋會要輯稿》，第一百三十一冊，《食貨二一》，第 8 頁，北京：中華書局，1957 年版，總第 5148 頁。

乾道五年（1169）。四月十四日，詔饒、信州連歲旱潦，細民艱食，可出常平、義倉米以賑之。同日，權發遣江南東路計度轉運副使趙彥端等言：「臣等近恭奉御筆處分，以饒、信二郡嘗有水患，令臣等協力應辦儲蓄賑濟。臣等措置，將信州合起赴建康府大軍米一萬五千石截留樁管，及將合起赴鎮江府米二萬碩

內，將一萬碩就便椿管，將一萬碩往饒州準備支使。今據饒州知府黃玠箚子稱：『雖蒙提刑司撥到義倉米六千八百餘碩，不了一月賑糶之數。乞備申朝廷，於椿留米內支撥二萬碩添助賑糶。』臣等照得饒州合發上供米斛除椿留外，尚有合起赴行在米一萬一千九百六十碩，臣等除已一面遂急行下饒州，於內先次取撥一萬碩量度市直減價賑糶外，候信州起到米一萬石，卻行拘收，理充合起之數。兼慮信州亦有似此闕食去處，臣等已行下信州取撥米五千碩，依此減價賑糶去訖。所有饒州前後椿留米四萬碩，欲乞早降指揮，許再撥一萬碩，更令接續賑糶。」從之。五月十日，提舉江南東路常平茶鹽公事翟紱言：「臣近因巡歷到饒、信州，面諭逐州知、通，委請諸縣令、佐勸諭上戶，將積蓄米穀減價出糶，接濟細民食用。今饒州並諸縣申到，依應勸諭得上戶願糶米穀共計一十九萬六千六百碩六斗五升，並轉運司支撥到上供米一萬碩，付饒州賑糶。緣逐項米數委可接濟細民食用，所有臣先來奏乞更乞支米一萬碩，欲乞住撥，候所糶米穀盡絕，如民間尚闕米穀，即別具奏乞支撥施行。」

——（清）徐松：《宋會要輯稿》，第一百五十九冊，《食貨六八》，第 66 頁，北京：中華書局，1957 年版，總第 6286 頁。

乾道六年（1170）。七月二十八日，宗正少卿、兼權戶部侍郎王佐言：「竊睹經界民間有在戶未墾田畝，嘗降指揮限七年開耕起足稅租，經二十餘年，已盡為熟田，無縷粒分文收工省簿。其間拋荒逃移，卻歲有開闢，不曾收入複業增耕之數。民間未嘗不輸，盡為縣道官吏蓋藏侵盜暗失省計。訪聞知隆興府吳芾檢覆

出隱欺稅租以數萬計，乞催速具實數申奏。仍乞將江西一路委荢選官措畫，攢造帳冊，結罪保明，限兩月申奏。其所委官能究心盡公，別與取旨推賞。句或容情蓋庇不盡不實，即重置典憲。」詔令吳荢選委清強官分往屬郡，依此措置。

——（清）徐松：《宋會要輯稿》，第一百二十六冊，《食貨一〇》，第 27、28 頁，北京：中華書局，1957 年版，總第 4990、4991 頁。

乾道六年（1170）。十二月十六日，中書門下言：「昨來江西、湖南路每歲各有和糴米數，近年兩浙州軍豐熟，權行住糴。今歲淮、浙間有水旱去處，恐誤來年歲計，理合措置，依舊收糴。欲令江西、湖南轉運司各行下所部州軍和糴米二十萬碩，降本錢三十萬貫，江西米起赴建康府總領所、湖南米起赴鄂州總領所樁管，仍逐旋具糴到米數及價錢、水腳錢申尚書省。」詔江西委龔茂良、湖南委司馬倬，專一措置於豐熟州軍收糴，不得搔擾闕誤。

——（清）徐松：《宋會要輯稿》，第一百四十一冊，《食貨四〇》，第 50 頁，北京：中華書局，1957 年版，總第 5533 頁。

乾道七年（1171）。七月六日，詔：「江西州軍間有闕雨去處，合行措置收糴米斛，準備賑糴。可令龔茂良拘收畢夔已刷到發運司奏計錢，並江州有發運司貿易等官會子，共湊二十萬貫，於江、浙豐熟去處收糴米斛一十萬碩，均撥赴最不熟州軍樁管，申三省、樞密院。」同日，詔：「江西路今歲間有旱傷州縣，責

在守、令究心賑恤。可令本路帥臣將旱傷州縣守、令精加審量，如內有老謬不能究心職事之人，先次選擇清強能吏前去對易，措置賑濟存恤施行，開具已對易官職位、姓名，及見作如何賑恤事件聞奏。」

——（清）徐松：《宋會要輯稿》，第一百五十九冊，《食貨六八》，第 69 頁，北京：中華書局，1957 年版，總第 6288 頁。

乾道七年（1171）。八月一日，詔：「江州今歲旱傷，見今已有流民，守臣坐視，不據實申奏。專委漕臣一員日下起發前去江州，同守臣將見管常平、義倉米斛四萬四千餘碩措置賑糶。如不足，即仰收糴客米。或尚闕少，仰於本州見椿管朝廷米內逐急借兌賑糶。仍具已如何措置及賑糶過數目，並委官起發月日以聞。」從中書門下請也。同日，詔：「饒州旱傷，除已存留米一萬碩賑糶外，可於本州米內更存二萬碩，日下措置賑濟。」同日，中書門下省言：「湖南、江西間有旱傷州軍，切慮米價踴，細民艱食，富室上戶如有賑濟饑民之人，許從州縣審究詣實，保明申朝廷，依今來立定格目給降付身，補受名目。無官人：一千五百碩，補進義校尉；願補不理選限將仕郎者聽。二千碩，補進武校尉；如係進士，與免文解一次；不係進士，候到部，與免短使一次。四千碩，補承信郎；如係進士，與補上州文學。五千碩，補承節郎。如係進士，補迪功郎。文臣：一千石，減二年磨勘；如係選人，循一資。二千碩，減三年磨勘；如係選人，循兩資，仍各與占射差遣一次；三千碩，轉一官，如係選人，循兩資，仍各與占射差遣一次；五千石以上，取旨優與推恩。武臣：

一千碩，減三年磨勘，升一年名次；二千石，減三年磨勘，占射差遣一次；三千石，轉一官，占射差遣一次；五千碩以上，取旨優與推恩。其旱傷州縣勸諭積粟之家出米賑濟，係敦尚義風，即與進納事體不同。」詔依，其賑糶之家，依此減半推賞。如有不實，官吏重作施行。尋詔江南東路、荊湖北路依此制。

——（清）徐松：《宋會要輯稿》，第一百五十九冊，《食貨六八》，第 69、70 頁，北京：中華書局，1957 年版，總第 6288 頁。

乾道七年（1171）。七年八月七日，江南西路轉運司言：本路今年春夏以來，久闕雨澤，江州尤甚。欲將本州諸縣乾道七年所催夏稅綢絹錢物內，第四等以下人戶，除形勢戶外，並與減免三分；第五等減免五分。」詔令所委漕臣，將災傷去處第四等、五等人戶秋稅覆實所有輕重，一面依條檢放，具已檢過分數以聞。

——（清）徐松：《宋會要輯稿》，第一百二十一冊，《食貨一》，第 13 頁，北京：中華書局，1957 年版，總第 4808 頁。

乾道七年（1171）。（八月十七日）同日，淮東總領蔡洸言：「本所樁管米除取撥外，尚有米一萬六千餘碩，雖近蒙指揮，令江西和糴米內取撥一十萬碩赴本所樁管，若無拖欠，除綱運破耗外，通不滿十萬碩。乞科降官會本錢付所委官諸處置場，依時價收糴，同本所見樁米一處樁管。」詔令鎮江府於樁管朝廷會子內支撥四十萬貫，付蔡洸收糴二十萬碩，與見樁米一處樁管。

——（清）徐松：《宋會要輯稿》，第一百四十一冊，《食貨四〇》，第 52、53 頁，北京：中華書局，1957 年版，第 5534、5535 頁。

乾道七年（1171）。（八月）二十三日，資政殿學士、知建康府洪遵言：「饒州、南康軍今歲旱災非常，早種不入土，晚禾枯槁，兩郡饑民聚而為盜，乞檢照江西、湖南已行賑濟體例，憑遵施行。」從之。尋詔本路提舉常平司更於附近州軍取撥常平、義倉米五萬碩付饒州，五萬碩付南康軍，應副賑糶。二十五日，權發遣隆興府龔茂良言：「本路州軍被災輕重不等：贛州、南安、建昌早禾小損，晚稻無傷；次則吉、撫、袁州，時有雨澤，所損亦有分數，惟是隆興、江、筠州、興國、臨江軍荒旱尤甚，早禾皆死，晚稻不曾栽插，自來未嘗似此饑歉。已分委官前去，同守、令講究利害。相度欲將江、浙糶到米就近徑赴建康或鎮江總領交納，卻就截本處上供米賑濟，理充所糶之數。大姓、鉅賈，勢必閉糶，本州已立下價直，每碩止一貫五百四十文足，比之市價，折錢七百六十文足，以一名若認糶二萬碩，共折錢一萬五千二百餘貫足，若不優異推賞，恐無人願就。今進納迪功郎係八千貫文省，比之以二萬碩米中糶入官折閱之數，不啻過倍。欲乞補充迪功郎有官人許轉一官資及見係理選限將仕郎，並許參部注受合入家便差遣」。從之。

——（清）徐松：《宋會要輯稿》，第一百五十九冊，《食貨六八》，第 70 頁，北京：中華書局，1957 年版，總第 6288 頁。

乾道七年（1171）。九月七日，詔：「江南西路諸司申到江州旱傷最甚，除已降指揮許截留並令諸司科撥米外，可令劉孝韙日下躬親前去江州，將本路常平米接續賑糶。」

——（清）徐松：《宋會要輯稿》，第一百五十九冊，《食貨六八》，第 70 頁，北京：中華書局，1957 年版，總第 6288 頁。

乾道七年（1171）。十月五日，詔：「江東、西，湖南、北帥漕臣日下措置，官為借種，責守令勸諭招誘大姓假貸農民，與依賑糶賑濟賞格推恩赴時廣行種麥。仍開具已種頃畝數目申尚書省，當議取旨，殿最賞罰。」先是，宰執進呈臣僚言：「今歲江西、湖南諸州郡例皆旱傷，且去秋未遠，宜令逐路守令因而勸種二麥。」上曰：「冬月得雨，便可種麥，不知江西、湖南入冬得雨否？」虞允文奏曰：「臣僚所言，正欲趁冬種麥，以為來春接濟之計。」上曰：「甚好。今去秋成，日月尚遠，不爾，民何以為食？可箚下兩路帥漕，廣行勸諭借貸種糧，令民布種。」故降是詔。

——（清）徐松：《宋會要輯稿》，第一百二十一冊，《食貨一》，第 46 頁，北京：中華書局，1957 年版，總第 4824 頁。

乾道七年（1171）。十月一日，江南東路安撫轉運司言：「饒州、南康軍今年旱暵最甚，民間合納夏稅物帛並折帛錢起發，上限一半，其下限合起一半，乞權行倚閣，候將來豐熟，作兩年帶納。」詔：「饒州、南康軍第五等人戶今來未納夏稅，各與倚閣五分。」尋詔：「江、饒州今歲旱傷，已降指揮，將逐州第五等

人戶未納夏稅倚閣五分，尚慮艱於輸納，可將逐州第四等人戶未納今年夏稅日下權行倚閣，候來年帶納。」

————（清）徐松：《宋會要輯稿》，第一百二十六冊，《食貨一〇》，第 28、29 頁，北京：中華書局，1957 年版，總第 4991 頁。

乾道七年（1171）。十月七日，詔：「江州旱傷，節次已降指揮，取撥本州常平、義倉米四萬四千餘碩，及兌截上供米六千五百餘碩，勸諭上戶認糶米二萬八千六百餘碩，截留贛州米一萬碩，及支糶本錢四萬餘貫收糶米斛，並令漕臣取撥本路常平米一十萬碩，吉、筠等州見起建康米八萬餘碩，未起朝廷椿管米九萬七千餘碩，及江州元管收糶米均撥付本州賑糶，並立賞格，勸諭上戶出米賑濟、賑糶，倚閣夏稅，檢放秋苗，地主、佃戶資助賑給，並將禁軍、土軍、弓手免起發，存留防賊。可令帥、漕、提舉官多出文榜，候歲終比較殿最。如官吏奉行滅裂，委御史臺覺察，按劾以聞。同日，詔：「饒州旱傷，已降指揮取撥本州常平、義倉米八萬餘碩，及於附近州縣常平、義倉米內取撥五萬，並截留本州見起椿管上供米三萬碩，及獻助米二千碩付本州，並勸諭上戶賑糶、賑濟，又倚閣夏稅，檢放秋稅，及地主、佃戶資助賑給，並將禁軍、土軍、弓手並免起發，存留防賊，可令江東帥、漕、提舉官多出文榜，督責守、令多方措置存恤，歲終比較殿最。如官吏奉行滅裂，委御史臺覺察，彈劾以聞。」

————（清）徐松：《宋會要輯稿》，第一百五十九冊，《食貨六八》，第 71 頁，北京：中華書局，1957 年版，總第 6289 頁。

乾道七年（1171）。（十月）十二日，知饒州王秬言：「昨蒙朝廷支撥本州樁管米三萬碩，緣軍糧不繼，已兌那支遣，乞別借錢、會糴米，來歲稍稔，卻當拘納。」詔令左藏南下庫支會子五萬貫，餘依。

——（清）徐松：《宋會要輯稿》，第一百五十九冊，《食貨六八》，第 71 頁，北京：中華書局，1957 年版，總第 6289 頁。

乾道八年（1172）。九月六日，中書門下言：「江西、湖南去歲旱傷，人戶多無儲積，以致流移。」詔令逐路監司守臣勸諭人戶廣種二麥，以備水旱。

——（清）徐松：《宋會要輯稿》，第一百二十一冊，《食貨二》，第 47 頁，北京：中華書局，1957 年版，總第 4825 頁。

乾道八年（1172）。十一月二十三日，詔太平州、池州、寧國府、饒州、廣德軍五州軍去處稅場並罷。以江東運司申課利微細，皆是大姓豪戶買撲，邀截民旅故也。

——（清）徐松：《宋會要輯稿》，第一百三十冊，《食貨一八》，第 7 頁，北京：中華書局，1957 年版，總第 5111 頁。

乾道八年（1172）。十日，宿上江，兩日來，帶江悉是橘林，翠樾照水行，終日不絕。林中竹籬瓦屋，不類村墟，疑皆得種橘之利。江陵千本，古比封君，此固不足怪也。

——（宋）范成大：《驂鸞錄》，《文淵閣四庫全書》本。

乾道八年（1172）。乾道八年，信州桑葉驟貴，斤直百錢。沙溪民張六翁有葉千斤，育蠶再眠矣，忽起牟利之意，告其妻與子婦曰：「吾家見葉以飼蠶，尚欠其半，若如今價，安得百千以買？脫或不熟，為將奈何？今宜悉舉箔投於江，而採葉出售，不惟百千錢可立得，且輕快省事。

——（宋）洪邁：《夷堅志》，丁志卷第六，《張翁殺蠶》，北京：中華書局 1981 年，第 590 頁。

乾道九年（1173）。（五月）八日，詔：「江東路饒州、南康軍並系向來荒旱最重去處，所有見催人戶乾道七年分殘欠苗米，可並予盡數蠲放。」

——（清）徐松：《宋會要輯稿》，第一百五十四冊，《食貨六三》，第 33 頁，北京：中華書局，1957 年版，總第 6003 頁。

乾道九年（1173）。（五月）十一日，詔：「江西路江、筠州、隆興府、臨江、興國軍，並系向來荒旱最重去處，所有見催人戶帶納乾道六年、七年分殘欠苗米，可並予盡數蠲放。其逐州軍營田穀麥，乾道六年以前殘欠並乾道七年實係旱傷未納之數，即與菁苗米事體一同，可並予盡數蠲放。」

——（清）徐松：《宋會要輯稿》，第一百五十四冊，《食貨六三》，第 33 頁，北京：中華書局，1957 年版，總第 6003 頁。

乾道九年（1173）。九年八月，臣僚言江西連年荒旱，不能預興水利為之備。於是乃降詔曰：「朕惟旱乾、水溢之災，堯、

湯盛時，有不能免。民未告病者，備先具也。豫章諸郡縣，但阡陌近水者，苗秀而實；高昂之地，雨不時至，苗輒就槁。意水利不修，失所以為旱備乎？唐韋丹為江西觀察使，治陂塘五百九十八所，灌田萬二千頃。此特施之一道，其利如此，矧天下至廣也。農為生之本也，泉流灌溉，所以毓五穀也。今諸道名山，川原甚眾，民未知其利。然則通溝瀆，瀦陂澤，監司、守令，顧非其職歟？其為朕相丘陵原隰之宜，勉農桑，盡地利，平繇行水，勿使失時。雖有豐凶，而力田者不至拱手受弊，亦天人相因之理也。朕將即勤惰而寓賞罰焉。」

——（元）脫脫等：《宋史》卷一百七十三，志第一百二十六，《食貨上一·農田》，北京：中華書局點校本，1977 年版，第 4187 頁。

乾道九年（1173）。九月二十六日，臣僚言：「伏見今夏以來，雨不及期，浙東諸郡旱者甚眾，至於江西，間有荒歉，田野之間，以艱食為慮。竊恐今來州郡不知仰體陛下軫念元元之意，遂使荒政不舉，實惠不孚，重為民害。欲乞申嚴行下：凡有旱傷去處，必須重實檢放，不得亂有沮抑，致奸和氣。仍乞令逐路常平提舉官躬親巡歷，同帥漕之臣覺察，按劾以聞。」從之。

——（清）徐松：《宋會要輯稿》，第一百二十一冊，《食貨一》，第 13、14 頁，北京：中華書局，1957 年版，總第 4808 頁。

乾道九年（1173）。十月九日，戶部尚書楊倓等言：「州郡

上供常賦各有定額，昨建炎之後，州縣田土間有拋荒去處，合納二稅遞年有開閣數目，蓋是一時權住拘催。自經界以來，至今近三十年，其間豈無復業之人？而廣德軍昨來開閣之數，乃增綢絹至一萬一千四百餘匹，綿一千七百餘兩，折帛錢七萬三千五百餘貫；袁州開閣之數亦增綢絹至六千二百餘匹，並折帛錢二萬一千餘貫。以江東西兩引之虧，失上供折帛錢五十餘萬貫，綢絹一十餘萬匹，絲綿一十餘萬兩。止緣州縣將合發上供錢及經界之後復業稅賦暗行侵用，或將人戶未復業田土撥作職田贍學之類，至於形勢之家侵耕冒占，不輸官稅，妄以逃閣為名，消豁租額。乞下江東路專委李正己、江西路專委周嗣武，將管下州縣見合逃閣錢物照應經界開閣數目，限一季驅磨覆實，取見逃閣田土坐落、以村去處、畝角細數，令守倅、令佐各結罪保明，從所委官再委鄰州清疆官親行核實，限兩月結罪回申。如有不實，按劾依法施行。其日前所減稅賦免行送納，日後核實稅賦數目上供起發。」從之。十二月十二日，臣僚言：「江東西路頻年災傷，民戶逃移至多。今歲圩田遭水，山田遭旱，朝廷寬恤，放免秋苗，展閣夏稅，至今圩岸猶未修築，流民未盡複業。若以經界後至今僅三十年不管檢核之事，一旦於目下荒歉之際驟然舉行，深恐擾民。蓋今戶部須降帳式，要見物產坐落去處、畝步數目、近鄰四至、拋荒歸業、請佃請射姓名年月，造帳供具，俾守倅、令佐結罪保明，仍立委鄰州官親行核實，即與昨來推行經界事體無異，勢須於州縣鄉村遍行根括。竊慮民情不安，有轉徙之患。欲望明詔且令兩路招集流移之人俾悉復業，及措置賑濟，候來年豐熟，於農隙日即依所立帳式根括施行。」從之。

——（清）徐松：《宋會要輯稿》，第一百二十六冊，《食貨一〇》，第 30、31 頁，北京：中華書局，1957 年版，總第 4992 頁。

　　乾道九年（1173）。九年十一月一日，江南西路轉運判官劉焞言：「已降獲旨，從本司所陳，吉州造船場移隆興府。臣緣前奏，猶有未盡，不敢隱默。吉州一歲運米三十七萬餘石，合用五百料船六百餘艘，每歲吉州船場造歲額舟船，止應副吉州一郡，猶或不足；又造船板木，專取之贛、袁州，逐州去吉州為近，今失之溝完遷移。比來歲自隆興府沂流撥船至吉州，載上供米，卻自贛、袁州運米至隆興府，道裡回還，得不償費，為計非便，難以久行，理合更較經久害利，從長施行。」詔吉州造船場權令依舊，仍仰帥憲、提舉司同相度經久利害，便連銜保明以聞，其後逐司言：「吉州船場已移隆興府，材物正匠其數不一，如令復還舊所，慮往反煩費，欲且就隆興置立。」從之。
　　——（清）徐松：《宋會要輯稿》，第一百四十五冊，《食貨五〇》，第 25、26 頁，北京：中華書局，1957 年版，總第 5669 頁。

　　乾道九年（1173）。十二月十二日，臣僚言：「江東、西路頻年災傷，民戶逃移至多，今歲圩田遭水，山田遭旱，朝廷寬恤，放免秋苗，展閣夏稅。至今圩岸猶未修築，流民未盡復業。若以經界後至今僅三十年不曾檢核之事，一旦於目下荒歉之際驟然舉行，深恐擾民。蓋今戶部須降帳式，要見物產坐落去處畝步

數目、近鄰四至，拋荒歸業請佃請射姓名年月，造帳供具，俾守、倅、令、佐結罪保明，仍立委鄰州官親行核實，即與昨來推行經界事體無異，勢須於州縣鄉村編行根括，切慮民情不安，有轉徙之患。欲望明詔且令兩路招集流移之人，俾悉復業，及措置賑濟，候來年豐熟，於農隙日即依所立帳式根括施行。」從之。

　　——（清）徐松：《宋會要輯稿》，第一百六十三冊，《食貨七〇》，第 66、67 頁，北京：中華書局，1957 年版，總第6403、6404 頁。

　　乾道九年（1173）。出現梯田的記載。十八日至袁州，桂林帥前大理寺卿李浩德遠先在此相候，欲講交承禮為，留三日，泊報恩光孝寺。十九日、二十日、二十一日、二十二日皆泊袁州。聞仰山之勝久矣，去城雖遠，今日特往遊之。二十五裡先至孚忠廟。棟宇之盛，與祠山張王廟相埒祠，兄弟二王不血食其神龍也。舊傳二龍昔居仰山中，以其地施仰山，祖師遷居於此。江湖諸郡皆春秋來祭奉之，甚嚴。廟有楊氏，稱吳時加封司徒，竹冊尚存，文稱寶大元年，余向居鄉得吳江村寺石幢所記，亦以寶大紀年，蓋錢氏有浙時，或曾用楊氏，正朔此二證為甚確也。二王靈跡有感化，錄一篇著之甚詳，此略之。桂林迓吏自言：梧州亦有此廟，問何以然。則曰：「前帥中書舍人張安國赴鎮適湖南，賊李金方作亂，廣西岌岌。張過袁禱於二王，如西廣不被兵，當於桂林為神立行廟云。」出廟三十里至仰山。緣山腹喬松之磴，甚危。嶺阪之上，皆禾田層層，而上至頂，名梯田。

　　——（宋）范成大：《驂鸞錄》，《文淵閣四庫全書》本。

乾道年間（1165-1173）。吳曾在《能改齋漫錄》中指出：本朝東南歲漕米六百萬石，江西屬三分之一，天下漕米取於東南，東南之米多取於江西，是宋代江西漕運，蓋二百萬石也。

——（宋）吳曾：《能改齋漫錄》卷一三《唐宋運槽米數》，上海：上海古籍出版社，1979 年版。

乾道年間（1165-1173）。契勘：本軍並諸縣今歲旱傷，民間理宜寬恤。今訪聞乾道七年，放債豪強之家，為緣旱傷，人無以償，多被強取去豬羊，以至入其家搜奪種子豆麥之類，及抑令將見住屋宇並桑園田地低價折還，人無所歸，遂致流移，有至今尚未能歸業之人。本軍雖行下三縣，曉諭上戶體認本軍寬恤之意，量度欠債人戶，如粗有收成有力可還之人隨宜取索外，其貧乏之人，見闕口食，委實無可償還，仰上戶且與寬容，俟民力少蘇，卻行取索。如將來人戶恃頑不還，官司即為理索。外，上戶乘此旱傷細民闕食之際，強以些小錢作合子文字借貸，遂空頭年月價貫立契字，未及逾時，即行填挐預先月日，經官投印，及有吞圖婦女顧充奴婢，致細民受苦不一，理合禁約。

——（宋）朱熹：《戒約上戶體認本軍寬恤小民》，見《晦庵別集》卷六，《公移》，《文淵閣四庫全書》本。

乾道年間（1165-1173）。契勘：本軍並管屬諸縣，今歲旱傷，全籍江西豐熟，州軍客旅興販米斛出糶接濟細民。本軍已行散出文榜，招誘興販前來，與免附載雜物稅錢行天下城下稅務約束，及出榜曉示米牙人不得減克分文牙錢，令客人自行出糶。竊

慮向上州軍阻節，不令穀米下河，致使客旅不通。及間有興販米穀舟船，州軍妄以雜物為名，倚狀稅錢。是致商賈不肯搬販米穀前來出糶，細民失望，為害非輕。欲望鈞慈速賜行下江西豐熟州軍，許令商賈從便興販米穀，向下以來出糶應接民間食用。仍乞嚴行禁戢場務不得妄作名色收納稅錢，庶得客旅通行，米價不致騰踴。

　　——（宋）朱熹：《乞行下江西從便客旅興販米穀》，見《晦庵別集》卷六，《公移》，《文淵閣四庫全書》本。

　　淳熙元年（1174）。淳熙元年正月二十七日，湖廣總領所言：「今年歲計茶引數，內江西長引一十五萬貫，乞改給湖南草茶長引二萬貫，其餘一十三萬貫，依乾道八年、九年例盡行換給短引，降付本所品搭變賣轉，應接大軍支遣。」戶部勘當：「江西短引係行在指擬給賣之數，若盡行換給，有妨行在支遣。若不量行換給，恐本處卻致妨闕。乞將已降江西茶長引一十五萬貫改降湖南草茶長引五萬貫，江西短引一十萬貫。」從之。

　　——（清）徐松：《宋會要輯稿》，第一百三十六冊，《食貨三一》，第 22 頁，北京：中華書局，1957 年版，總第 5351 頁。

　　淳熙元年（1174）。孝宗淳熙元年二月七日，中書門下省言：「江東、西，湖南、北，京西，兩浙東、西路帥臣，委官核實部內州縣所種二麥，務要開廣，比較當職官勤惰，即非增加稅賦。切慮人戶未知因依，詔令諸路印榜，速行下州縣曉諭。仍遵依已降指揮，疾速從實開具，即不得因而希賞，虛增數目。歲具

增種頃畝之數，結罪保明以聞。」自後逐時檢舉亦如之。

——（清）徐松：《宋會要輯稿》，第一百五十五冊，《食貨六三》，第 222 頁，北京：中華書局，1957 年版，總第 6097 頁。

淳熙元年（1174）。二年五月二十七日，詔戶部：「將江西、湖南北長、短茶引各權以一半，依每引元立斤重錢數，分作四貫小引印造給降，其翻引、貼納等錢，隨小引紐計送納，不得增減。」

——（清）徐松：《宋會要輯稿》，第一百三十六冊，《食貨三一》，第 22 頁，北京：中華書局，1957 年版，總第 5351 頁。

淳熙元年（1174）。淳熙元年七月十日，提點坑冶鑄錢司言：「信州鉛山場所產膽水浸鐵成銅，每發二千斤為一綱，至信州汭口鎮，用船轉發應副饒州永平監鼓鑄。昨據信州通判祝大年、張竑同銜申任內催趁銅鉛及格，乞將合得酬賞分受。」從之。

——（清）徐松：《宋會要輯稿》，第一百三十八冊，《食貨三四》，第 25、26 頁，北京：中華書局，1957 年版，總第 5401 頁。

淳熙元年（1174）。八年十二月九日，詔：「逐路旱傷州：浙東紹興府、婺州、衢州，浙西臨安府、嚴州、湖州長興、安吉兩縣，常州、鎮江府、江陰軍，江東建康府、饒州、徽、信州、

南康軍、廣德軍，江西興國軍，湖北江陵府、鄂州、漢陽軍、複州、德安府，淮東八州，淮西八州軍，淳熙九年分應民戶合納身丁錢物，並特免一年。州縣輒敢催取，許人戶陳訴。」

——（清）徐松：《宋會要輯稿》，第一百五十八冊，《食貨六六》，第 15 頁，北京：中華書局，1957 年版，第 6215 頁。

淳熙元年（1174）。十二月二十日，詔：「今歲江西路豐稔，今本路漕臣委官於豐熟州軍置場，依市價收糴二十萬石，左藏南上庫支降本錢三十萬貫，其糴到米，令守臣認數樁管。」二年九月，又於左藏南上庫支降本錢，令江西糴二十萬石，湖南十五萬石。

——（清）徐松：《宋會要輯稿》，第一百四十二冊，《食貨四一》，第 3 頁，北京：中華書局，1957 年版，總第 5538 頁。

淳熙二年（1175）。閏九月十八日，詔：「湖南北、江西漕司行下沿江州軍，出榜曉諭客人，有願販米往淮東者，即經州軍陳乞，出給公據，沿路照驗放行。如稅務妄作名色，非理阻節，即行覺察劾治，仍許客人越訴。」以中書、門下省言：「淮東旱傷，訪聞湖南北、江西有客旅販米往糴，沿路稅務妄以力勝收稅邀阻，乞行約束。」

——（清）徐松：《宋會要輯稿》，第一百三十冊，《食貨一八》，第 8 頁，北京：中華書局，1957 年版，總第 5111 頁。

淳熙三年（1176）。三年二月十一日，新知南康軍趙彥逾

言：「諸處興修陂塘，施工開掘，緣無限制，多是苟簡。望責之監司，命諸州軍，如與修水利、陂塘、河溝，不以廣狹，隨其地形，並限深一二丈，具畢工月日申奏。不測遣使核實而加賞罰。」從之。

　　——（清）徐松：《宋會要輯稿》，第一百五十二冊，《食貨六一》，第 125 頁，北京：中華書局，1957 年版，總第 5936 頁。

　　淳熙三年（1176）。三年二月十三日，湖廣總領所言：「承給到淳熙三年歲計茶引七十五萬二千餘貫，又給降長引三十萬貫，委是數多，必致積壓。乞將江西路草茶長大小引一十萬貫並江西州軍長短小引二十萬貫，並行換給江西路二十二貫例茶短引。」從之。

　　——（清）徐松：《宋會要輯稿》，第一百三十六冊，《食貨三一》，第 23 頁，北京：中華書局，1957 年版，總第 5352 頁。

　　淳熙三年（1176）。四月二十七日，詔：「交引庫印造二十二貫例茶短引七萬五千貫，付江西安撫司，二十二貫例短引三萬貫付江州通判廳，仍令逐處將已降去四貫例茶小引依數兌換，卻行繳赴行在都茶場送納。其總領所既稱四貫例小引客人不願請買，如日後遇有給降到外路一半小引，更不給降。」先是，湖廣總領所乞給降江西安撫司茶引一十五萬貫，江州通判廳茶引六萬貫，內有小引數目，客人不願請買，乞行換給茶短引付逐處出賣，應副支遣。事下都茶場，指定來上，故有是詔。

——（清）徐松：《宋會要輯稿》，第一百三十六冊，《食貨三一》，第 24 頁，北京：中華書局，1957 年版，總第 5352 頁。

淳熙五年（1178）。楊萬里自臨安回江西，路經信州永豐縣的石磨嶺，看見從山下直達山頂的梯田，即賦詩：「翠帶千根束翠顛，青梯萬級拾青天。長淮見說田生棘，此地都將嶺作田。」

——（宋）楊萬里：《過石磨嶺，皆創為田，直至其頂》，見《誠齋集》，卷一三，《詩》，《文淵閣四庫全書》本。

淳熙六年（1179）。六年正月十四日，戶部尚書曾懷等言：「訪聞從來委官置場和糴米斛，多是被牙儈公吏與中賣之人通同作弊，比之市直，高抬價例，贏落官錢，所委官恬不省察；或糴濕惡米斛不耐久貯，因而腐爛，失陷官物。今來已降本錢，令浙西、江東、湖北和糴，竊慮循習前弊，欲下三總領所及兩浙、江東、湖北轉運司嚴行約束所委官究心措置，趁時收糴乾好米斛。如敢依前作弊，仰具名奏劾，重置典憲。」從之。

——（清）徐松：《宋會要輯稿》，第一百四十二冊，《食貨四一》，第 6 頁，北京：中華書局，1957 年版，總第 5539 頁。

淳熙六年（1179）。十二月十六日，詔：「江西委龔茂良、湖南委司馬倬專一措置於豐熟州軍收糴，不得騷擾闕誤」。以中書門下省言：「昨來江西、湖南每歲各有和糴米數，近年兩浙州軍豐熟，權行住糴。今歲淮、浙間有水旱去處，恐誤來年歲計，理合措置，依舊收糴。欲令江西、湖南轉運司各行下所部州軍和

糴米二十萬石，降本錢三十萬貫，江西米起赴建康府總領所、湖南米起赴鄂州總領所樁管，仍逐旋具糴到米數及價錢、水腳錢申尚書省。」

——（清）徐松：《宋會要輯稿》，第一百四十二冊，《食貨四一》，第 7 頁，北京：中華書局，1957 年版，總第 5540 頁。

淳熙六年（1179）。竊惟民生之本在食，足食之本在農，此自然之理也。若夫農之為務，用力勤趨事速者，所得多，不用力不及時者，所得少，此亦自然之理也。本軍田地磽确，土肉厚處不及三、五寸，設使人戶及時用力以治農事，猶恐所收不及他處。而土風習俗大率懶惰，耕犁種蒔既不及時，耘耨培糞又不盡力，陂塘灌溉之利廢而不修，桑柘麻苧之功忽而不務，此所以營生足食之計，大抵疏略，是以田疇愈見瘦瘠，收拾轉見稀少。加以官物重大，別無資助之術。一有水旱，必至流移。下失祖考傳付之業，上虧國家經常之賦，使民至此，則長民之吏、勸農之官，亦安得不任其責哉！當職久在田園，習知農事，到官日久，目睹斯弊，恨以符印有守不得朝夕出入阡陌，與諸父兄率其子弟從事於耘鋤耒耜之間，使其婦子含哺鼓腹，無復饑凍流移之患，庶幾有以上副聖天子愛養元元夙夜焦勞惻怛之意。昨去冬嘗印榜勸諭管內人戶，其於農畝、桑蠶之業，孝弟、忠信之方詳備悉至，諒已聞知。然近以春初出按外郊，道傍之田，猶有未破土者，是父兄子弟猶未體當職之意，而不能勤力以趨時也。念以教訓未明，未忍遽行笞責。今以中春舉行舊典，奉宣聖天子德意，仍以舊榜並星子知縣王文林種桑等法，再行印給。凡我父兄及汝

子弟其敬聽之哉，試以其說隨事推行於朝夕之間，必有功效。當職自今以往，更當時出郊野巡行察視，有不如教罰，亦必行先此勸諭，各宜知悉。

　　——（宋）朱熹：《勸農文》，見《晦庵集》卷九九，《公移》，《文淵閣四庫全書》本。

　　淳熙七年（1180）。（五月）十三日，中書門下省言：「江、淮、兩浙、湖南北、京西州軍今歲二麥豐熟，倍於常年，理合措置收糴大麥，樁充馬料支遣。欲依下項：淮東委徐子寅、浙西委胡堅常，鎮江府於樁管朝廷會子內支撥四千萬貫，付蔡洸收糴二十萬石，與見樁米一處樁管。」以淮東總領蔡洸言：「本所樁管米除取撥外，尚有米一萬六千餘石，雖近蒙指揮，令江西和糴米內取撥一十萬石赴部所樁管，若無拖欠，除綱運破耗外，通不滿十萬石。乞科降官會本錢付所委官諸處置場，依時價收糴，同本所見樁米一處樁管。」故有是命。

　　——（清）徐松：《宋會要輯稿》，第一百四十二冊，《食貨四一》，第 9 頁，北京：中華書局，1957 年版，總第 5541 頁。

　　淳熙七年（1180）。七年夏，大旱。知南康軍朱熹應詔上封事言：「今民間二稅之入，朝廷盡取以供軍，州縣無復贏餘，於是別立名色巧取。今民貧賦重，惟有核兵籍，廣屯田，練民兵，可以漸省列屯坐食之兵，稍損州郡供軍之數。使州縣之力寬紓，然後禁其苛斂，責其寬恤，庶幾窮困之民得保生業，無流移漂蕩之患。」八年，詔監司、太守察所部催科不擾者薦之，煩擾害民

者劾之。

——（元）脫脫等：《宋史》卷一百七十四，志第一百二十七，《食貨上二·方田賦稅》，北京：中華書局點校本，1977 年版，第 4219 頁。

淳熙十年（1183）。十年二月十五日，湖廣總領所言：「歲計錢數內貼降江西茶長引一百三十五萬餘貫，發賣不敷，虛占經常錢數。乞照九年已降指揮給換江西短引五萬貫。」從之。

——（清）徐松：《宋會要輯稿》，第一百三十六冊，《食貨三一》，第 26 頁，北京：中華書局，1957 年版，總第 5353 頁。

淳熙十一年（1184）。十一年，臣僚言兩浙、江東西四路和買不均之弊，送戶部、給舍等官詳議。鄭丙、丘崈議，畝頭均科之說至公至平，詔施行之。

——（元）脫脫等：《宋史》卷一百七十五，志第一百二十八，《食貨上三·布帛和糴》，北京：中華書局點校本，1977 年版，第 4240 頁。

淳熙十三年（1186）。四月八日，以江西運判王回言：「先奏乞將本司舊有積攢錢措置和糴米，以備水旱。奉旨，令取撥三十萬貫充支用。本司尋互差鄰州縣官前去吉、撫、筠州、臨江軍及本司五處置場，招邀客人中糴。今據已糴米共一十五萬五千九百一十八石一斗一升，共支錢三十萬貫文，所有合支搬發本錢、水腳及官吏食錢等，並系本司自行出備，其米已各委官盤量，並

是著實，見椿官在逐州軍及本司倉廠。」詔王回將前項糴到米斛並本司認數就逐州軍椿管。

──（清）徐松：《宋會要輯稿》，第一百四十二冊，《食貨四一》，第 13 頁，北京：中華書局，1957 年版，總第 5543 頁。

淳熙十三年（1186）。九月十七日，詔令湖廣總領將江西旱傷州縣與免和糴，以臣僚言：「今歲諸路豐稔，而江西吉州等處卻有旱傷，照得所降和糴指揮，湖廣總領糴六十萬石，數內江西亦有收糴去處，恐米直自此稍貴，實為非使（便）。」故有是命。

──（清）徐松：《宋會要輯稿》，第一百四十二冊，《食貨四一》，第 15、16 頁，北京：中華書局，1957 年版，總第 5544 頁。

淳熙十四年（1187）。（七月）二十二日，詔：「江西、湖南州縣今歲間有闕雨去處，可各給降度牒三百道，付兩路提舉常平司，隨宜措置收糴米斛。每道依例價錢七百貫，聽人戶以錢銀、會子從便請買，毋得稍有科敷。其米並別項椿管，專備賑濟賑糴支用。」九月十一日，江西提刑馬大同言：「夏秋以來，旱暵為虐，必須糴米以為準備。照得提刑一司有捕盜贓賞錢，江西激賞庫內舊有四萬貫，吉州抄估停贓人家業出賣，解到一萬七千餘貫，通及六萬餘貫。乞將此錢往豐熟地頭趁時收糴，約得米三萬餘石。本路州縣數內，據江州、興國軍申旱傷最甚，臣除已撥錢二萬貫借江州、興國軍各一萬貫充糴本外，自餘尚有三萬貫，卻聞廣南循、梅諸州與贛州龍南、安遠接近，今歲大稔，亦一面選

委官吏前去置場收糴，候向去搬發往諸州縣逕自賑糶。昨來有不許諸處遏糴指揮，乞檢舉申嚴行下。」從之。

——（清）徐松：《宋會要輯稿》，第一百四十二冊，《食貨四一》，第 17、18 頁，北京：中華書局，1957 年版，總第 5545 頁。

淳熙十四年（1187）。淳熙十四年，豫章蠶頓盛，桑葉價值過常時數十倍，民多以為憂。至舉家哭於蠶室，命僧誦經而送諸江。富家或用大板浮籧篨其上，傍置紙錢而書摽云：下流善友饒於桑者，願奉此錢以償，乞為育此蠶，期無愧於天地。它不得已，有輦棄者。皆蹙額起不忍心。獨南昌縣忠孝鄉民胡二，桑柘有餘，足以供餵養，志於鬻葉以規厚利。

——（宋）洪邁：《夷堅志》，支志景卷第七，《南昌胡氏蠶》，北京：中華書局，1981 年版，第 935 頁。

淳熙十六年（1189）。十六年正月二十五日，詔：「江西提舉司茶引一十五萬四千貫，分上、下半年給降外，所有江西安撫司茶長引八萬九千九十貫九百文、茶短引七萬貫，江州通判廳茶長引二萬貫、茶短引四萬貫，下交引庫印造，一併給降，令趁時給賣。」從湖廣總領所請也。

——（清）徐松：《宋會要輯稿》，第一百三十六冊，《食貨三一》，第 29 頁，北京：中華書局，1957 年版，總第 5355 頁。

淳熙十六年（1189）。淳熙十六年二月四日，登極赦：「諸

路州軍合發經、總製錢，紹興三十年曾降指揮酌中立額。當時戶部不體德意，卻用十年最多之數，是致州縣艱於趁辦。臣僚頻有論奏，兼兩浙、江東、西、湖南路月樁錢及糴降本錢亦有敷額太重去處，可令台諫、侍從同戶部長貳詳悉措畫聞奏，當議斟酌施行，庶寬民力。」既而吏部尚書顏師魯等奏：「照得近來間有州軍乞減錢數，與戶部所減之數併合不同。竊慮未至盡實，乞下諸路提刑、轉運司，仰取見詣實數目供申戶部，以憑減豁。」於是戶部措置，將江東路饒州經製錢減二千貫，總製錢減八千貫，月樁錢減一萬五千貫，降本錢減八千貫；池州經製錢減七千貫，月樁錢減六千貫；南康軍經製錢減三千貫，月樁錢減四千貫，降本錢減一千貫；信州經、總製錢各減三千貫，月樁錢減一萬貫；寧國府經製錢減五千貫，總製錢減二千貫；建康府經製錢減五千貫，總製錢減四千貫；廣德軍經製錢減二千貫，月樁錢減六千貫；徽州經製錢減三千貫，月樁錢減四千貫；江南西路隆興府月樁錢減一萬五千貫，經、總製錢各減五千貫；贛州月樁錢減六千七百五十二貫，降本錢減一千貫；經、總製錢將本州虛額錢四萬餘貫盡行蠲減，及於元額內更減二萬餘貫；吉州月樁錢減一萬七千貫，經、總製錢各減六千貫；筠州月樁錢減二千貫；袁州月樁錢減二萬五千貫，經、總製錢各減五百貫；臨江軍月樁錢減六千貫，經、總製錢各減一千貫；撫州月樁錢減七千貫，經、總製錢各減二千貫；江州月樁錢減六千貫，經、總製錢各減五百貫；建昌軍月樁錢減六千貫，經、總製錢各減五百貫；興國軍月樁錢減三千貫，經、總製錢各減二千五百貫；南安軍月樁錢減二千貫；福建路福州經製錢減三千貫，總製錢減一萬貫；建寧府經製錢減

八千貫，總製錢減八千貫；南劍州經製錢減八千貫，總製錢減一萬六千貫；邵武軍經、總製錢各減三千貫；興化軍經、總製錢各減一千貫；泉州經、總製錢各減二千貫；漳州經、總製錢各減一千貫；淮東路通州經、總製錢各減二千貫；泰州經、總製錢減二千貫；淮西路舒州經、總製錢減四千貫；蘄州經製錢減一千貫，總製錢二千貫；無為軍經製錢減四千貫；和州經、總製錢共減四千貫；浙西路常州經、總錢減三千貫，月樁錢減二萬貫；湖州經、總制、月樁錢減五千貫。並從之。

——（清）徐松：《宋會要輯稿》，第一百五十六冊，《食貨六四》，第 105-107 頁，北京：中華書局，1957 年版，總第 6152、6153 頁。

紹熙元年（1190）。紹熙元年四月二十一日，臣僚言：「經、總制、月樁板帳錢，初立定額，所在州縣迫於監司行移，趁辦不敷，則巧作名色，科斂於民。如經、總制不足，即令民戶於丁田米稅、役錢每石每鈔有暗收補虧錢。商旅經由場務，徵稅之外，則有貼納補助錢。月樁板帳不足，即令民戶於祠狀著到或納買鹽錢，或納甲葉錢，爭訟理直則納鹽醋錢，理曲則有科罰錢。似此之類，所在不一。惟兩浙、江西、福建、廣右為甚。欲乞先行下兩浙、江西、福建、廣西路轉運、提刑司，應州縣日前以經、總制、月樁板帳為名，巧作名目，科斂民錢以足額，如臣前所條陳者，嚴行禁止，然後次第戒約諸路，有似此類，一例住罷。如有違戾，許人戶越訴。」從之。

——（清）徐松：《宋會要輯稿》，第一百五十六冊，《食貨

六四》，第 107 頁，北京：中華書局，1957 年版，總第 6153
頁。

　　紹熙元年（1190）。餘干潤陂民譚、曾二家，每歲育蠶百
箔。紹熙元年四月，其妻夜起餵葉，忽見箔內一蠶，長大與他
異，幾至數倍，而逐節為一色，青紅黑白，皎然不雜。當中如黃
金，透徹腹背。妻知為佳祥，取香合捧承，別剉細葉鋪藉，置諸
佛堂。旦起揭視，則已生兩耳，明日，又生尾，俄而眾足皆隱，
徐生四足，能立，全如馬形，時時勃跳作戲。凡七晝夜，馬不
見。但得小佛像，似入定觀音，蒙頭趺坐。外間傳說來瞻睹者，
駢肩疊跡。譚氏畏有他變，乃併合瘞之於桑下。是歲所得絲絮，
倍於常年，至於小蠶寒蠶，亦皆遂意。二年三年皆然。及四年癸
丑，春夏所育猶昔，了無一繭成就。甲寅乙卯歲亦如之。其村鄰
有一女為張思順婢，說此事，蓋親見之。

　　——（宋）洪邁：《夷堅志》，支志丁卷第七，《餘干譚家
蠶》，北京：中華書局 1981 年版，第 1023 頁。

　　紹熙元年（1190）。紹熙元年五月十六日，榷貨務都茶場
言：「湖南、北，江西路皆係鉅賈興販，尚且給降小引，其兩
浙、江東等路，多是草茶客人販往鄉村零細貨賣，乞添印造四貫
例長、短、小引相兼，聽客從便請買。」既而戶部言：「近添印
造兩浙、江東等州軍四貫例茶長、短、小引給賣，務在招引小
客。今若依大引見使金銀、會子分數品搭算請，恐小客難以變轉
興販，因而積壓，欲將今來給賣小引除見使金銀、會子分數入納

外，如願全使一色會子算請者聽，庶幾客販亦得通快。」從之。

  ——（清）徐松：《宋會要輯稿》，第一百三十六冊，《食貨三一》，第 29 頁，北京：中華書局，1957 年版，總第 5355 頁。

  紹熙四年（1193）。（四月）十三日，南康軍言：「本軍星子縣田土瘠簿，和買最重，每稅錢四百三十起敷和買一匹。已減絹二百九十六匹有奇，乞更行均減每一匹稅錢二十，通作四百五十起敷和買絹一匹，計減和買絹六十二匹有奇。今別於軍縣官物內那趲，代星子縣人戶輸納，永為定例。」從之。

  ——（清）徐松：《宋會要輯稿》，第一百六十三冊，《食貨七〇》，第 84 頁，北京：中華書局，1957 年版，總第 6412 頁。

  紹熙五年（1194）。紹熙五年，詔兩浙、江東西和買綢絹折帛錢太重，可自來年匹減錢一貫五百文，三年後別聽旨。所減之錢，令內藏、封椿兩庫撥還。

  ——（元）脫脫等：《宋史》卷一百七十五，志第一百二十八，《食貨上三·布帛和糴》，北京：中華書局點校本，1977 年版，第 4238 頁。

  慶元二年（1196）。慶元二年，詔浙江東、西夏稅、和買綢絹並依紹興十六年詔旨折納。（紹興十六年詔旨：絹三分折錢，七分本色；八分折錢，綢二分本色。）

  ——（元）脫脫等：《宋史》卷一百七十四，志第一百二十七，《食貨上二·方田賦稅》，北京：中華書局點校本，1977 年

版，第 4221 頁。

慶元年間（1195-1200）。泰和縣舊有六閘：沿溪閘，丫頭閘，李大步閘，夢陂閘，松陽閘，一閘失其名。宋慶元中，卓洵以朝奉郎知吉州太和縣，訪求水利，得小江一道，發源武山，東行四十里，逾松楊夢陂，涉李大步丫頭柱，沿溪以合於大江，其流低窪，田畝高迴，桔橰難施，營創六閘，務瀦洩以救旱澇，共灌田一萬餘畝。時轉運副使俞澄至縣，大書卓令之澤，四字揭諸快閣，洵自記於後，歲久六閘盡廢，明萬曆志失載。

——雍正《江西通志》卷一五，《水利》，《文淵閣四庫全書》本。

慶元至淳佑年間。羅大經（1196-1252），其《鶴林玉露》載：楊東山嘗為余言：昔周益公、洪容齋嘗侍壽皇宴，因談肴核。上問：「容齋，卿鄉里所產？」容齋，番陽人也，對曰：「沙地馬蹄鱉，雪天牛尾狸。」又問益公，公廬陵人也，對曰：「金柑玉版筍，銀杏水精蔥。」上吟賞。

——（宋）羅大經：《鶴林玉露》卷一一，《文淵閣四庫全書》本。

嘉泰四年（1204）。嘉泰四年三月二十五日，詔令江西轉運司於逐處樁管米內取撥撫州一萬石、臨江軍一萬石、隆興府二千石、袁州一千石，同提舉司委官多方措置，以七分賑糶，三分賑濟，務要實惠及民，毋令流移失所。仍具已賑糶、賑濟並糶價錢

數目申尚書省。以江西提舉司申，本路去歲多有旱傷去處，常平米斛不足接濟故也。二十七日，知撫州陳著壽言：「本州土瘠民貧，秋苗之數不多，去旱歉，抄札到三萬九千戶計一十八萬五千六百九十口。有產業無經營人，賑貸；無產業有經營人，賑糶；無產業無經營及鰥寡孤獨之人，賑濟。賑貸之米，則取諸常平司；賑糶之米，則勸諭上戶；惟是賑濟，非勸諭之所，及常平米數又少，乞於本州今歲合發淮西總領所米綱內截撥一萬石應副賑濟，庶幾貧下細民不為餓殍，亦免流徙。」詔於本州今歲合發淮西總領所米內截撥七千石賑濟使用。

——（清）徐松：《宋會要輯稿》，第一百六十冊，《食貨六八》，第 102 頁，北京：中華書局，1957 年版，總第 6304 頁。

嘉定七年（1214）。七年二月二十四日，廣西轉運判官兼提舉鹽事陳孔碩言：「二廣州郡收販牛稅，其來久矣。近因漕臣有請，始蠲罷之。然贛、吉之民，每遇農畢，即相約入南販牛，謂之『作冬』。初亦將些小土布前去博買。」

——（清）徐松：《宋會要輯稿》，第一百三十冊，《食貨一八》，第 26 頁，北京：中華書局，1957 年版，總第 5120 頁。

嘉定十一年（1218）。嘉定十一年夏五月，臣僚言：「鄱陽為邑，經界之初，稅錢額管八千六百四十二貫有畸，每稅錢一百文，敷和買六尺四寸八分有畸。吏緣紛奸，有增益，積至嘉定九年，遂及七尺五寸六分。又且見寸收尺，謂之合零就整，去年復頓增三寸。以最小崇德一鄉言之，嘉定九年分額管五百貫文有

附錄 2 · 江西宋明經濟史料長編

畸，敷和買絹九百三十餘匹，去年只管九百四十貫有畸，乃增至九百五十五匹，可知其他。乞明詔有司痛為革絕。」從之。

　　——（清）徐松：《宋會要輯稿》，第一百五十六冊，《食貨六四》，第 39 頁，北京：中華書局，1957 年版，總第 6119 頁。

　　嘉定十一年（1218）。十一年五月二日，臣僚言：「鄱陽之為邑，延袤近二百里，上、下各一十鄉，經界之初，稅錢額管八千六百四十二貫五百有畸。從經界條例，每稅錢百文，合敷和買六尺四寸八分有畸。胥吏為奸，歲歲增益。然猶止以計不使及寸，積歲已久。至嘉定九年，遂及七尺五寸六分，又且見寸收尺，謂之合零就整。逮至去年，復於所敷頓增三寸，總一邑之為絹一千二百餘匹。且以崇德一鄉最小者言之，嘉定九年分稅額元管五百貫文有畸，敷和買絹九百三十餘匹，去年造簿，本鄉稅錢止管四百九十貫有畸，邑吏縱欲以所虧稅錢十貫均於民戶，亦止合照前年所敷之數催理，今乃增敷九百五十而匹，計多二十五匹。舉此一鄉，其他可知。且鄱陽之民連遭蝗旱，已不聊生，而貪吏奸胥又陰肆推剝，如此其極，自非上官推本尋源，痛為革絕，雖朝罷一宰，暮然黜一吏，而鄱民未有安居樂業之望也。」從之。

　　——（清）徐松：《宋會要輯稿》，第一百六十三冊，《食貨七〇》，第 112、113 頁，北京：中華書局，1957 年版，總第 6426、6427 頁。

　　嘉定十六年（1223）。（正月）二十八日，詔：「江西、湖南

近緣茶賊為擾，可令逐路轉運司將人戶積欠官、私債負並權住催，內私債候來春受理，官欠具核實數申取指揮。及委官遍詣逐處審核曾被浸擾人戶，優加存恤，無令失業。仍覆實今春不曾布種今秋有失收刈田畝，將今年合納秋稅與量輕重，二面減放。」

——（清）徐松：《宋會要輯稿》，第一百六十冊，《食貨六八》，第 109、110 頁，北京：中華書局，1957 年版，總第 6308 頁。

嘉定年間。吳泳（約西元1224年前後在世），其《勸農文》云：吳中厥壤沃，厥田腴，稻一歲再熟，蠶一年八育。而豫章則襟江帶湖，湖田多，山田少，禾大小一收，蠶早晚二熟而已。吳中之民，開荒墾窪，種粳稻又種菜、麥、麻、豆，耕無廢圩，刈無遺隴。而豫章所種占米為多，有八十占、有百占、有百二十占。率數日以待穫，而自余三時則舍稽不務，皆曠土，皆遊民也。所以吳中之農專事人力，故諺曰：『蘇湖熟，天下足。』勤所致也。豫章之農只靠天幸，故諺曰：『十年九不收，一熟十倍秋。』惰所基也。勤則民富，惰則民貧。

——（宋）吳泳：《隆興府勸農文》，見《鶴林集》卷三九，《雜著》，《文淵閣四庫全書》本。

嘉定年間。張世南（1225年前後在世），其《游宦紀聞》：金橘產於江西諸郡，有所謂金柑，差大而味甜。年來商販小株，才高二三尺許，一舟可載千百株。其實累累如垂彈，殊可愛。價亦廉，實多根茂者，才直二三鐶。往時因溫成皇后好食，價重京

師。然患不能久留，惟藏綠豆中，則經時不變，蓋橘性熱豆性涼也。

——（宋）張世南：《游宦紀聞》卷二，《文淵閣四庫全書》本。

嘉定至至元年間。謝枋得（1226-1289），其《蠶婦吟》云：「子規啼徹四更時，起視蠶稠怕葉稀。不信樓頭楊柳月，玉人歌舞未曾歸。」

——（宋）謝枋得：《蠶婦吟》，見《疊山集》卷一，《五言古詩》，《文淵閣四庫全書》本。

嘉定至至元年間。謝枋得（1226-1289），其《謝劉純父惠布》云：「吾知饒信間，蠶月如岐邠。兒童皆衣帛，豈但奉老親。婦女賤羅綺，賣絲買金銀。」

——（宋）謝枋得：《謝劉純父惠布》，見《疊山集》卷一，《五言古詩》，《文淵閣四庫全書》本。

寶慶三年（1227）。寶慶三年，監察御史汪剛中言：「豐穰之地，穀賤傷農，凶歉之地，濟糴無策，惟以其所有餘濟其所不足，則饑者不至於貴糴，而農民亦可以得利。乞申嚴遏糴之禁，凡兩浙、江東西、湖南北州縣有米處，並聽販鬻流通；違，許被害者越訴，官按劾，吏決配，庶幾令出惟行，不致文具。」從之。

——（元）脫脫等：《宋史》卷一百七十八，志第一百三十

一，《食貨上六》，北京：中華書局點校本，1977 年版，第 4343
頁。

端平至至元年間。文天祥（1236-1283），其《與知吉州江萬
頃》云：某所居里，凡千餘家，常年家中散米一日，不收錢；諸
大家以次接續販糴，可及三十日。隔一日糴，可當兩月，此方盡
可無饑。他時不待勸率，自是舉行。明年係緊要年份，或須使榜
一申嚴之。至期，卻當取廩，但四境委有可憂。蓋吾州從來以早
稻充民食，以晚稻充官租。今年晚稻半虧，顆粒並是入官之數。
早稻不過二三分，則是民食十減七八，此其所以皇皇也。近見多
有趨龍泉、永新運糴者，覺彼二處米亦有限。縣大夫各私其土，
不肯透泄，亦其不得已者。此須使司示以意向，使之斟酌放行，
庶彼此可以均濟。最急莫如通贛州之米，近同年李守惠書，自謂
年穀中熟，米價日低，某嘗答書云：廬陵一歉，異於常年，田裡
憔悴不堪舉目，惟章貢素無糴事，而得歲又偏，鄉人顛頓者，往
往相率而趨治國。民食關係，苟可通融，兼愛秦晉，公之惠也。
蓋贛浮橋泄米之令素嚴，田吉號產米，而贛多山少田，故為贛
計，不容旁及鄰郡。今歲事既相反，又當通變，此須古崖一書與
李守通情，俟得其要領，然後大榜境內，許人赴贛收糴，此亦權
宜之一策也。區區管見，姑復仁明，後有利便，又須陸續申控。
　　──（宋）文天祥：《與知吉州江萬頃》，見《文山集》卷
六，《書》，《文淵閣四庫全書》本。

咸淳六年（1246）。咸淳六年，都省言：「咸淳五年和糴米，

附錄 2・江西宋明經濟史料長編

879

除浙西永遠住糴及四川制司就糴二十萬石椿充軍餉外，京湖制司，湖南、江西、廣西共糴一百四十八萬石，凡遇和糴年分皆然。」

——（元）脫脫等：《宋史》卷一百七十五，志第一百二十八，《食貨上三·布帛和糴》，北京：中華書局點校本，1977 年版，第 4250 頁。

咸淳七年（1271）。黃震在撫州知州任上時，發布勸民種麥的文告：「且說江西，其地十州皆種麥，何故撫州獨不可種？撫州外縣間亦種小麥，何故臨川界並小麥不可種？或謂撫州近城多是沙地，故不可種。」

——黃震：《咸淳七年中秋勸種麥文》，見《黃氏日抄》卷七八·《公移一》，《文淵閣四庫全書》本。

咸淳八年（1272）。每歲二月，朝廷命郡太守勸農於郊，以民生性命在農，國家根本在農，天下事莫重於農，故切切然，以此為第一事。近來反因歲歲講行，上下習熟，視為文具。今太守是浙間貧士人，生長田裡，親曾種田，備知艱苦。見撫州農民與浙間多有不同，為之驚怪，真誠痛告，實非文具，願爾農今年亦莫作文具看也。浙間無寸土，不耕田壟之上，又種桑種菜。今撫州多有荒野不耕，桑麻菜蔬之屬皆少，不知何故。浙間才無雨便車水，全家大小日夜不歇。去年太守到郊外看水，見百姓有水處亦不車，各人在門前閑坐，甚至到九井祈雨。行大溪邊，見溪水拍岸，岸上田皆焦枯坼裂，更無人車水，不知何故。浙間三遍耘

田，次第轉摺，不曾停歇。撫州勤力者，耘得一兩遍，懶者全不耘。太守曾親行田間，見苗間野草反多於苗，不知何故。浙間終年備辦糞土，春間、夏間常常澆壅。撫州勤力者斫得些少柴草在田，懶者全然不管，不知何故。浙間秋收後便耕田，春二月又再耕，名曰耕田。撫州收稻了，田便荒版。去年見五月間，方有人耕荒田，盡被荒草抽了地力，不知何故。雖曰千里不同風，撫州不可以浙間為比，畢竟農種以勤為本。古人有云：人生在勤，勤則不匱。又曰農夫鹵莽而種之，天亦鹵莽而報之，此理安得不同。想爾撫州穀米價平，不知艱苦，不將為事。去年春夏間，農種百姓也吃了些苦，今年若不省懼，何以契天。太守自知德薄言輕，勸人不行。去年特地勸種麥爾，農尚不肯聽，今春是常例勸農，爾農又何緣肯聽，但上下一體，休戚相關，爾農若欠飯吃，憂責盡在太守，是不容不痛告。幸爾農思量，去年分外爭氣，自今勤謹，上契天心，迓續豐年，大家安樂，不勝幸甚。

　　——（宋）黃震：《咸淳八年春勸農文》，見《慈溪黃氏日抄》卷七八，《公移》，《文淵閣四庫全書》本。

　　泛指宋代。宋榷茶之制，擇要會之地，曰江陵府，曰真州，曰海州，曰漢陽軍，曰無為軍，曰蘄州之蘄口，為榷貨務六。初，京城、建安、襄復州皆置務，後建安、襄復州務廢，京城務雖存，但會給交鈔往還，而不積茶貨。在淮南則蘄、黃、廬、舒、光、壽六州，官自為場，置吏總之，謂之山場者十三；六州採茶之民皆隸焉，謂之園戶。歲課作茶輸租，餘則官悉市之。其售於官者，皆先受錢而後入茶，謂之本錢；又民歲輸稅願折茶

者，謂之折稅茶。總為歲課八百六十五萬餘斤，其出鬻皆就本場。在江南則宣、歙、江、池、饒、信、洪、撫、筠、袁十州，廣德、興國、臨江、建昌、南康五軍；兩浙則杭、蘇、明、越、婺、處、溫、台、湖、常、衢、睦十二州；荊湖則江陵府、潭澧鼎鄂嶽歸峽七州、荊門軍；福建則建、劍二州，歲如山場輸租折稅。總為歲課江南千二十七萬餘斤，兩浙百二十七萬九千餘斤，荊湖二百四十七萬餘斤，福建三十九萬三千餘斤，悉送六榷務鬻之。茶有二類，曰片茶，曰散茶。片茶蒸造，實棬摸中串之，唯建、劍則既蒸而研，編竹為格，置焙室中，最為精潔，他處不能造。有龍、鳳、石乳、白乳之類十二等，以充歲貢及邦國之用。其出虔袁饒池光歙潭嶽辰澧州、江陵府、興國臨江軍，有仙芝、玉津、先春、綠芽之類二十六等，兩浙及宣、江、鼎州又以上中下或第一至第五為號。散茶出淮南、歸州、江南、荊湖，有龍溪、雨前、雨後之類十一等，江、浙又有以上中下或第一至第五為號者。買臘茶斤自二十錢至一百九十錢有十六等，片茶大片自六十五錢至二百五錢有五十五等，散茶斤自十六錢至三十八錢五分有五十九等；鬻臘茶斤自四十七錢至四百二十錢有十二等，片茶自十七錢至九百一十七錢有六十五等，散茶自十五錢至一百二十一錢有一百九等。

　　——（元）脫脫等：《宋史》卷一百八十三，志第一百三十六，《食貨下五》，北京：中華書局點校本，1977 年版，第4477、4478 頁。

　　泛指宋代。宋興金、銀、銅、鐵、鉛、錫之貨，凡諸軍產金

有五，曰：商、饒、歙、撫州、南安軍。產銀有三監，曰：桂陽、鳳州之開寶，建州之龍焙；又有五十一場，曰：饒州之德興，虔州之寶積，信州之寶豐，建昌之馬茨湖、看都，越州之諸暨，衢州之南山、北山、金水，處州之慶成、望際，道州之黃富，福州之寶興，漳州之興善、毗婆、大深、岩洞，汀州之黃焙、龍門、寶安，南劍州之龍逄、寶應、王豐、杜唐、高才、贍國、新豐岩、梅營、龍泉、順昌，邵武軍之焦阬、龍門、小杉、青女、三溪、黃上、同福、礫砌，南安軍之穩下，廣州之上雲，韶州之樂昌、螺阬、靈源，連州之同官，英州之賢德、堯山、竹溪，恩州之梅口，春州之陽江；三務曰秦州隴城、隴州、興元府。產銅有三十五場，饒、處、建、英州各一，信州、南安軍各二，汀州三，漳州四，邵武軍八，南劍州十二；一務曰梓州之銅采。產鐵有四監，曰大通、兗州之萊蕪，徐州之利國，相州之利成；又有十二冶，曰河南之凌雲，虢州之麻莊，同州之韓山，鳳翔之赤谷、磻平，儀州之廣石河，蘄州之回嵐、瓷窯，黃州之龍陂，袁州之貴山，興國軍之慈湖，英州之黃石；二十務曰晉、磁、鳳、灃、道、渠、合、梅州各一，陝州之集津，耀州之榆林，坊州之玉華，虔州之上平、符竹、黃平、青堂，吉州之安福，汀州之莒溪、古田、龍興、羅村；二十五場曰信州之丁溪、新溪，鄂州之聖水、荻洲、樊源、安樂、龍興、大雲，建州之化，南劍州之毫村、東陽、武夷、平林、塗阬、安福、萬足、桃源、交溪、婁杉、湯泉、立沙、黃溪，邵武軍之萬德、寶積，連州之牛鼻。產鉛有三十六場、務，曰越、建、連、英、春州各一，韶州、南安軍各二，衢州、汀州各三，漳州四，邵武軍八，

南劍州十二。產錫有九場，曰河南之長水，虔州之安遠，南安之城下，南康之上猶，道州之黃富，賀州之太平川、石場，潮州之黃岡，循州之大任。

——（元）馬端臨：《文獻通考》卷一八，《徵榷考五·坑冶》，北京：中華書局，1986 年版，第 178、179 頁。

泛指宋代。江西路：上供綢五萬二千五百八匹，內折錢四萬二千六匹一丈六尺八寸，本色一萬五百一匹二丈五尺三寸；絹三十萬五千四百七十五匹，內折錢九萬一千六百四十二匹二丈三尺一寸，本色二十一萬三千八百三十二匹二丈五尺九寸。淮衣綢一萬三千四百一十八匹三丈四尺，內折錢一萬七百三十五匹二尺，本色二千六百八十三匹三尺；絹六萬七千二百四十五匹八尺，內折錢二萬一百七十三匹二丈三尺四寸，本色四萬七千七十一匹二丈六尺六寸。福衣綢二千一百一十二匹；絹七千五百六十八匹。天申節絹四千匹。大禮進奉絹四千七百匹。

——（清）徐松：《宋會要輯稿》，第一百五十六冊，《食貨六四》，第 13、14 頁，北京：中華書局，1957 年版，總第 6106 頁。

泛指宋代。豐城、萍鄉二縣皆產石炭於山間，掘土黑色可燃，有火而無焰，作硫磺氣，既銷則成白灰。

——（宋）祝穆：《古今事文類聚》，續集卷一八，《燈火部》，《文淵閣四庫全書》本。

泛指宋代。吉州窯，宋時吉州永和市窯，即今之吉安府廬陵

縣，昔有五窯，具白色、紫色，紫有與紫定相類者。五窯中惟舒姓燒者頗佳，舒翁工為玩具，翁之女名舒嬌，尤善陶，其鑪甕諸色幾與哥窯等價，花瓶大者值數金，小者有花，《格古要論》雲：「體厚質粗，不堪足品。」

——（清）藍浦、鄭廷桂：《景德鎮陶錄》卷七，《古窯考》，見《續修四庫全書》，第 1111 冊，《子部·譜錄類》，上海：上海古籍出版社，第 395 頁。

泛指宋代。又文獻通考載宋銀場五十有一，虔州曰寶積，而銀冶、銅冶、鐵冶各一，今皆亡。

——（明）余文龍修，謝詔等纂：《贛州府志》卷三，《輿地志·土產》，臺北：成文出版社據明天啟元年（1621）刊本，1989 年版，第 295、296 頁。

泛指宋代。宋人張杲，其《功在橘皮》記載：「橘皮寬膈降氣，消痰逐冷，有殊功。他藥多貴新，唯此貴陳。須洞庭者最佳，外舅莫強中，知豐城縣，得疾，凡食已，輒胸滿不下，百方治之，不效。偶家人輩合橘紅湯，取嘗之，似有味，因連日飲之。一日坐廳事方操筆，覺胸中有物墜於腹，大驚，目瞪，汗如雨，急扶歸。須臾腹痛，下數塊如鐵彈子，臭不可聞，自此胸氣廓然。蓋脾之冷積也，抱病半年所服藥餌凡幾種不知，功乃在一橘皮。世人之所忽，豈可不察哉？其方：橘皮去穰取紅一斤，甘草、鹽各四兩，水五碗，慢火煮乾焙搗為末點服。」

——（宋）張杲：《功在橘皮》，見《醫說》卷八，《服餌並

藥忌》，《文淵閣四庫全書》本。

▶ 元

宋末元初。劉詵，其《秧老歌三首》曰：「三月四月江南村，村村插秧無朝昏。紅妝少婦荷飯出，白頭老人驅犢奔。五更負秧栽南田，黃昏刈麥渡東船。我家麥田硬如石，他家秧田青如煙。」

──（元）劉詵：《秧老歌三首》，見《桂隱詩集》卷四，《律詩七言》，《文淵閣四庫全書》本。

宋末元初。劉詵，其《野人家》曰：野人家，瓦少茅半遮。牆外橫青山，牆頭出葵花。繞屋桐樹繞屋麻，地碪舂粟如黃芽。小奴高髻發爬觰，平生有額不點鴉。月色夜夜照紡車，木綿紡盡白雪紗。為言主家頗豪奢，繡羅作裙歌嬌娃。州符昨夜急如火，馬蹄踏月趨官衙。

──（元）劉詵：《野人家》，見《桂隱詩集》卷二，《古體七言》，《文淵閣四庫全書》本。

宋末元初。劉詵，其《田家詠》曰：田家務生理，機車夜紛然。少多有程度，夜久始安眠。雞鳴復競起，照室松明懸。日日不遑息，不飽粥與饘。自言多假貸，火宅百慮煎。大家急索逋，往往乘豐年。豐年固可喜，可喜亦可憐。

──（元）劉詵：《田家詠》，見《桂隱詩集》卷一，《古體

五言》,《文淵閣四庫全書》本。

至元元年（1264）。是年，江西大水，民饑，賑糶米七萬七千石。賜天下田租之半。凡有妻室之僧，令還俗為民，既而復聽為僧。

——（明）宋濂等：《元史》卷三十八，本紀第三十八，《順帝一》，北京：中華書局點校本，1976年版，第831頁。

至元二年（1265）。至元二年，江西、湖廣兩行省具以茶運司同知萬家閭所言添印茶由事，諮呈中書省云：「本司歲辦額課二十八萬九千二百餘錠。除門攤批驗鈔外，數內茶引一百萬張，每引十二兩五錢，共為鈔二十五萬錠。末茶自有官印筒袋關防，其零斤草茶由帖，每年印造一千三百八萬五千二百八十九斤，該鈔二萬九千八十餘錠。茶引一張，照茶九十斤，客商興販。其小民買食及江南產茶去處零斤採賣，皆須由帖為照。春首發賣茶由，至於夏秋，茶由盡絕，民間闕用。以此考之，茶由數少課輕，便於民用而不敷，茶引課重數多，止於商旅興販，年終尚有停閑未賣者。每歲合印茶由，以十分為率，量添二分，計二百六十一萬七千五十八斤。算依引目內官（鈔）〔茶〕，每斤收鈔一錢三分八釐八毫八絲，計增鈔七千二百六十九錠七兩，比驗減去引目二萬九千七十六張，庶幾引不停閑，茶無私積。中書戶部定擬，江西茶運司歲辦公據十萬道，引一百萬，計鈔二十八萬九千二百餘錠。茶引便於商販，而山場小民全憑茶由為照，歲辦茶由一千三百八萬五千二百八十九斤，每斤一錢一分一釐一毫二絲，

計鈔五千八百一十六錠七兩四錢一分，減引二萬三千二百六十四張。茶引一張，造茶九十斤，納官課十二兩五錢。如於茶由量添二分，計二百六十一萬七千五十八斤，每斤添收鈔一錢三分八釐八毫八絲，計鈔七千二百六十九錠七兩，積出餘零鈔數，官課無虧，而便於民用。」合准本省所擬，具呈中書省，移諮行省，如所擬行之。

　　——（明）宋濂等：《元史》卷九十七，志第四十五下，《食貨五》，北京：中華書局點校本，1976 年版，第 2503、2504 頁。

　　至元至至正年間。柳貫（1270-1342），其《洪州歌》曰：豫章城西江上舟，船翁夾柁起紅樓。官鹽法茗有饒乏，市利商功無算籌。

　　——（元）柳貫：《洪州歌》，見《待制集》卷六，《律詩七言》，《文淵閣四庫全書》本。

　　至元至至正年間。柳貫（1270-1342），其《洪州歌其十四》曰：舊聞雙井團茶美，近愛麻姑乳酒香。不到洪都領佳絕，吟詩真負九回腸。

　　——（元）柳貫：《洪州歌其十四》，見《待制集》卷六，《律詩七言》，《文淵閣四庫全書》本。

　　至元十三年（1276）。江西實行茶葉專賣。十（二）〔三〕年，既平宋，復用左丞呂文煥言，榷江西茶，以宋會五十貫准中

統鈔一貫。十三年，定長引短引之法，以三分取一。長引每引計茶一百二十斤，收鈔五錢四分二釐八毫。短引計茶九十斤，收鈔四錢二分八毫。是歲，征一千二百餘錠。十四年，取三分之半，增至二千三百餘錠。十五年，又增至六千六百餘錠。十七年，置榷茶都轉運司於江州，總江淮、荊湖、福廣之稅，而遂除長引，專用短引。每引收鈔二兩四錢五分，草茶每引收鈔二兩二錢四分。十八年，增額至二萬四千錠。十九年，以江南茶課官為置局，令客買引，通行貨賣。歲終，增二萬錠。二十一年，廉運使言：「各處食茶課程，抑配於民，非便。」於是革之。而以其所革之數，於正課每引增一兩五分，通為三兩五錢。二十三年，又以李起南言，增為五貫。是年征四萬錠。二十五年，改立江西等處都轉運司。二十六年，丞相桑哥增引稅為一十貫。三十年，又改江南茶法。凡管茶提舉司一十六所，罷其課少者五所，併入附近提舉司。每茶商貨茶，必令齎引，無引者與私茶同。引之外，又有茶由，以給賣零茶者。初，每由茶九斤，收鈔一兩，至是自三斤至三十斤分為十等，隨處批引局同，每引收鈔一錢。

——（明）宋濂等：《元史》卷九十四，志第四十三，《食貨二》，北京：中華書局點校本，1976 年版，第 2393、2394 頁。

至元十三年（1276）。廣東之鹽：至元十三年，克廣州，因宋之舊，立提舉司，從實辦課。十六年，立江西鹽鐵茶都轉運司，所轄鹽使司六，各場立管勾。是年，辦鹽六百二十一引。二十二年，分江西鹽隸廣東宣慰司，歲辦一萬八百二十五引。二十

三年，並廣東鹽司及市舶提舉司為廣東鹽課市舶提舉司，每歲辦鹽一萬一千七百二十五引。大德四年，增至正餘鹽二萬一千九百八十二引。十年，又增至三萬引。十一年，三萬五千五百引。至大元年，又增餘鹽一萬五千引。延祐二年，歲煎五萬五百引。五年，又增至五萬五百五十二引。所隸之場凡十有三。

——（明）宋濂等：《元史》卷九十四，志第四十三，《食貨二》，北京：中華書局點校本，1976 年版，第 2392 頁。

至元十四年（1277）。至元十四年，分甯縣人商瓊者謀獻利覓官，乃誘湖南淘金工易彬等三十餘人至豐城縣之長寧鄉留台居焉。又募其鄉人傅壽等穴山溪、畚沙石，習淘金為業，歲責輸浮辦金四兩重，請行省署淘金場縣中領之，而瓊洎阮祥者實司其職。然豐城之金，僅僅取之不足以更費，於時雖竭力淘采，地道空虛，不克供一歲之入。瓊稍患苦之，適使人走他州購金以實其數。久之罹其妄覺，又誣富民地有金，掘其廬舍塚墓，劫取貨賄，薪增廣歲賦入以錮其事，於是盡力掊克，請增輸金至二十五兩九錢重，以為己功。鄉民甚惡之，而亡賴者景從日眾，至三百三人焉。瓊又為之請於有司，歲復其役。豐城既無金，群轉走饒、信、徽、衢、婺、江、南康、蘄、黃，歲掠以進瓊，瓊輸官而攘其贏，由是致富。會張國紀守撫，好言利，二十四年行省用其言，置金銀場於樂安縣之小曹溪，課富民淘金輸官，程所入多寡而免其賦，於是盡檄取豐城淘金工往教習焉。瓊益以聚斂為功，複請增金三兩一錢九分六釐重，總之為二十九兩九分六釐重矣。瓊因求遷小曹場官，兼賦豐城金，而豐城淘金場遂革。是

時，豐城升為富州，官復煩淘金家以他役，始不勝其苦。而汪壽、李仲、何文明等百餘人走光州不返，餘徙業者相繼。瓊亦去為鹽場官，而富州金遂無所從出矣。小曹官屬罷其久而累已也，募其邑人闕德詔言於省，謂龍興路貢賦歲屬興聖宮，則富州金不宜附隸撫州，盡從富州輸之龍興路為便。行省用其言，下其數於富州徵之。延祐四年九月也，瓊始徵金時，至是四十餘年矣。即復求三十餘人者，多閭閻細民，死徙亡後者焉，有後而乞丐者又有焉，根連其宗族，蔓延其姻黨。亦有窮乏，至殺子女以拒胥徒之朧突者。乃抑令五鄉二十七都之役於官者代輸之，凡金一兩重，費至元鈔多至百二十貫，總之為鈔三千六百貫矣。因之破家者又比比有焉，於是民之荼毒有不可勝言者矣。州人思脫其禍，若王季常、王元實等，往往開陳於有司，有司稍集父老議，雖悉其弊，然莫肯固請於上。蓋自富州再徵金，至是又十有七年，乃始得揭車之言行焉。始，車嘗言於奉使宣撫，又言于監察御史，號啼頓首，乞去民害，觸御史怒，幾得罪，賴龍興推官李崇德、莫維崇力爭御史前得免。至是乃言於張公榮及平章全公黃柱，而二公深哀其言，於是其事乃得上聞，而州人數十年剝膚椎髓之害始一旦脫然矣。噫！商瓊不足議矣。彼天子之命吏牧此民者，視其困苦，漠然不以為意，獨何與？誠使士之居於鄉、立於朝，皆若揭車及授經公僕斯其人，豈有知而不言者哉？風紀之司，藩輔之宰，皆張公、全公其人，豈有聞而不行者哉？今富之人感三公之德，而壯車言之力，相與刻石以垂永久。素於是重有感焉，述文以慰州人之心。而學士大夫播之，詠歌以通諷喻，以示勸懲，未必無小補也。全公回紇人，後終河南行省平章。張公河間人，

後終司丞。揭公今為翰林待制，車其從孫云。

——（元）危素：《富州蠲金紀事》，見（清）王家傑修，周文鳳、李庚纂：《豐城縣志》卷二六，《藝文·文類》，臺北：成文出版社據同治十二年（1873）刊本影印，1989 年版，第 2471-2476 頁。

至元十六年（1279）。夏四月巳卯，立江西榷茶運司及諸路轉運鹽使司、宣課提舉司。

——（明）宋濂等：《元史》卷十，本紀第十，《世祖七》，北京：中華書局點校本，1976 年版，第 211 頁。

至元二十二年（1285）。二十八年，詔江西酒醋之課不隸茶運司，福建酒醋之課不隸鹽運司，皆依舊令有司辦之。

——（明）宋濂等：《元史》卷九十四，志第四十三，《食貨二》，北京：中華書局點校本，1976 年版，第 2395 頁。

至元二十三年（1286）。在江西者，至元二十三年，撫州樂安縣小曹周歲辦金一百兩。

——（明）宋濂等：《元史》卷九十四，志第四十三，《食貨二》，北京：中華書局點校本，1976 年版，第 2379 頁。

至元二十六年（1289）。甲戌，以御史大夫玉呂魯為太傅，加開府儀同三司，僉江西等處行尚書省事。召江淮行省參知政事忻都赴闕，以戶部尚書王巨濟專理算江淮省，左丞相忙兀帶總

之。置浙東、江東、江西、湖廣、福建木棉提舉司，責民歲輸木棉十萬匹，以都提舉司總之。

——（明）宋濂等：《元史》卷十五，本紀第十五，《世祖十二》，北京：中華書局點校本，1976 年版，第 322 頁。

至元二十九年（1292）。至元二十九年，江西行省准中書省諮：來諮：於課程地稅內折收木棉白布，已後年例必須收納。

——《元典章》，戶部卷一二，典章二六，《科役·和買》，北京：中國書店出版社，1990 年版，第 432 頁。

元貞元年（1295）。元貞元年有獻利者言：「舊法江南茶商至江北者又稅之，其在江南賣者，亦宜更稅，如江北之制。」於是朝議復增江南課三千錠，而弗稅。是年凡徵八萬三千錠。至大元年，以龍興、瑞州為皇太后湯沐邑，其課入徽政院。四年，增額至一十七萬一千一百三十一錠。皇慶二年，更定江南茶法，又增至一十九萬二千八百六十六錠。延祐元年，改設批驗茶由局官。五年，用江西茶副法忽魯丁言，立減引添課之法，每引增稅為一十二兩五錢，通辦鈔二十五萬錠。七年，遂增至二十八萬九千二百一十一錠。

——（明）宋濂等：《元史》卷九十四，志第四十三，《食貨二》，北京：中華書局點校本，1976 年版，第 2394 頁。

大德元年（1297）。三月，行省准中書省諮該，元貞二年九月十八日奏過事一件，節該：江南百姓每的差稅，亡宋時秋夏稅

兩遍，納有夏稅木棉、布、絹、絲、綿等，各處城子裡出產的物
折做差發斟酌教送納有來秋稅止納糧，如今江浙省管江東、浙西
這兩處城子裡，依著亡宋時納有餘那的外別個城子裡依例納稅，
稅不曾納夏稅，江西的多一半城子裡，百姓每比亡宋時分納的，
如今納秋稅重，有謂如今收糧的斟酌先亡宋文思院收糧的斛抵，
一個半大有。若再科夏稅呵，莫不百姓根底重複麼。

　　──《元典章》，戶部卷一○，典章二四，北京：中國書店
出版社，1990 年版，第 420、421 頁。

　　大德二年（1298）。（大德二年五月）淮西諸郡饑，漕江西
米二十萬石以備賑貸，命中書省遣使監雲南、四川、海北海南、
廣西兩江、廣東、福建等處六品以下選。

　　──（明）宋濂等：《元史》卷十九，本紀第十九，《成宗
二》，北京：中華書局點校本，1976 年版，第 419 頁。

　　大德四年（1300）。王楨，字伯善，東平人，博通經史、清
介自持。大德四年，尹永豐，以課農興學為務。常買桑苗及木棉
子導民分藝，遇旱或霪雨，必齋戒虔禱。著有《農器圖譜》、《農
桑通訣》，刻於《廬陵詩集》一卷，名《農務集》。

　　──雍正《江西通志》卷六三，《名宦七》，《文淵閣四庫全
書》本。

　　大德十年（1306）。南豐出現嚴重饑荒，知州尹伯達勸民眾
廣種蕎麥。是年省府節節行下糶糧，又專官親臨賑濟孤貧者，分

遣郡官下鄉勸諭大家減價發糶，郡侯聶公伯達名從政懇惻奉承，秋毫無擾，貧富安之。又勸農競種蕎麥為明年續食，計所收甚廣。暨丁未歲民得麥續食，不復有饑。由是兩歲雖歉，而獲免溝壑者，皆公家全活力也。

　　——（元）劉壎：《呈州轉申廉訪分司救荒狀》，見《水雲村稿》卷一四，《公牘》，《文淵閣四庫全書》本。

　　大德十一年（1307）。（十月）中書省奏：「常歲海運漕糧百四十五萬石，今江浙歲儉，不能如數；請仍舊例，湖廣、江西各輸五十萬石，並由海道達京師。」從之。

　　——（明）宋濂等：《元史》卷二十二，本紀第二十二，《武宗一》，北京：中華書局點校本，1976年版，第489頁。

　　至大四年（1311）。（十二月）浙西水災，免漕江浙糧四分之一，存留賑濟；命江西、湖廣補運，輸京師。

　　——（明）宋濂等：《元史》卷二十四，本紀第二十四，《仁宗一》，北京：中華書局點校本，1976年版，第548頁。

　　劉崧（1321-1381），其《送別叔銘僉憲出順承門》中描寫蕎麥：「送客出城秋已涼，太行南上楚天長。順承門外斜陽裡，蕎麥花開似故鄉。」

　　——（明）劉崧：《送別叔銘僉憲出順承門》，見《槎翁詩集》卷八，《七言絕句》，《文淵閣四庫全書》本。

　　泰定初年（1324）。泰定之初，又有所謂助役糧者。其法命江南民戶有田一頃之上者，於所輸稅外，每頃量出助役之田，具書於冊，里正以次掌之，歲收其入，以助充役之費。凡寺觀田，除宋舊額，其餘亦驗其多寡令出田助役焉。民賴以不困，因並著於此云。天下歲入糧數，總計一千二百一十一萬四千七百八石。腹裡，二百二十七萬一千四百四十九石。行省，九百八十四萬三千二百五十八石。遼陽省七萬二千六十六石。河南省二百五十九萬一千二百六十九石。陝西省二十二萬九千二十三石。四川省一十一萬六千五百七十四石。甘肅省六萬五百八十六石。雲南省二十七萬七千七百一十九石。江浙省四百四十九萬四千七百八十三石。江西省一百一十五萬七千四百四十八石。湖廣省八十四萬三千七百八十七石。江南三省天曆元年夏稅鈔數，總計中統鈔一十四萬九千二百七十三錠三十三貫。江浙省五萬七千八百三十錠四十貫。江西省五萬二千八百九十五錠一十一貫。湖廣省一萬九千三百七十八錠二貫。

　　——（明）宋濂等：《元史》卷九十三，志第四十二，《食貨一》，北京：中華書局點校本，1976 年版，第 2360、2361頁。

　　天曆元年（1328）。天曆元年歲課之數：金課：腹裡，四十錠四十七兩三錢。江浙省，一百八十錠一十五兩一錢。江西省，二錠四十兩五錢。湖廣省，八十錠二十兩一錢。河南省，三十八兩六錢。四川省，麩金七兩二錢。雲南省，一百八十四錠一兩九錢。銀課：腹裡，一錠二十五兩。江浙省，一百一十五錠三十九

兩二錢。江西省，四百六十二錠三兩五錢。湖廣省，二百三十六錠九兩。雲南省，七百三十五錠三十四兩三錢。銅課：雲南省二千三百八十斤。鐵課：江浙省，額外鐵二十四萬五千八百六十七斤，課鈔一千七百三錠一十四兩。江西省，二十一萬七千四百五十斤，課鈔一百七十六錠二十四兩。湖廣省，二十八萬二千五百九十五斤。河南省，三千九百三十斤。陝西省，一萬斤。雲南省，一十二萬四千七百一斤。鉛錫課：江浙省，額外鉛粉八百八十七錠九兩五錢，鉛丹九錠四十二兩二錢，黑錫二十四錠一十兩二錢。江西省，錫一十七錠七兩。湖廣省，鉛一千七百九十八斤。礬課：腹裡，三十三錠二十五兩八錢。江浙省，額外四十二兩五錢。河南省，額外二千四百一十四錠三十三兩一錢。硝鹼課：晉寧路，二十六錠七兩四錢。竹木課：腹裡，木六百七十六錠一十五兩四錢，額外木七十三錠二十五兩三錢；竹二錠四十兩，額外竹一千一百三錠二兩二錢。江浙省，額外竹木九千三百五十五錠二十四兩。江西省，額外竹木五百九十錠二十三兩三錢。河南省，竹二十六萬九千六百九十五竿，板木五萬八千六百條，額外竹木一千七百四十八錠三十兩一錢。

——（明）宋濂等：《元史》卷九十四，志第四十三，《食貨二》，北京：中華書局點校本，1976年版，第2383-2385頁。

天歷年間（1328-1330）。（商稅額數）江西行省，六萬二千五百一十二錠七兩三錢。

——（明）宋濂等：《元史》卷九十四，志第四十三，《食貨二》，北京：中華書局點校本，1976年版，第2401頁。

至順二年（1331）。丁亥，命江南、陝西、河南等處富民輸粟補官，江南萬石者官正七品，陝西千五百石、河南二千石、江南五千石者從七品，自餘品級有差。四川富民有能輸粟赴江陵者，依河南例，其不願仕，乞封父母者聽。僧、道輸己粟者，加以師號。徵江浙、江西、湖廣賑糶糧價鈔赴京師。

——（明）宋濂等：《元史》卷三十四，本紀第三十四，《文宗三》，北京：中華書局點校本，1976 年版，第 751 頁。

泛指元代。夫何昔之課斯陶者日舉，今則州家多掛欠？原其故有五，臨川、建陽、南豐產有所奪三也。

——（清）藍浦、鄭廷桂：《景德鎮陶錄》卷七，《古窯考》，見《續修四庫全書》，第 1111 冊，《子部·譜錄類》，上海古籍出版社，第 397 頁。

泛指元代。兼本州山深地寒，止宜晚禾。唯有近郭鄉村，略種早稻。通計十分之內，早稻止有三分。

——（元）劉壎：《呈州轉申廉訪分司救荒狀》，見《水雲村稿》卷一四，《公牘》，《文淵閣四庫全書》本。

泛指元代。婺源官課已重，前官創增萬三千餘緡，提舉司又強委盡辦文引多至五萬餘緡，因頓足大呼曰：「國初天下茶課不過五萬餘緡耳，婺源一州乃七倍國初，天下民何以堪？幾何不為變？」

——（元）劉岳申：《安撫同知羅榮可墓碣》，見《申齋集》

卷一○，《碑誌》，《文淵閣四庫全書》本。

泛指元代。天下歲入糧數總計一千二百十一萬四千七百八石。腹裡，二百二十七萬一千四百四十九石。行省，九百八十四萬三千二百五十八石。遼陽省七萬二千六十六石。河南省二百五十九萬一千二百六十九石。陝西省二十二萬九千二十三石。四川省一十一萬六千五百七十四石。甘肅省六萬五百八十六石。雲南省二十七萬七千七百一十九石。江浙省四百四十九萬四千七百八十三石。江西省一百一十五萬七千四百四十八石。湖廣省八十四萬三千七百八十七石。江南三省天曆元年夏稅鈔數，總計中統鈔一十四萬九千二百七十三錠三十三貫。江浙省五萬七千八百三十錠四十貫。江西省五萬二千八百九十五錠一十一貫。湖廣省一萬九千三百七十八錠二貫。

——（明）宋濂等：《元史》卷九十三，志第四十二，《食貨一》，北京：中華書局點校本，1976 年版，第 2360、2361頁。

泛指元代。竊謂生財有大道，豈小智之所能？餘利不在民，非為國之先務，況有利輕害重，人所共知，法弊事隳，下不堪命者，若不懇陳，其責有在。蒙山銀場提舉司歲辦課銀七百錠，辦納不前，將提舉陳以忠斷罪體究。得本處銀場在亡宋時，官差監場，十分抽二，歸附後至元廿一年，撥糧一萬二千五百石，辦銀五百錠，後節次添撥糧至四萬石。至大元年，撥屬徽政院，每歲辦納不前，往往於民間收買回爐銷煉解納。蓋緣歸附以來近五十

年，本處地面卻能幾何？所用礦料必取於坑洞，薪炭必取於山林，銖兩而求，尺寸而伐，以有限之出應無窮之求，其地產不已竭乎？加以言利小人如陳以忠，先為連年虧額，自願每糧一石減鈔十兩，折收輕齎三十兩，承認額辦，因此致令徽政院易於准言，濫受此職，不數年間卻又陳言欲行添及元數，公然欺罔，雖曰不准，而前後數年，每糧一石，巧立名色收至六十兩，稍或不從，則以輸納遲慢，監鎖棰楚，山野之民畏之如虎，斬木伐屋，典賣妻子者比比皆是。本人所畫之計，不過為身所行之法，惟務害眾為是。本處坑谷已空，薪炭已竭，人力凋弊已甚，侵漁已極，逃移者眾，連年虧兌，蹤跡顯露，計無所施，勉強支撐，中實憂悔，既任其責，欲罷不能。是以又將興國地面銀場協濟煽辦，移江西之害及湖廣之民，及言寧州等處可以煽銀，請於所屬改撥戶糧，造此妄言，苟延殘喘，鄙夫患失無所不至，間之居民欲食其肉。欽惟聖朝富有四海，視此微利何啻毫末？奈何容一介小夫之奸，欺為數郡細民之荼毒，使其害及閭閻。得利十倍，邦本所系，猶不可為，而況所得不敷所費者哉？先以行省所委體勘官瑞州總管史朝列等計料所費，每銀一兩該鈔一錠一十三兩，虧官損民，不便。今銀一兩，雖曰止該官本十四兩，然因礦炭盡絕，燒煉不前，俱係爐戶用錢收買輸納，已是添答鈔兩。至於納官之時，官吏庫子人等百色所需，並帶納折毫，諸班唆剝，及官吏多答鈔數收受輕齎，轉行買納，其弊百端。由是較之，則每銀一兩，本官十四兩外，爐戶又加一倍之費方能了辦。民之所費，皆其脂膏，若謂此非官帑所出，視如不費，則父母之於赤子果有間乎？近年以來，坑洞日以深遠，每入取礦，則必篝火懸繩，橫

穿斜入，竇穴暗小，至行十餘里，巖石之壓塞，水泉之湧溺，其為險惡蓋無可比，加以山嵐毒氣，旦夕攻侵，枉死之人不可勝數。興言及此，誠可流涕。耳目所及，敢不力陳？若以為國有常額，難議除豁，朝廷所用，必不可無，莫若革罷提舉司衙門，將所撥糧四萬石折收銀七百錠，依江東諸郡金課例，每年立限從有司徵收解納，則是每糧一石折收銀八錢七分五釐，每銀一兩該免糧一石一斗四升二合八勺，官不失額，民不被害，回視剝其脂膏，流無窮之害，陷於坎谷，殺無算之人，而所得不償所費者，其為利豈不百倍哉？方今政令一新，次第拯治，於斯之時，若謂設立已久，恢辦有常，憚於更張，因仍循習，則蒙山民瘼日甚一日，未有涯涘也。窮苦之極，其害且有出於經理田糧之外者。卑職親究其事，義不容默，如蒙早為講究施行，疲民幸甚。

——（元）許有壬：《蒙山銀》，見《至正集》卷七五，《公移》，《文淵閣四庫全書》本。

泛指元代。產金之所，在腹裡曰益都、檀、景，遼陽省曰大寧、開元，江浙省曰饒、徽、池、信，江西省曰龍興、撫州，湖廣省曰嶽、澧、沅、靖、辰、潭、武岡、寶慶，河南省曰江陵、襄陽，四川省曰成都、嘉定，雲南省曰威楚、麗江、大理、金齒、臨安、曲靖、元江、羅羅、會川、建昌、德昌、柏興、烏撒、東川、烏蒙。產銀之所，在腹裡曰大都、真定、保定、雲州、般陽、晉寧、懷孟、濟南、寧海，遼陽省曰大寧，江浙省曰處州、建寧、延平，江西省曰撫、瑞、韶，湖廣省曰興國、郴州，河南省曰汴梁、安豐、汝寧，陝西省曰商州，雲南省曰威

楚、大理、金齒、臨安、元江。產珠之所，曰大都，曰南京，曰羅羅，曰水達達，曰廣州。產玉之所，曰於闐，曰匪力沙。產銅之所，在腹裡曰益都，遼陽省曰大寧，雲南省曰大理、澂江。產鐵之所，在腹裡曰河東、順德、檀、景、濟南，江浙省曰饒、徽、寧國、信、慶元、台、衢、處、建寧、興化、邵武、漳、福、泉，江西省曰龍興、吉安、撫、袁、瑞、贛、臨江、桂陽，湖廣省曰沅、潭、衡、武岡、寶慶、永、全、常寧、道州，陝西省曰興元，雲南省曰中慶、大理、金齒、臨安、曲靖、澂江、羅羅、建昌。產朱砂、水銀之所，在遼陽省曰北京，湖廣省曰沅、潭，四川省曰思州。產碧甸子之所，曰和林，曰會川。產鉛、錫之所，在江浙省曰鉛山、台、處、建寧、延平、邵武，江西省曰韶州、桂陽，湖廣省曰潭州。產礬之所，在腹裡曰廣平、冀寧，江浙省曰鉛山、邵武，湖廣省曰潭州，河南省曰廬州、河南。產硝、鹼之所，曰晉寧。若竹、木之產，所在有之，不可以所言也。

　　——（明）宋濂等：《元史》卷九十四，本紀第四十三，《食貨二》，北京：中華書局點校本，1976 年版，第 2377-2379 頁。

　　泛指元代。天下每歲總入之數：酒課：腹裡，五萬六千二百四十三錠六十七兩一錢。遼陽行省，二千二百五十錠一十一兩二錢。河南行省，七萬五千七十七錠一十一兩五錢。陝西行省，一萬一千七百七十四錠三十四兩四錢。四川行省，七千五百九十錠二十兩。甘肅行省，二千七十八錠三十五兩九錢。雲南行省，二十萬一千一百一十七索。江浙行省，一十九萬六千六百五十四錠

二十一兩三錢。江西行省，五萬八千六百四十錠一十六兩八錢。
湖廣行省，五萬八千八百四十八錠四十九兩八錢。醋課：腹裡，
三千五百七十六錠四十八兩九錢。遼陽行省，三十四錠二十六兩
五錢。河南行省，二千七百四十錠三十六兩四錢。陝西行省，一
千五百七十三錠三十九兩二錢。四川行省，六百一十六錠一十二
兩八錢。江浙行省，一萬一千八百七十錠一十九兩六錢。江西行
省，九百五十一錠二十四兩五錢。湖廣行省，一千二百三十一錠
二十七兩九錢。

　　——（明）宋濂等：《元史》卷九十四，志第四十三，《食
貨二》，北京：中華書局點校本，1976 年版，第 2395-2397 頁。

　　元明以來。結砌窯巢昔不可考。自元明來，鎮土著魏姓世其
業，若窯小損壞，只需補修。今都邑人得其法，遂分業補窯一
行，然魏族實有師法薪傳。餘嘗見其排砌磚也，一手挨排粘砌，
每粘一磚只試三下即緊粘不動；其排泥也，雙手合舀一拱泥，向
排砌一層磚中間兩分之，則泥自靠結磚兩路流至腳，砌磚者又一
一執磚排粘，其制泥稠如糖漿，亦不同泥水工所用者。

　　——（清）藍浦、鄭廷桂：《景德鎮陶錄》卷四，《陶務方
略》，見《續修四庫全書》，第 1111 冊，《子部·譜錄類》，上
海：上海古籍出版社，第 380 頁。

▶ 明

明初。銅場，明初，惟江西德興、鉛山。其後四川梁山，山西五台，陝西寧羌、略陽及雲南皆採水銀、青綠。太祖時，廉州巡檢言：「階州界西戎，有水銀坑冶及青綠、紫泥，願得兵取其地。」帝不許。

──（清）張廷玉等：《明史》卷八一，志第五七，《食貨五》，北京：中華書局點校本，1974 年版，第 1973、1974 頁。

明初。木之屬曰桑曰柘。明初令諸州縣民俱植桑柘，舊志載桑園百餘所，然廬陵罕習蠶事，桑園多廢不存。

──（民國）王補等：《廬陵縣志》卷四，《疆域志‧物產》，民國九年（1920）刻本。

洪武元年（1368）。役法定於洪武元年。田一頃出丁夫一人，不及頃者以他田足之，名曰均工夫。尋編應天十八府州，江西九江、饒州、南康三府均工夫圖冊。每歲農隙赴京，供役三十日遣歸。田多丁少者，以佃人充夫，而田主出米一石資其用。非佃人而計畝出夫者，畝資米二升五合。迨造黃冊成，以一百十戶為一里，里分十甲曰里甲。以上、中、下戶為三等，五歲均役，十歲一更造。一歲中諸色雜目應役者，編第均之，銀、力從所便，曰均徭。他雜役，曰雜泛。凡祇應、禁子、弓兵，悉僉市民，毋役糧戶。額外科一錢、役一夫者，罪流徙。後法稍弛，編徭役里甲者，以戶為斷，放大戶而勾單小。於是議者言，均徭之

法，按冊籍丁糧，以資產為宗，核人戶上下，以蓄藏得實也。稽冊籍，則富商大賈免役，而土著困；核人戶，則官吏里胥輕重其手，而小民益窮慼。二者交病。然專論丁糧，庶幾古人租庸調之意。乃令以舊編力差、銀差之數當丁糧之數，難易輕重酌其中。役以應差，里甲除當複者，論丁糧多少編次先後，曰鼠尾冊，按而徵之。市民商賈家殷足而無田產者，聽自占，以佐銀差。正統初，僉事夏時創行於江西，他省仿行之，役以稍平。

——（清）張廷玉等：《明史》卷七十八，志第五十四，《食貨二》，北京：中華書局點校本，1974 年版，第 1904、1905頁。

洪武元年（1368）。洪武元年北伐，命浙江、江西及蘇州等九府，運糧三百萬石於汴梁。已而大將軍徐達令忻、崞、代、堅、台五州運糧大同。中書省符下山東行省，募水工發萊州洋海倉餉永平衛。其後海運餉北平、遼東為定制。其西北邊則浚開封漕河餉陝西，自陝西轉餉寧夏、河州。其西南令川、貴納米中鹽，以省遠運。於時各路皆就近輸，得利便矣。

——（清）張廷玉等：《明史》卷七十九，志第五十五，《食貨三》，北京：中華書局點校本，1974 年版，第 1915 頁。

洪武初年。安遠縣尉楊霄遠描述安遠的情形：「奏為顯天，薄斂免使民逃縣廢事。臣待罪安遠，知安遠一興一廢，立縣者三，又細訪縣中，不聞大姓，且少百年外之家。臣實不解所由，及行查鄉曲，一望林巒，非拾級登峰，丹崖絕壑，即穿坑度凹，

鳥道羊腸，臣不禁涕漣，寸心如碎。乃知安遠者，萬頃山岡一線田而已矣。故四方未旱，獨受旱災，山高徑狹，炎氣如爐，苗嘗蒸壞，驟雨即成水患，名曰倒嶺。沃土尺寸，隨波逐流。夫田少土磽，又糧多則重，無怪乎催科日迫，求生無路，而死無門。或合室全逃，更名換姓；或壯丁遠遁，撇子丟妻。當是時，守土即能員缺額，必遭下考，至若鉛刀末吏人嗷嗷。鴻雁之區，緩徵必誤於官，常嚴比更防夫民變，豈非進退維谷，與民困官，危縣不成縣，及欲不廢如之，何不廢臣。愚以為欲為安遠計久長，非薄斂必不可，非十中薄五六仍不可。伏遇皇上如天好生昆蟲草木，且銜恩況赤子乎。懇察臣言命勘實，如臣不的，寸磔自甘，倘芻蕘可采，薄斂安民，雖處九原，尤當犬馬報效。臣無任惶悚待命之至。」

——（明）楊霄遠：《薄斂疏》，見（清）魏瀛等修，鐘音鴻等纂：《贛州府志》卷六六，《藝文志·明文》，臺北：成文出版社據清同治十二年（1873）刊本影印，1970 年版，第 1173頁。

洪武初期。洪武初，諸產鹽地次第設官。都轉運鹽使司六：曰兩淮，曰兩浙，曰長蘆，曰山東，曰福建，曰河東。鹽課提舉司七：曰廣東，曰海北，曰四川，曰雲南；雲南提舉司凡四，曰黑鹽井，白鹽井，安寧鹽井，五井。又陝西靈州鹽課司一。兩淮所轄分司三，曰泰州，曰淮安，曰通州；批驗所二，曰儀真，曰淮安；鹽場三十，各鹽課司一。洪武時，歲辦大引鹽三十五萬二千餘引。弘治時，改辦小引鹽，倍之。萬曆時同。鹽行直隸之應

天、寧國、太平、揚州、鳳陽，廬州、安慶、池州、淮安九府，滁、和二州，江西、湖廣二布政司，河南之河南、汝寧、南陽三府及陳州。正統中，貴州亦食淮鹽。成化十八年，湖廣衡州、永州改行海北鹽。正德二年，江西贛州、南安、吉安改行廣東鹽。所輸邊，甘肅、延綏、寧夏、宣府、大同、遼東、固原、山西神池諸堡。上供光祿寺、神宮監、內官監。歲入太倉餘鹽銀六十萬兩。兩浙所轄分司四，曰嘉興，曰松江，曰寧紹、曰溫台；批驗所四，曰杭州，曰紹興，曰嘉興，曰溫州；鹽場三十五，各鹽課司一。洪武時，歲辦大引鹽二十二萬四百餘引。弘治時，改辦小引鹽，倍之。萬曆時同。鹽行浙江，直隸之松江、蘇州、常州、鎮江、徽州五府及廣德州，江西之廣信府。所輸邊，甘肅、延綏、寧夏、固原、山西神池諸堡。歲入太倉餘鹽銀十四萬兩。

——（清）張廷玉等：《明史》卷八十，志第五十六，《食貨四》，北京：中華書局點校本，1974 年版，第 1931、1932頁。

洪武六年（1373）。鐵冶所，洪武六年置。江西進賢、新喻、分宜，湖廣興國、黃梅，山東萊蕪，廣東陽山，陝西鞏昌，山西吉州二，太原、澤、潞各一，凡十三所，歲輸鐵七百四十六萬餘斤。

——（清）張廷玉等：《明史》卷八十一，志第五十七，《食貨五》，北京：中華書局點校本，1974 年版，第 1973 頁。

洪武六年（1373）。洪武六年，置江西、湖廣、山東、陝

西、山西各鐵冶，凡十三所，歲輸鐵七百四十六萬餘斤。河南、四川亦有鐵冶。

——（清）龍文彬：《明會要》卷五七，《食貨五》，北京：中華書局點校本，1956 年版，第 1099、1100 頁。

洪武十五年（1382）。十五年四月壬辰，免畿內、浙江、江西、河南、山東稅糧。

——（清）龍文彬：《明會要》卷五四，《食貨二》，北京：中華書局點校本，1956 年版，第 1016 頁。

洪武二十四年（1391）。大明洪武二十四年，本府歲半各色課鈔，茶課一萬三千三百六十一貫一百九十文，酒醋課鈔一千六百三十貫九百六十文，油榨課鈔一千五十七貫七百五十文，水碓課鈔一千三百五十貫六百文，水磨課鈔一千二百五十三貫八百文，府學地租鈔四貫四百一十文，商稅課鈔九百一十二貫二百五十四文，魚課鈔九百四十三貫一百二十六文，契稅課鈔九百一十二貫二百五十四文，魚油折納桐油一千三百八十七斤一十五兩四錢八分，魚鰾折納桐油七斤一兩六錢。

——（明）徐璉修、嚴嵩纂：《袁州府志》卷二，《貢賦》，上海：上海古籍書店據寧波天一閣藏明正德刻本景印，1963 年版。

洪武二十七年（1394）。明洪武二十七年，奉例度地開設城鄉二百七十一處，栽桑及棗共得二萬七千八百一十二株，亦古先

王授衣剝棗之遺意也。

　　——（清）文聚奎等修，吳增逵等纂：《新余縣志》卷二，
《地理二‧物產》，臺北：成文出版社據同治十二年（1873）刊
本影印，1989 年版，第 449 頁。

　　洪武三十年（1397）。三十年二月，工部尚書嚴震直疏言：
「廣東舊運鹽八十五萬引，於廣西召商中買。今終歲所運才十之
一。請分三十萬八千餘引貯廣東，別募商入粟廣西乏糧衛所，而
支鹽廣東，鬻之江西之南安、贛州、吉安、臨江四府，便。」帝
從之。廣鹽行於江西，自此始。

　　——（清）龍文彬：《明會要》卷五五，《食貨三》，北京：
中華書局點校本，1956 年版，第 1051、1052 頁。

　　永樂二年（1404）。二年，諭工部：「安徽、蘇、松、浙江、
江西、湖廣，凡湖泊卑下、圩案傾頹，亟督有司治之。」

　　——（清）龍文彬：《明會要》卷五三，《食貨一》，北京：
中華書局點校本，1956 年版，第 994、995 頁。

　　永樂四年（1406）。採木之役，自成祖緝治北京宮殿始。永
樂四年遣尚書宋禮如四川，侍郎古樸如江西，師逵、金純如湖
廣，副都御史劉觀如浙江，僉都御史史仲成如山西。

　　——（清）張廷玉等：《明史》卷八十二，志第五十八，《食
貨六》，北京：中華書局點校本，1974 年版，第 1995 頁。

永樂十年（1412）。十年，宋禮言：「海運經歷險阻，每歲船輒損敗，有漂沒者。有司修補，迫於期限，多科斂為民病，而船亦不堅。計海船一艘，用百人而運千石；其費可辦河船容二百石者二十船，用十人可運四千石。以此而論，利病較然。請撥鎮江、鳳陽、淮安、揚州及兗州糧合百萬石，從河運給北京。」宋禮既治會通河成。朝廷議罷海運，以平江伯陳瑄董漕運。瑄議造淺船二千餘艘，初運二百萬石，寖至五百萬石，國用以饒。江南漕舟抵淮安，陸運以達清河，勞費甚巨。十三年，瑄用故老言，請開清江浦，引漕舟直達於河。時，淮、徐、臨清、德州各有倉，江西、湖廣、浙江民運糧至淮安倉，分遣官軍就近挽運：自淮至徐，以浙、直軍；自徐至德，以京衛軍；自德至通，以山東、河南軍；以次遞運。歲凡四次，可五百萬餘石，名曰「支運」。由是海陸二運皆罷。

——（清）龍文彬：《明會要》卷五六，《食貨四》，北京：中華書局點校本，1956 年版，第 1064 頁。

永樂中期。永樂中，江西西山置官局造紙，最厚大而好者曰連七、曰觀音紙。後改局信州，遂無複造者，止土棉紙及火紙。邇復有紗綿者，薄而堅，可任帳材。

——（清）杜林修，彭鬥山纂：《安義縣志》卷一，《地理志·物產》，臺北：成文出版社據清同治十年（1871）刊本影印，1975 年版，第 364、365 頁。

永樂中期。天下衛所軍士月糧，洪武中，令京外衛馬軍月支

米二石，步軍總旗一石五斗，小旗一石二斗，軍一石。城守者如
數給，屯田者半之。民匠充軍者八斗，牧馬千戶所一石，民丁編
軍操練者一石，江陰橫海水軍稍班、碇手一石五斗。陣亡病故軍
給喪費一石，在營病故者半之。籍沒免死充軍者謂之恩軍，家四
口以上一石，三口以下六斗，無家口者四斗。又給軍士月鹽，有
家口者二斤，無者一斤，在外衛所軍士以鈔准。永樂中，始令糧
多之地，旗軍月糧，八分支米，二分支鈔。後山西、陝西皆然，
而福建、兩廣、四川則米七鈔三，江西則米鈔中半，惟京軍及中
都留守司，河南、浙江、湖廣軍，仍全支米。已而定制，衛軍有
家屬者，月米六斗，無者四斗五升，餘皆折鈔。凡各衛調至京操
備軍兼工作者，米五斗。其後增損不一，而本折則例，各鎮多寡
不同，不能具舉。

　　——（清）張廷玉等：《明史》卷八十二，志第五十八，《食
貨六》，北京：中華書局點校本，1974 年版，第 2004 頁。

　　永樂年間。自浚會通河，帝命都督賈義、尚書宋禮以舟師
運。禮以海船大者千石，工窳輒敗，乃造淺船五百艘，運淮、
揚、徐、兗糧百萬，以當海運之數。平江伯陳瑄繼之，頗增至三
千餘艘。時淮、徐、臨清、德州各有倉。江西、湖廣、浙江民運
糧至淮安倉，分遣官軍就近挽運。

　　——（清）張廷玉等：《明史》卷七十九，志第五十五，《食
貨三》，北京：中華書局點校本，1974 年版，第 1916 頁。

　　永樂年間。唐文鳳（1414 年前後在世），其《永和鎮》云：

「永和古名市，益國是家鄉。窯變胚胎器，街存瓦礫牆。山川奪秀色，天地啟珍藏。寂寞書台在，茫茫春草長。」

——（明）唐文鳳：《梧岡集》卷三，《五言律詩》，《文淵閣四庫全書》本。

永樂、宣德年間。大學士楊士奇稱：「贛為郡，居江右上流，所治十邑皆僻遠，民少而散處山溪間，或數十里不見民居。里胥持公牌徵召，或行數日不底其舍。而岩壑深邃，瘴煙毒霧，不習而冒之輒病，而死者常什七八。」

——（明）楊士奇：《送張玉鳴序》，見（清）魏瀛等修，鐘音鴻等纂：《贛州府志》卷六六，《藝文志‧明文》，臺北：成文出版社據清同治十二年（1873）刊本影印，1970 年版，第1180 頁。

宣德四年（1429）。宣德四年，瑄及尚書黃福建議複支運法，乃令江西、湖廣、浙江民運百五十萬石於淮安倉，蘇、松、寧、池、廬、安、廣德民運糧二百七十四萬石於徐州倉，應天、常、鎮、淮、揚、鳳、太、滁、和、徐民運糧二百二十萬石於臨清倉，令官軍接運入京、通二倉。民糧既就近入倉，力大減省，乃量地近遠，糧多寡，抽民船十一或十三、五之一以給官軍。惟山東、河南、北直隸則徑赴京倉，不用支運。尋令南陽、懷慶、汝寧糧運臨清倉，開封、彰德、衛輝糧運德州倉，其後山東、河南皆運德州倉。

——（清）張廷玉等：《明史》卷七十九，志第五十五，《食

貨三》，北京：中華書局點校本，1974 年版，第 1916、1917
頁。

　　宣德四年（1429）。宣德四年，以官軍多所調遣，仍用民
運，道遠數衍期。瑄及尚書黃福建議，復支運法，乃令江西、湖
廣、浙江民運百五十萬石於淮安倉、蘇、松、寧、池、廬、安、
廣德民運二百七十四萬石於徐州倉，應天、常、鎮、淮、揚、
鳳、太、滁、和、徐民運二百二十萬石於臨清倉，令官軍接運至
京。
　　——（清）龍文彬：《明會要》卷五六，《食貨四》，北京：
中華書局點校本，1956 年版，第 1064、1065 頁。

　　宣德四年（1429）。洪武定制，有商稅而無船稅。宣德四
年，戶部尚書郭資請沿兩京水道，設關收鈔。於是置漷縣、濟
寧、徐州、淮安、揚州、上新河、滸墅、九江、金沙洲、臨清、
北新諸鈔關，量舟大小修廣，而差其額，謂之船料，不稅其貨。
惟臨清、北新則兼收貨稅。各差御史及戶部主事監收。自南京至
通州，經淮安、濟寧、徐州、臨清，每船百料納鈔百貫。及鈔法
通，川料百貫者減至六十貫。
　　——（清）龍文彬：《明會要》卷五七，《食貨五》，北京：
中華書局點校本，1956 年版，第 1090 頁。

　　宣德六年（1431）。六年，瑄言：「江南民運糧諸倉，往返
幾一年，誤農業。令民運至淮安、瓜洲，兌與衛所。官軍運載至

北，給與路費耗米，則軍民兩便。」是為兌運。命群臣會議。吏部蹇義等上官軍兌運民糧加耗則例，以地遠近為差。每石，湖廣八斗，江西、浙江七斗，南直隸六斗，北直隸五斗。民有運至淮安兌與軍運者，止加四斗，如有兌運不盡，仍令民自運赴諸倉，不願兌者，亦聽其自運。軍既加耗，又給輕齎銀為洪閘盤撥之費，且得附載他物，皆樂從事，而民亦多以遠運為艱。於是兌運者多，而支運者少矣。軍與民兌米，往往恃強勒索。帝知其弊，敕戶部委正官監臨，不許私兌。已而頗減加耗米，遠者不過六斗，近者至二斗五升。以三分為率，二分與米，一分以他物准。正糧斛面銳，耗糧俱平概。運糧四百萬石，京倉貯十四，通倉貯十六。臨、徐、淮三倉各遣御史監收。

　　——（清）張廷玉等：《明史》卷七十九，志第五十五，《食貨三》，北京：中華書局點校本，1974 年版，第 1917 頁。

　　正統元年（1436）。正統元年，浮梁民進瓷器五萬餘，償以鈔。禁私造黃、紫、紅、綠、青、藍、白地青花諸瓷器，違者罪死。宮殿告成，命造九龍九鳳膳案諸器，既又造青龍白地花缸。王振以為有璺，遣錦衣指揮杖提督官，敕中官往督更造。成化間，遣中官之浮梁景德鎮，燒造御用瓷器，最多且久，費不貲。孝宗初，撤回中官，尋復遣。弘治十五年復撤。正德末復遣。自弘治以來，燒造未完者三十餘萬器。嘉靖初，遣中官督之。給事中陳皋謨言其大為民害，請罷之。帝不聽。十六年新作七陵祭器。三十七年遣官之江西，造內殿醮壇瓷器三萬，後添設饒州通判，專管御器廠燒造。是時營建最繁，近京及蘇州皆有磚廠。隆

慶時，詔江西燒造瓷器十餘萬。萬曆十九年命造十五萬九千，既而復增八萬，至三十八年未畢工。自後役亦漸寢。

　　——（清）張廷玉等：《明史》卷八十二，志第五十八，《食貨六》，北京：中華書局點校本，1974 年版，1998、1999 頁。

　　正統元年（1436）。正統元年，令浙江、直隸、松、蘇等處官田，准民田起科。每畝四斗一升至二石以上者，減作三斗；二斗一升以上至四斗者，減作二斗；一斗一升至二斗者，減作一斗。副都御史周銓言：「行在各宮俸支米南京，道遠費多，所餘無幾。請於直省不通舟楫之州縣，折收布、絹、白金，解京充俸。」江西巡撫趙新、尚書黃福亦以為言。帝問尚書胡濙。濙言：「太祖時，嘗折納稅糧於陝西、浙江，民以為便。」遂仿其制。米麥一石折銀二錢五分。南畿、浙江、江西、湖廣、福建、廣東、廣西米麥共四百餘萬石，折銀百萬餘兩，入內承運庫，謂之「金花銀」。其後概行於天下。自起運兌運外，糧四石折銀一兩解京，以為永例。由是，諸方賦入折銀者幾半，而倉廩之積漸少矣。

　　——（清）龍文彬：《明會要》卷五四，《食貨二》，北京：中華書局點校本，1956 年版，第 1011、1012 頁。

　　正統元年（1436）。英宗初政，三楊當軸，減南畿孳牧黃牛四萬，糖蜜、果品、脡脯、酥油、茶芽、粳糯、粟米、藥材皆減省有差，撤諸處捕魚官。即位數月，多所撙節。凡上用膳倉器皿三十萬七千有奇，南工部造，金龍鳳白瓷諸器，饒州造，朱紅膳

盒諸器，營膳所造，以進宮中食物，尚膳監率乾沒之。帝令備帖具書，如數還給。

　　——（清）張廷玉等：《明史》卷八十二，志第五十八，《食貨六》，北京：中華書局點校本，1974 年版，第 1990 頁。

　　正統元年（1436）。至正統元年，副都御史周銓言：「行在各衛官俸支米南京，道遠費多，輒以米易貨，貴買賤售，十不及一。朝廷虛糜廩祿，各官不得實惠。請於南畿、浙江、江西、湖廣不通舟楫地，折收布、絹、白金，解京充俸。」江西巡撫趙新亦以為言，戶部尚書黃福複條以請。帝以問行在戶部尚書胡濙。濙對以太祖嘗折納稅糧於陝西、浙江，民以為便。遂仿其制，米麥一石，折銀二錢五分。南畿、浙江、江西、湖廣、福建、廣東、廣西米麥共四百餘萬石，折銀百萬餘兩，入內承運庫，謂之金花銀。其後概行於天下。自起運兌軍外，糧四石收銀一兩解京，以為永例。諸方賦入折銀，而倉廩之積漸少矣。

　　——（清）張廷玉等：《明史》卷七十八，志第五十四，《食貨二》，北京：中華書局點校本，1974 年版，第 1895、1896 頁。

　　正統四年（1439）。四年，奏准：江西、浙江、福建並直隸、蘇、松等府，凡官民田地有因水塌漲去處，令所在有司逐一丈量，給予附近小民承種，照民田起科。塌沒無田者，悉與開豁種糧。

　　——（清）龍文彬：《明會要》卷五三，《食貨一》，北京：

中華書局點校本，1956 年版，第 983 頁。

正統十二年（1447）。禁江西饒州府私造黃、紫、紅、綠、青、藍、白地、青花等瓷器，命都察院榜諭其處，有敢仍冒前禁者，首犯凌遲處死，籍其家貲，丁男充軍邊衛，知而不以告者連坐。

——《明英宗實錄》卷一六一，「正統十二年十二月甲戌」條，臺北：中央研究院歷史語言研究所，1965 年，第 3132 頁。

正統十四年（1449）。河南右布政使年富言：「陳、潁二州逃戶不下萬餘，皆北人，性魯，為江西人誘之刁潑，請驅逐江西人，以絕奸萌。」都察院言：「江西人在河南者眾，如概驅逐之，恐生變宜，但逐其逋逃者，其為商者，勿逐。」從之。

——《明英宗實錄》卷一八四，「正統十四年冬十月辛亥」條，臺北：中央研究院歷史語言研究所，1965 年，第 3617 頁。

成化元年（1465）。成化元年，罷蘇州、淮、揚、臨清、九江、金沙洲等處船料鈔。又令各處船料俱錢、鈔中半兼收。二年，差主事二員於九江、金沙洲監收船料鈔，定為則例。

——（清）龍文彬：《明會要》卷五七，《食貨五》，北京：中華書局點校本，1956 年版，第 1091 頁。

成化四年（1468）。秋七月，新任吉安府知府許聰云：「吉安地方雖廣，而耕作之田甚少；生齒雖繁，而財穀之利未殷。文

人賢士固多，而強宗豪右亦不少。或互相爭鬥，或彼此侵漁，囂訟大興，刁風益肆。近則投詞狀於司府，日有八九百；遠則致勘合於省台，歲有三四千。往往連逮人眾，少不下數十，多或至百千。其間負固不服者，經年行提不出；恃頑變詐者，累歲問理不結。良善被其枉害，小民不得安生。況賦役浩繁，路當衝要，且遭饑荒之年，若非請敕權宜處置，則法欲立而職有窒礙，志欲行而事有掣肘。望其興利除害，弭災安民，難矣吏部為言於上特賜以敕」。

　　——《明憲宗實錄》卷五六，「成化四年秋七月癸未」條，臺北：中央研究院歷史語言研究所，1965 年。

　　成化五年（1469）。江（東）〔西〕臨江府新淦縣民人謝廷碩言：本處（自）〔有〕等土豪之民，置有莊田、房屋或二十餘處，其心猶有不足。一見附近人民有好山園陸地，輒起謀心。將遠年錢債輾轉，違例取息，窘迫致極，貧民無從納還，只得將前園地並房屋寫作賣地，甚至受害不過，又有虛寫文契，一夕棄家逃走；（遭）〔遺〕下產業，豪民即行管業，（詿）〔誰〕敢言辯。

　　——（明）戴金編：《皇明條法事類纂》，上冊卷二〇，《禁約私債准折田土等項例》，據東京大學附屬圖書館館藏鈔本影印，東京：古典研究會，1966 年，第 496 頁。

　　成化十年（1474）。江西人民將帶絹尺火藥等件，指以課命，前來易賣銅錢。在彼取妻生子；費用盡絕，糾合四川糧大雲南逃軍，潛入生拗西番帖帖山投番，取集八百餘人，稱呼「天

哥」，擅立官廳，編造木牌，煎銷銀礦，偷盜牛馬宰殺。

——（明）戴金編：《皇明條法事類纂》，上冊卷二九，《江西人不許往四川地方交結夷人訐告私債例》，據東京大學附屬圖書館館藏鈔本影印，東京：古典研究會，1966 年，第 716、717頁。

成化十年（1474）。吉安府廬陵縣民王集典言一件：「方今天下為小民之害者，莫甚於豪強之徒挾其富盛之勢，又有伴當為爪牙，以取其威。貧民佃其田者，雖凶災水旱，亦不免被其勒取全租；貸其錢者，則皆被其違禁酷取，有自永樂、宣德、正統、景泰、天順年間起至今，錢債已還，而文約被其勢留，重行勒取，或挾勢要其子女以為驅使，或勒寫其田宅以為己有。田戶役而勒害，有因稅糧而遇徵，使小民不得安生，而多逃移他處。」

——（明）戴金編：《皇明條法事類纂》，上冊卷二〇，《債主關俸問不應》，據東京大學附屬圖書館館藏鈔本影印，東京：古典研究會，1966 年，第 500、501 頁。

成化十四年（1478）。犯人方敏，招係江西饒州府浮梁縣人。成化十四年三月內，敏明知有例《軍民人等不許私出外洋船接番貨》，不合故違，商同弟方祥、方洪，各不合依聽，共湊銀六百兩，買得青白花碗、碟、盆、盞等項磁器共二千八百個，用舡裝至廣城河下。遇有熟識廣東揭陽縣民陳祐、陳榮，海陽縣民吳孟，各帶青白苧麻等布，亦在本處貨賣。敏等訪得南海外洋有私番舡一隻出沒，為因上司嚴禁無人接貨，各不合與陳祐、陳

榮、吳孟謀允，雇到廣東東莞縣民梁大英，亦不合依聽，將自造違式雙桅槽舡一隻，裝載前項磁器並布貨，於本年五月二十二日，開舡超過緣邊官富等處巡檢司，達出外洋到於金門地方，遇見私番舡一隻在彼。敏等將本舡磁器並布貨換得胡椒二百一十二包，黃臘一包，烏木六條，沉香一扁箱，錫二十塊過舡。番舡隨即掛蓬使出外洋不知去向，敏等艚舡使回裡海，致被東安千戶所備倭百戶郭慶等哨見，連人舡貨物捉獲。

　　——（明）戴金編：《皇明條法事類纂》，上冊卷二〇《接買番貨》，據東京大學附屬圖書館館藏鈔本影印，東京：古典研究會，1966 年，第 514、515 頁。

　　成化十五年（1479）。成化十五年，山民劉陳鑿山燔炭，妄言銀礦之利，誘扇閩賊聚徒僮萬採鑿，既無所得，遂劫掠居民，焚蕩室廬，殺傷官軍及知府謝公士元，死者相枕，藉於道路，酸楚之聲，至今未絕。當時賴都御史閔太監鄧親冒矢石，督勵士卒攘卻鼠輩，然竟不能捕獲其首謀，窮治其黨與者，何也？蓋夷獠之情，蜂屯蟻散，深居簡出，山林畏佳，草樹茂審，錯於斷蹊絕壑之間，此夷獠之所以為障蔽阻固，而官軍之所以不能追討窮治者也。故設立屯堡，編輯機快架木疊石，以為險固，而民始得一夕之安。今復欲開鑿，公示利端，則嶺上之夷獠、百越之窮民必有舞鋤弄梃、咆哮跳樑於穀中者。如正統間山賊葉宗留竊發銅唐，與官兵抗敵，指揮葉某、總兵陳某、知縣鄧顯皆死於亂。其山亦有銅鐵之利，至今禁不肯開者，亦恐利端一啟，獠賊突出，不可複製，將以杜禍亂之萌也。且本坑雖以銀名，其實山石比之

市井淘沙者，為力百倍。今以百斤礦石計之，舂磨淘汰，爐冶融液，百度經營，得銀不能分釐，曾不足以償窮民之傭直。

——（明）管景纂修：《永豐縣志》卷三，《寨隘》，上海：上海古籍書店據寧波天一閣藏明嘉靖刻本景印，1964 年。

成化二十二年（1486）。據江西按察司呈，該守備南、贛二府地方指揮僉事戴賢、贛州府知府李瑄各呈稱，南、贛二府地方，地廣山深，居民頗少。有等富豪大戶不守本分，吞併小民田地，四散置為莊所。鄰近小民畏避差徭，攜家逃來，投為佃戶，或收充家人。種伊田土，則不論荒熟，一概逼取租穀。借伊錢債，則不論有無，一概累算利息。

——（明）戴金編：《皇明條法事類纂》，下冊附編，《禁約江西大戶逼迫故縱佃僕為盜其窩盜三名以上充軍例》，東京：古典研究會，1966 年，第 719 頁。

成化年間（1465-1487）。荊湖之地，田多而人少；江右之地，田少而人多，江右之人大半僑寓於荊湖。蓋江右之地力，所出不足以給其人，必資荊湖之粟以為養也。江右之人，群於荊湖，既不供江右公家之役，而荊湖之官府，亦不得以役之焉，是並失也。臣請立為通融之法。凡江右之民寓於荊湖，多歷年所，置成產業者，則名以稅戶之目。其為人耕佃者，則曰「承佃戶」。專於販易傭作者，則曰「營生戶」。

——（明）丘浚：《江右民遷荊湖議》，見（明）陳子龍：《明經世文編》卷七二，《丘文莊公集二》，北京：中華書局，1962

年版，第 608、609 頁。

成化年間（1465-1487）。成化間，遣中官之浮梁景德鎮，燒造御用瓷器，最多且久，費不貲。孝宗初，撤回中官，尋復遣。弘治十五年復撤。正德末復遣。

——（清）張廷玉等：《明史》卷八十二，志第五十八，《食貨六》，北京：中華書局點校本，1974 年版，第 1999 頁。

成化年間（1465-1487）。有浙江、江西等布政司安福、龍游等縣商人等，不下三五萬人，在衛府座理，遍處城市、鄉村、屯堡安歇，生放錢債，利上生利，收債米穀，賤買貴賣，娶妻生子，置奴僕，二三十年不回原籍。

——（明）戴金編：《皇明條法事類纂》，上冊卷一二，《雲南按察司查究江西等處客人朶住地方生事例》，據東京大學附屬圖書館館藏鈔本影印，東京：古典研究會，1966 年，第 286 頁。

成化末年。本縣土產藍草，長尺四五寸，故其為靛，色雖淡而價甚高，由於土人少種故也。成化末年，有自福汀販買藍子至者，於是洲居之民，皆得而種之，不數年，藍靛之出，與汀州無異，商販亦皆集焉。

——（清）楊訒：《泰和縣志》卷一一，《食貨志·土產》光緒六年（1826）刻本。

弘治十二年（1499）。修築大有圩、富有圩。吾南昌、鐘陵

等都父老群詣吾廬言：各都下自牛尾垎，上至石亭莊，又下自青山湖，上至鐵船港，沿江紆回殆三十餘里，其內東南直齊城岡至瑤湖，西南至大乘橋，至艾溪湖，又直孟母橋至桃花塘，橫廣周回民田殆數十萬畝，民賦殆數十百石。常年章江水漲下流，為趙家等圩障扼水輒溢入，大為民田之災。如更遇霖雨兼旬，湖不能吞而交漲，則渺焉蛟龍魚鱉之區矣。田據高仰，患猝不及。其在卑窪，則或甫蒔甫耘，而即被淹死。或甫秀甫實，而遂爾無收。又或漲甫消，而布種重加未幾漲復至，而工食重費矣。富人而小民坐此窘迫，逃亡不可殫紀，蓋富人擇田多高饒，小民餘田多卑窪之田。雖迭被災傷，而賦役有定非可脫者，賠納承當不免舉貸，舉貸不足繼以典鬻，典鬻已罄不容不逃，其為痛苦無告，百有餘年於茲矣。宣德正統間，鄉官教諭胡希嶽，嘗奉文興築長圩，貧民無福功竟未舉。今宏（弘）治十二年冬十月，吾等鄉老俱情走愬於郡守祝侯，侯聞而惕然，即偕通守應公張公舍輿從騎冒赤日蔽黃埃恭臨其地，見水漲所及，赤地彌望，太息傍惶者久之，曰：茲豈非吾人之急務哉。乃沿江相地形之高下，計工食之多寡。時正饑饉，謀發預備賑濟之穀，用為雇募，並築之資救饑。興利一舉兩得。經畫自牛尾垎至石亭莊為一圩，名曰大有圩。自青山湖至鐵船港為一圩，名曰富有圩。水出入必有啟閉，大之為閘，小至為視，皆用巨石。

    ——（明）張元禎：《富大二圩碑記》，見（清）陳紀麟等：《南昌縣志》卷三，《建置志下·圩堤》，清同治九年（1870）刻本。

弘治十二年（1499）。明弘治十二年，知府祝瀚修築圩岸六十有四，號祝公圩。嘉靖元年，洪水決餘家塘、雙坑二圩。修治三年乃底績。三十八年知府韓弼增修為土溪閘，蔭八都田浚，甘家湖、連珠湖、鄰家湖泄於斗門閘，入平港。鄒文莊守益有記。

——（清）顧錫鬯、蔡正筠：《南昌縣志》卷五，《水利》，清乾隆十六年（1751）刻本。

弘治十五年（1502）。在輸往中央物資中，江西布政司上交的絲棉及其織品主要有：絲綿折捐八千二十九匹二丈三尺八寸四分八釐，本色絲八千二百三斤一十一兩一千一分一釐四毫，農桑絲折捐三千四百八十六匹一丈二尺一寸一分五釐，苧布一千三百四十一匹二尺四寸，鈔六千八百五十六錠六十八文。

——（明）申時行等修、趙用賢等纂：《大明會典》卷二四，《會計一·糧稅一》，見《續修四庫全書·史部·政書類》，上海：上海古籍出版社，1995 年版，第 404、405 頁。

弘治中期。弘治中，江西巡撫林俊請建常平及社倉。

——（清）龍文彬：《明會要》卷五六，《食貨四》，北京：中華書局，1956 年版，第 1077 頁。

弘治中期。弘治中，江西巡撫林俊嘗請建常平及社倉。嘉靖八年乃令各撫、按設社倉。令民二三十家為一社，擇家殷實而有行義者一人為社首，處事公平者一人為社正，能書算者一人為社副，每朔望會集，別戶上中下，出米四斗至一斗有差，斗加耗五

合，上戶主其事。年饑，上戶不足者量貸，稔歲還倉。中下戶酌量振給，不還倉。有司造冊送撫、按，歲一察核。倉虛，罰社首出一歲之米。其法頗善，然其後無力行者。

——（清）張廷玉等：《明史》卷七十九，志第五十五，《食貨三·漕運倉庫》，北京：中華書局點校本，1974 年版，第1926 頁。

弘治年間（1488-1505）。弘治時，大學士劉吉言：「近年工役，俱摘發京營軍士，內外軍官禁不得估工用大小多寡。本用五千人，奏請至一二萬，無所稽核。」禮部尚書倪岳言：「諸役費動以數十萬計，水旱相仍，乞少停止。」南京禮部尚書童軒複陳工役之苦。吏部尚書林瀚亦言：「兩畿頻年凶災，困於百役，窮愁怨歎。山、陝供億軍興，雲南、廣東西征發剿叛。山東、河南、湖廣、四川、江西興造王邸，財力不贍。浙江、福建辦物料，視舊日增多。庫藏空匱，不可不慮。」帝皆納其言，然不能盡從也。

——（清）張廷玉等：《明史》卷七十八，志第五十四，《食貨二·賦役》，北京：中華書局點校本，1974 年版，第 1906、1907 頁。

弘治年間（1488-1505）。明弘治間修築圩堤六十四所。
——（清）顧錫鬯、蔡正筠：《南昌縣志》卷五，《水利》，清乾隆十六年（1751）刻本。

弘治年間（1488-1505）。（袁州府）弘治間歲辦各色課程鈔四千九百四十六錠二貫五百九十一文。茶課鈔八百三十六錠一貫四百六十六文，酒醋課鈔一百一十四錠二貫八百六十四文，油榨課鈔八十一錠四貫四百三文，水碓課鈔一百一十一錠一貫六文，水磨課鈔二十三錠三貫六百文，府學地租鈔一貫四百七十文，山租課鈔一十三錠一貫二百八十四文，竹木山租鈔三千四百三十五錠四貫三百五十二文，沒官房地租鈔一百六十九錠三貫六百九十二文，廢寺地租鈔一貫一百文，橾樹課鈔四貫六百六十九文，磚瓦窯課鈔四錠一貫六百文，粗瓦碗窯一十錠，黑瓦窯課鈔四錠二貫一十文，學院地租鈔一貫六百四十文，茶引油課鈔一百三十九錠二貫四百四十五文，商稅課鈔一萬四千三百九十六錠四百三十四文，比附課鈔二百六十九錠三貫二百二十文，契稅工本鈔三百五十六錠四百二十六文，魚課鈔四百七十一錠一貫一百一十一文，魚油折納桐油九百八十斤一十三兩六錢八分，魚鰾本色二斤一十一兩，折色一斤一十兩，折納桐油一斤一十兩，正德間同。鹽鈔：大明本府人戶每口連閏，納鈔六貫五百文，共鈔三十八萬二千六百貫有奇。

——（明）徐璉修、嚴嵩纂：《袁州府志》卷二，《貢賦》，上海：上海古籍書店據寧波天一閣藏明正德刻本景印，1963 年版。

弘治年間（1488-1505）。《明孝宗實錄》（1488-1505）記載：「江西盜之起由賦役不均。官司坐派稅糧等項，往往徇情畏勢，蔭佑巨害，貽害小民，以致窮困無聊，相率為盜。而豪家大姓假

以佃客等項名色窩藏容隱，及至事發，曲為打點脫免，互相仿效，恬不為怪。」

——《明孝宗實錄》卷一九一，「弘治十五年九月癸巳」條，臺北：中央研究院歷史語言研究所，1965 年，第 3534 頁。

弘治至嘉靖年間。羅洪先（1504-1564），其《念庵集》載：吉郡地雖廣，然生齒甚繁，不足以食眾，其人往往業四方，歲久不一歸，或即流落，不識家世何在。而長沙與吉郡接畛，其產故饒，其留滯又為特甚。

——（明）羅洪先：《明故白竹山徙柘鄉族叔北軒墓誌銘》，見《念庵文集》卷一五，《墓誌銘》，《文淵閣四庫全書》本。

弘治、正德年間。有吉安府龍泉、萬安、泰和三縣，並南安府所屬大庾等三縣居民無籍者，往往攜帶妻女，入佘為盜。行劫則指引道路，征剿則通報消息，尤為可惡。

——（明）王守仁：《諮報湖廣巡撫右副都禦史秦夾攻事宜》，見《王文成全書》卷一六，《別錄》，《文淵閣四庫全書》本。

弘治、正德年間。其初佘賊，原係廣東流來。先年，奉巡撫都御史金澤行令安插在此，不過砍山耕活。年久日深，生長日蕃，羽翼漸多；居民受其殺戮，田地被其佔據。又且潛引萬安、龍泉等縣避役逃民並百工技藝遊食之人，雜處於內，分群聚黨，動以萬計。始漸虜掠鄉村，後乃攻劫郡縣。近年肆無忌憚，遂立

總兵，僭擬王號；罪惡貫盈，神人共怒。

　　——（明）王守仁：《立崇義縣治疏》，見《王文成全書》卷一〇，《別錄二》，《文淵閣四庫全書》本。

　　正德二年（1507）。先是，成化間行長運之法。江南州縣運糧至南京，令官軍就水次兌支，計省加耗輸挽之費，得餘米十萬石有奇，貯預備倉以資緩急之用。至是，巡撫都御史以兌支有弊，請令如舊上倉而後放支。戶部言：「兌支法善，不可易。」詔從部議，以所餘就貯各衛倉，作正支銷。又從戶部言，山東改兌糧九萬石，仍聽民自運臨、德二倉，令官軍支運。正德二年，漕運官請疏通水次倉儲，言：「往時民運至淮、徐、臨、德四倉，以待衛軍支運，後改附近州縣水次交兌。已而並支運七十萬石亦令改兌。但七十萬石之外，猶有交兌不盡者，民仍運赴四倉，久無支銷，以致陳腐。請將浙江、江西、湖廣正兌糧米三十五萬石，折銀解京，而令三省衛軍赴臨、德等倉，支運如所折之數。則諸倉米不腐，三省漕卒便於支運。歲漕額外，又得三十五萬折銀，一舉而數善具矣。」帝命部臣議，如其請。六年，戶部侍郎邵寶以漕運遲滯，請復支運法。戶部議，支運法廢久，不可卒復，事遂寢。

　　——（清）張廷玉等：《明史》卷七十九，志第五十五，《食貨三·漕運倉庫》，北京：中華書局點校本，1974 年版，第1919、1920 頁。

　　正德十三年（1518）。十三年十月，南贛巡撫王守仁請疏通

鹽法。初，廣鹽止行於南贛，而淮鹽行於袁、臨、吉三府。因灘高，民苦乏鹽。守仁乃上議，以為廣鹽行則商稅集而軍餉足，廣鹽止則私販興而奸弊滋，請復開廣鹽便。從之。

——（清）龍文彬：《明會要》卷五五，《食貨三》，北京：中華書局點校本，1956 年版，第 1054 頁。

正德年間。穀之屬，救公饑，三月種，五月熟，他種青黃不接，而此種先可食用，故云可以救公饑也。

——（明）夏良勝：《建昌府志》卷三，《物產》，上海：上海古籍書店據天一閣藏明正德刻本景印，1964 年版。

正德年間。八月白，晚稻極早熟者，香白，尤可貴，又名銀珠米，韓駒詩「起炊曉甑八月白」是也。

——（明）夏良勝：《建昌府志》卷三，《物產》，上海：上海古籍書店據天一閣藏明正德刻本景印，1964 年版。

正德至萬曆年間。海瑞（1514-1587），在《興國八議》中說道：昔人謂江右有可耕之民而無可耕之地，荊湖有可耕之地而無可耕之人，蓋為荊湖惜其地，為江右惜其民。欲一調停行之也。興國縣山地全無耕墾，姑置弗計。其間地可田而未墾，及先年為田近日荒廢，里里有之。兼山地耕植尚可萬人。歲入所資七、八萬人，綽綽餘裕也。訪之南、贛二府，大概類興國。而吉安、南昌等府之民，肩摩袂接，地不能盡之使農，貿易不能盡之使商。比比遊食他省，是一省之民也。此有餘地，彼有餘民，目親睹，

身親歷，聽其固然，而不一均之也可乎。即今吉撫昌廣，數府之民，雖亦佃田南贛，然佃田南贛者十之一，遊食他省者十之九。蓋遠去則聲不相聞，追關勢不相及。一佃南贛之田，南贛人多強之入南贛之籍，原籍之追捕不能逃，新附之差徭不可減，一身而三處之役加焉。民之所以樂於舍近不憚就遠，有由然矣。今日若主張有人，凡願籍南贛者，與之除豁原籍，而又與之批照以固其心，給之無主山地荒田，使不盡佃僕於富戶，民爭趨之矣。民爭趨之，則來者附籍不歸，未來者仰慕。不數年間，南贛無餘地。村居聯絡，可以挾制諸巢之寇。吉安等府無餘民，衣食不窘，可無為逃流為盜賊之憂，一舉而全省之民，均有利焉，是亦撫綏一盛舉也。

　　——（明）海瑞：《興國縣八議》，見雍正《江西通志》卷一一九《藝文》《文淵閣四庫全書》本。

　　嘉靖元年（1522）。嘉靖元年己丑，以南畿、浙江、江西、湖廣、四川旱，詔撫按官講求荒政。
　　——（清）龍文彬：《明會要》卷五四，《食貨二》，北京：中華書局點校本，1956 年版，第 1028 頁。

　　嘉靖元年（1522）。嘉靖元年八月，令廣東、江西商貨納稅，自北而南者於南安，自南而北者於南雄，不許違例重徵。
　　——（清）龍文彬：《明會要》卷五七，《食貨五》，北京：中華書局點校本，1956 年版，第 1088 頁。

嘉靖初年。世宗初，抽分中官及江西、福建、廣東稅課司局多載裁革。又革真定諸府抽印木植中官、京城九門之稅。

　　——（清）龍文彬：《明會要》卷五七，《食貨五》，北京：中華書局點校本，1956 年版，第 1087 頁。

　　嘉靖初年。嘉靖初，省道監司留意息盜，漸有新佘，然赤石岩諸夷負固，州之盜賊常為一郡劇，官禁少弛，則竊發如故。其種田皆是百夷，百夷有信而懦弱，佃租之利皆為江右商人餌誘一空，故人無厚蓄。

　　——（明）李元陽：《大理府志》卷二，《風俗》，嘉靖四十二年（1536）刻本。

　　嘉靖初年。任南贛巡撫的周用稱道：惟南贛地方，田地山場坐落開曠，禾稻竹木生殖頗蕃，利之所在，人所共趨。吉安等府各縣人民年常前來謀求生理，結黨成群，日新月盛。其搬運谷石，砍伐竹木，及種靛栽杉、燒炭鋸板等項，所在有之。又多通同山戶田主置有產業，變客作主，差徭糧稅，往來影射，靠損貧弱。又有一種來歷不明之人，前來佃田傭工及稱齋人教師等名色，各多不守本分，潛行盜竊，間又糾集大夥，出沒劫掠，不可蹤跡。又或因追取久近債負，或稱根捉脫逃軍匠，往往各於原籍官司生情捏告，彼此文移往來，經年不得杜絕。

　　——（明）周用：《乞專官分守地方書》，見雍正《江西通志》卷一一七，《藝文·奏疏三》，《文淵閣四庫全書》本。

嘉靖八年（1529）。嘉靖八年，霍韜奉命修會典，言：「自洪武迄弘治百四十年，天下額田已減強半，而湖廣、河南、廣東失額尤多。非撥給於王府，則欺隱於猾民。廣東無藩府，非欺隱即委棄於寇賊矣。司國計者，可不究心。」是時，桂萼、郭弘化、唐龍、簡霄先後疏請核實田畝，而顧鼎臣請履畝丈量，丈量之議由此起。江西安福、河南裕州首行之，而法未詳具，人多疑憚。其後福建諸州縣，為經、緯二冊，其法頗詳。然率以地為主，田多者猶得上下其手。

——（清）張廷玉等：《明史》卷七十七，志第五十三，《食貨一》，北京：中華書局點校本，1974 年版，第 1882、1883頁。

嘉靖十九年（1540）。景德鎮民以陶為業，聚傭至萬餘人。

——《明世宗實錄》卷二四〇，「嘉靖十九年八月戊子」條，臺北：中央研究院歷史語言研究所，1965 年。

嘉靖二十年（1541）。江西樂平縣民嘗傭工於浮梁，歲饑艱食，浮梁民負其傭直，盡遣逐之，遂行劫奪，二縣凶民，遂各禁党千餘，互相讎救。事聞，詔停守巡兵備及該府縣衛所掌印、巡捕等官俸。尋，俱撲獲。巡按御史謝九儀勘報其事，因參饒州府同知範杙、通判張楫、樂平知縣李惟孝等及本府知府沈熺、兵備副使屠倬、分巡副使楊紹芳、分守參議朱道瀾、巡捕署都指揮僉事李浴銘及巡撫都御史王煒失事罪狀，詔下杙等巡按御史逮問，楫、維孝各奪俸三月，熺等六人及煒俱以功贖罪。

——《明世宗實錄》卷二五○，「嘉靖二十年六月辛酉」條，臺北：中央研究院歷史語言研究所，1965年版，第5017、5018頁。

嘉靖二十一年（1542）。二十一年正月，戶部尚書李如圭條上鹽法四事：「一、革除鹽；一、禁權勢囑託及占窩買賣之弊；一、商人報中，俱置印信簿籍，行各邊郎中或巡撫收掌，收納事完，轉行巡鹽御史查驗；一、各邊急缺糧草者，方令商人上納，其孤城遠堡不得以兌支為名，致多侵冒。」時，御史吳瓊又請各邊中鹽者皆輪本色。詔皆從之。然令甫下，而尚書許瓚復請開除鹽以足邊用。部議從之。於是餘鹽卒不能禁。江西故行淮鹽三十九萬引。後，南安、贛州、吉安改行廣鹽。既而私販盛行，袁州、臨江、瑞州三府私食廣鹽，撫州、建昌、廣信三府私食閩鹽，於是淮鹽僅行十六萬引，國計大絀。巡撫都御史馬森疏其害，請於峽江縣建橋設關，扼閩、廣要津，盡赴淮鹽額，增至四十七萬引。

——（清）龍文彬：《明會要》卷五五，《食貨三》，北京：中華書局點校本，1956年版，第1056、1057頁。

嘉靖至萬曆年間。王士性（1547-1598），其《方輿崖略》載：天下馬頭，物所出所聚處。蘇、杭之幣，淮陰之糧，維揚之鹽，臨清、濟寧之貨，徐州之車騾，京師城隍、燈市之骨董，無錫之米，建陽之書，浮梁之瓷，寧、台之蓁，香山之番舶，廣陵之姬，溫州之漆器。

——（明）王士性：《廣志繹》卷一，《方輿崖略》，北京：中華書局，1981年版，第5頁。

嘉靖至萬曆年間。王士性（1547-1598），其《江南諸省》載：江、浙、閩三處，人稠地狹，總之不足以當中原之一省，故身不有技則口不糊，足不出外則技不售。惟江右尤甚，而其士商工賈，譚天懸河，又人人辯足以濟之。又其出也，能不事子母本，徒張空拳，以籠百務，虛往實歸，如堪輿、星相、醫卜、輪輿、梓匠之類，非有鹽商、木客、筐絲、聚寶之業也。故作客莫如江右，而江右又莫如撫州。餘備兵瀾滄，視雲南全省，撫人居十之五六，初猶以為商販，止城市也。既而察之，土府、土州，凡獠玀不能自致於有司者，鄉村間徵輸里役，無非撫人為之矣。然猶以為內地也。及遣人撫緬，取其途經酋長姓名回，自永昌以至緬莽，地經萬里、行閱兩月，雖異域怪族，但有一聚落，其酋長頭目無非撫人為之矣。所不外遊而安家食、俗淳樸而易治者，獨廣信耳。江右俗力本務嗇，其性習勤儉而安簡樸，蓋為齒繁土瘠，其人皆有愁苦之思焉。又其俗善積蓄，技業人歸，計妻孥幾口之家，歲用穀粟幾多，解囊中裝糶入之，必取足費，家無困廩，則床頭瓶罌無非菽粟者，餘則以治縫浣、了徵輸，絕不作鮮衣怒馬、燕宴戲劇之用。即囊無資斧者，且暫逋親鄰，計足糊家人口，則十餘日而男子又告行矣。以故大荒無饑民，遊子無內顧，蓋憂生務本，俗之至美，是猶有蟋蟀、流火之風焉。若中原人，歲餘十斛粟則買一舟乘之，不則，釀飲而賭且淫焉，不盡不已也。

——（明）王士性：《廣志繹》卷四，《江南諸省》，北京：中華書局，1981 年版，第 80 頁。

嘉靖至萬曆年間。王士性（1547-1598），其《江南諸省》載：浮梁景德鎮雄村十里，皆火山發焰，故其下當有陶埴，應之本朝，以宣、成二窯為佳，宣窯以青花勝，成窯以五彩，宣窯之青，真蘇泩泥青也。成窯時皆用盡，故成不及宣，宣窯五彩堆垛深厚，而成窯用色淺淡，頗成畫意，故宣不及成。然二窯皆當時殿中畫院人遣畫也，世廟經醮壇盞亦為世珍。近則多造濫惡之物，惟以制度更變，新詭動人，大抵輕巧最長，古樸盡失，然此花白二瓷，他窯無是。遍國中以至海外夷方，凡舟車所到，無非饒器也。近則饒土入地漸惡，多取於祁、婺之間，婺人造土成磚，磨磚作漿，澄漿作塊，計塊受錢，饒人買之以為瓷料。

——（明）王士性：《廣志繹》卷四，《江南諸省》，北京：中華書局，1981 年版，第 83、84 頁。

嘉靖至萬曆年間。王士性（1547-1598），其《江南諸省》載：樟樹鎮在豐城、清江之間，煙火數萬家，江廣百貨往來，與南北藥材所聚，足稱雄鎮。武寧有所謂常州亥者，初不知何謂，問之，乃市名。古人日中為市，今吳、越中皆稱市猶古語也。河南謂市曰集，以眾所聚也。嶺南又謂市曰虛，以不常會多虛日也。西蜀又謂市曰痎，如瘧疾間而復作也。江南惡以疾名，止稱亥，又可捧腹。

——（明）王士性《廣志繹》卷四，《江南諸省》，北京：

中華書局，1981 年版，第 85 頁。

嘉靖至萬曆年間。王士性（1547-1598），其《西南諸省》載：滇雲地曠人稀，非江右商賈僑居之則不成其地，然為土人之累亦非鮮也。餘讞囚閱一牘，甲老而流落，乙同鄉壯年，憐而收之，與同行賈，甲喜得所。一日，乙偵土人丙富，欲賺之，與甲以雜貨入其家，婦女爭售之，乙故爭端，與丙競相推毆，歸則致甲死而送其家，嚇以二百金則焚之以滅跡，不則訟之官。土獠人性畏官，傾家得百五十金遺之，是夜報將焚矣，一親知稍慧，為擊鼓而訟之，得大辟，視其籍，撫人也。及偵之，其事同、其騙同、其籍貫同，但發與未發、結與未結、或無幸而死、或幸而脫，亡慮數十家。蓋客人訟土人如百足蟲，不勝不休。故借貸求息者，常子大於母，不則亦本息等，無錙銖敢逋也。獨餘官瀾滄兩年，稔知其弊，於撫州客狀，一詞不理。

　　——（明）王士性：《廣志繹》卷五，《西南諸省》，北京：中華書局，1981 年版，第 122 頁。

嘉靖三十二年（1553）。初，淮鹽歲課七十萬五千引，開邊報中為正鹽，後益餘鹽納銀解部。至是通前額凡一百五萬引，額增三之一。行之數年，積滯無所售，鹽法壅不行。言事者屢陳工本為鹽贅疣。戶部以國用方紬，年例無所出，因之不變。江西故行淮鹽三十九萬引，後南安、贛州、吉安改行廣鹽，惟南昌諸府行淮鹽二十七萬引。既而私販盛行，袁州、臨江、瑞州則私食廣鹽，撫州、建昌私食福鹽。於是淮鹽僅行十六萬引。數年之間，

國計大絀。巡撫馬森疏其害,請於峽江縣建橋設關,扼閩、廣要津,盡復淮鹽額,稍增至四十七萬引。未久橋毀,增額二十萬引復除矣。

  ——(清)張廷玉等:《明史》卷八十,志第五十六,《食貨四》,北京:中華書局點校本,1974 年版,第 1942、1943頁。

  嘉靖三十七年(1558)。三十七年遣官之江西,造內殿醮壇瓷器三萬,後添設饒州通判,專管御器廠燒造。是時營建最繁,近京及蘇州皆有磚廠。隆慶時,詔江西燒造瓷器十餘萬。萬曆十九年命造十五萬九千,既而復增八萬,至三十八年未畢工。自後役亦漸寢。

  ——(清)張廷玉等:《明史》卷八十二,志第五十八,《食貨六》,北京:中華書局點校本,1974 年版,第 1999 頁。

  嘉靖四十二年(1563)。嘉靖四十二年,饒州府通判方叔猷建議:本鎮統轄浮梁縣裡仁、長香等都居民,與所屬鄱陽、餘干、德興、樂平、安仁、萬年及南昌、都昌等縣,雜聚窯業,傭工為生,聚居既多,盜賊間發,舊規設有巡檢專管巡捕事外,又於一十三里,每里設約副保總四名,就本里人戶簽點,半年更換。其捕盜事宜委管廠總理。萬曆十年以來,會議將本府督捕通判改駐景德鎮兼理燒造。

  ——(清)石景芬:《饒州府志》卷三《地輿志三·土產》,臺北:成文出版社據光緒十一年(1872)刊本影印,1975 年,

第 514 頁。

　　嘉靖年間。豫章北陬，遡黃溪渡而下，巨浸衍為平沙，非三壤故疆。生齒日繁，則與水競利，奪而成壤，為圩者五，曰：余家塘、黃泥坽、雙坑圩、萬家塘、王甫港，皆若崇墉然。括內成田以數十萬，跨南、新二邑，屬之糧以萬計。下聯四十八圩，即五圩成，四十八圩皆壤也，即五圩敗，四十八圩皆魚也。嘉靖初載，洪水決余家塘，再決雙坑圩，其時縣官因於財承民詘於力，三載乃底續圩民若竭澤矣。逾六十載乃復故壤。

　　——（明）萬恭：《築五圩碑記》，見（明）范淶修，章潢纂：《新修南昌府志》卷二九，《藝文》，日本藏中國罕見地方志叢刊，北京：書目文獻出版社據日本內閣藏明萬曆十六年（1588）刻本影印，1990 年版，第 616 頁。

　　嘉靖年間。切昭國初計畝成賦，縣有定額，歲有常徵，收糧均而民不稱病。夫何，江西有等巨室，平時置買田產，遇造冊時賄行里書，有飛灑見在人戶者，名為「活灑」；有暗藏逃絕戶內者，名為「死寄」；有花分子戶，不落戶限者，名為「畸零帶管」；有留在賣戶，全不過割者；有過割一二，名為「包納」者；有全過割者，不歸本戶，有推無收，有總無撤，名為「懸掛掏回」者；有暗襲京官方面、進士舉人腳色，捏作「寄莊」者。在冊不過紙上之捏，在戶必尤皆空中之影。以致圖之虛以數十計，都之虛者以數百計，縣之虛者以數千萬計。遞年派糧編差，無所歸者，俱令小戶陪償。小戶逃絕，令里長；里長逃絕，令糧

長；糧長負累之久，亦皆歸於逃且絕而已。由是流移載道，死亡相枕，戶口耗矣。由是鼠狗竊發，劫掠公行，盜賊興矣。由是爭鬥不息，告奸日滋，獄訟繁矣。大抵此弊惟江西為甚，江西惟吉安為甚，臨江次之。

——（明）唐龍：《均田役疏》，見（明）陳子壯：《昭代經濟言》，第一冊卷三，北京：中華書局，1985 年版，第 41 頁。

嘉靖以來。廣信府的永豐、鉛山、上饒三縣出現了「槽房」。廣信府紙槽，前不可考。自洪武年間創設於玉山一縣，至嘉靖以來，始有永豐、鉛山、上饒三縣，續告官司，亦各起立槽房。玉山槽坐峽口等處，永豐槽坐柘楊等處，鉛山槽坐石塘、石壠等處，上饒槽坐黃坑、周村、高洲、鐵山等處，皆水土宜槽，窮源石峽，清流湍急，漂料潔白，蒸熟搗細，藥和溶化，澄清如水，簾撈成紙，製作有方。其槽所非一地，故附屬因革無從稽核，矧係民屋，姑紀其略耳。楮之所用，為構皮，為竹絲，為簾，為百結皮。其構皮出自湖廣，竹絲產於福建，簾產於徽州、浙江，自昔皆屬吉安、徽州二府商販裝運本府地方貨賣。

——雍正《江西通志》卷二七，《土產》，《文淵閣四庫全書》本。

嘉靖年間。景德鎮出產的瓷器遠銷各地。其所被自燕雲而北，南交趾，東際海，西被蜀，無所不至，皆取於景德鎮，而商賈往往以是牟大利。無所復禁，此豈非形號為儉，而實為侈，亦法制堤防之有未備哉！

——（明）王宗沐纂修、陸萬垓：《江西省大志》卷七，《陶書》，明萬曆二十五年（1597）刊本，臺北：成文出版社，1989年版，第 909、910 頁。

嘉靖年間。《上高縣志》稱：「土瘠民貧，地勢則然也。加之賦稅繁重，不於男耕女織之外逐末遠方，則田疇之入不足供常賦也」。

——（明）陳廷舉修、鄭廷俊等纂：《上高縣志》卷上，《風俗》，臺北：成文出版社據嘉靖三十三年（1554）刊本影印，1989 年版，第 120 頁。

嘉靖至萬曆年間。郭子章（1543-1618），其《上吳澂如公祖》云：夫虔州各縣大半皆吉民田，以吉州土狹民夥，二百年來俱買田虔州，非自今日始也。愚意吉民買田虔縣者，虔各縣各有糧有冊，照舊令吉民裝回自食自糶，糴止給本鄉人，不許半途串水客盜載出境。

——（明）郭子章：《傅草》卷七，《上吳澂如公祖》，四庫存目叢書，集部第 156 冊，第 54 頁。

嘉靖至崇禎年間。顧起元（1565-1628），其《客座贅語》云：「金陵百年來穀價雖翔貴，至二兩或一兩五六錢，然不逾數時，米價輒漸平。從未有若西北之斗米數百錢，而饑饉連歲，至齧木皮、草根、砂石以為糧者。則以倉庾之積貯猶富，而舟楫之搬運猶易也。惟倉庾不發，而湖廣、江西亦荒，米客不時至，則

穀價驟踴，而人情嗷嗷矣」。

——（明）顧起元：《客座贅語》卷二，《議糴》，北京：中華書局點校本，1987 年版，第 56 頁。

隆慶二年（1568）。江西萬洋山跨連湖廣、福建、廣東之地，舊稱盜藪，而各省商民亦嘗流聚其間，以種藍為業。

——《明穆宗實錄》卷二六，「隆慶二年十一月乙卯」條，臺北：中央研究院歷史語言研究，1965 年，第 703 頁。

隆慶二年（1568）。隆慶二年春，以右僉都御史巡撫南、贛。所部萬羊山跨湖廣、福建、廣東境，故盜藪，四方商民種藍其間。至是，盜出劫，艸遣守備董龍剿之。龍聲言搜山，諸藍戶大恐。盜因煽之，嘯聚千餘人。兵部令二鎮撫臣協議撫剿之宜，久乃定。南雄劇盜黃朝祖流劫諸縣，轉掠湖廣，勢甚熾。艸討擒之。

——（清）張廷玉：《明史》卷二百一十，列傳第九十八，《董傳策》，北京：中華書局點校本，1974 年版，第 5567 頁。

隆慶三年（1569）。棉布，瑞金舊無棉花，皆買諸商販。隆慶三年，知縣呂若愚始募人買花種於臨郡，教鄉民種之，但土種不生，今亡。

——（清）朱維高，楊長世纂：《瑞金縣志》卷四，《食貨·物產》，見《日本藏中國罕見地方志叢刊》，北京：書目文獻出版社據日本內閣文庫藏康熙二十二年（1683）刻本影印，1992

年版。

隆慶四年（1570）。隆慶四年，題准「江西府州縣各項差役，逐一較量輕重，照依丁糧編派，立限徵收。有丁無糧者為下戶，仍拿丁銀。有丁有糧者為中戶，及丁多糧少與丁糧俱多者為上戶，俱照丁糧並納。著為定例。」

——（清）龍文彬：《明會要》卷五四，《食貨二》，北京：中華書局，1956年版，第1037頁。

隆慶年間（1567-1572）。余署篆信豐，覽觀風俗，考求利弊，最病者，田歸異郡，役累土著，其為鄉人所有者，殆四分之一耳。於稽其故，咸以異郡蠶食吾民。其植根也深，而流蔓也遠。殆非所以朝令而夕禁也，籲嗟其不然哉。吾聞之孟子曰：「家必自毀，然必人毀之，國必自伐，然後人伐之，故先儒以秦非能滅六國，六國自滅也。漢非能滅秦，亦秦自滅也。」至於有邑，亦何獨不然。彼異郡豈能削信豐，亦信豐自削耳。今夫奕者之始奕，蓋地相半也。慶而成侵焉，又慶而或並焉，何其終之相去若是聽由布置，勝也。吾嘗深思其故，而知信人不若異郡者五焉：彼異郡人之蔓衍於吾邑也，朝夕課利至老死不殆，其家居也，蓋百無一二焉；而吾民殊怠惰，牽家累，此勤不若也。異郡人蔬飯惡衣，弗以為恥，蓋時而粥食；而吾民自奉殊豐靡，或以「小南京」目之，此儉不若也。異郡人經營，刀錐算無遺策；而吾民戇直無他腸，此算計不若也。異郡人自為童稚時，則已習律尺、弄刀筆；而吾民安田野，懵前經或不識官府，此智識不若

也。異郡人涉江湖，逾嶺表，弗以為勞；而吾民顧脆弱，溺宴安，此筋力不若也。

——廖憲：《警俗論》，見（清）魏瀛等修、鐘音鴻等纂：《贛州府志》，卷六八，《藝文志·明文》，臺北：成文出版社據清同治十二年（1873）刊本影印，1970 年版，第 1254 頁。

萬曆元年（1573）。萬曆元年，題准：「官軍兌糧，江北各府州縣，限十二月內過淮；應天、蘇、松等府縣，限正月內過准；湖廣、江西、浙江限二月過淮；山東、河南限正月盡數開幫。如有違限，分別久近治罪。」

——（清）龍文彬：《明會要》卷五六，《食貨四》，北京：中華書局點校本，1956 年版，第 1068 頁。

萬曆十一年（1583）。陶土出新正都麻倉山，曰千戶坑、龍塢、高路陂、低路陂，四處為上土，亦曰官土。土埴壚勻，有青黑縫糖點白玉金星色。凡官土一百斤值銀七分，淘淨泥五十斤，曝得乾土四十斤，艇運至鎮。冬秋水乾，四日至，春水一日半至。明萬曆十一年，管場同知張化美見麻坑老坑土膏已竭，掘挖甚艱，每百斤加銀三分。他如寺前棉花土、東埠石牛、石南、李烏、墩口、鄱陽縣、宣城土並相類，以無諸色樣，不堪用，目為假土。餘干不石每八十斤值二錢，婺源不石每九十斤值八錢，淘過淨泥七十二斤。湖田都一二圖出釉石，即釉土。又新正都曰長嶺出青花釉，曰義坑出澆白器釉，二處為上，有柏葉斑。他如牛山、李家塢有黑縫者不堪用，艇運至鎮，與官白土同。又吳門托

新土，有糖點者亦佳。煉灰惟長山都者可用。

　　——（清）喬溎等：《浮梁縣志》卷八，《食貨·陶政》，清道光十二年（1832）年刻本。

　　萬曆至隆武年間。艾南英（1583-1646），其《白城寺僧之滇黔募建觀音閣疏》：吾鄉之俗，民稠而田寡，不通舟楫貿易之利，雖上戶所收，不過半畝數鐘而已。無絲枲竹木之饒，故必徵逐於四方。凡其所事之地，隨陽之雁猶不能至，而吾鄉之人都成聚於其所。」

　　——（明）艾南英：《天傭子集》卷九，《白城寺僧之滇黔募建觀音閣疏》，清康熙年間（1662-1722）刻本。

　　萬曆至隆武年間。吳應箕（1594-1645），其《樓山堂集》：「徽、池之間，人多田少，大半取於江西、湖廣之稻以足食者也，商賈從數千里轉輸，使不得利，誰肯為之。故稻價之增，其勢也。」

　　——（明）吳應箕：《江南平物價議》，見《樓山堂集》，第二冊卷一二，《議》，北京：中華書局，1985 年版，第 139、140 頁。

　　萬曆二十八年（1600）。萬曆二十八年，江西礦稅窯木騰驤左衛百戶趙應璧奏：臣同土民俞文、劉安、袁仁、吳華等親詣：本省德興、玉山等縣地方，勘得雲霧山場，界連開化等縣，山勢陡峻，內有魯塢源、小葫蘆、大葫蘆、東坑雷塢、大滿野、豬塘

等處，穿心四五十里，周回百十餘里，遍生大木、森肥，礦沙湧盛，官不徵糧，民不佃種，向蒙總督浙直江西都禦使劉幾，於本山分水四至之外，地名荒田塢、蒼壇、西源、黃崗嶺界，立牌封禁蓄養，此木數百餘年，若有以待。皇上今日營建大工之用，伏乞天恩加敕，潘相督集杭蕪木廠商牙，將本山官木大者，解為三殿之材，小者著商變價，又可增課數萬兩等。因奉聖旨這奏內江西山場地方，出產大木，或可三殿有用，不必差官，以滋騷擾。就著本省欽差督理礦稅，開採木窯。事內官潘相會同撫按等官，查勘明實具奏解部應用。其浙江官山等處出產土回青，便著該省欽差開礦內官劉忠會同彼處巡按等官，查照開採解進應用，立限與他該部院知道。廣信知府陳九韶議，以是山自葉宗留窟穴盜礦以來，雖久已封禁安輯，而不軌生心利孔者窺伺而動。今若開山通路，木植漸空，砍伐之場，便為礦場，勢必棄採木而爭言礦利矣。山勢頗闊，隨其指向礦脈，何處不可開挖，始猶報監開礦為名久之，奸徒聚結，累月連年，官未必收其什一之利。而構爭擾攘之亂，皆由此始。於是撫按會議，於廣信府所屬七縣，包納山價銀三千兩，續議加增土產，折價銀一千兩，一併解進助工，其土產折價歲以為常，事竟寢。

——（清）顧炎武：《天下郡國利病書》，見《續修四庫全書》，第 597 冊，《史部·地理類》，第 23 冊，《江西》，上海：上海古籍出版社，2002 年版，第 128 頁。

萬曆三十六年（1608）。舊有圩堤二十四條，綿亙二百餘里，以防水患。自萬曆戊申以後，日久圮壞，無歲不憑夷薦災凶

荒降割，餘之民囂然喪其樂生之心，信不可問諸水濱云。

　　——（明）李元光：《直指田公捐金築堤碑記》，見（清）李暅、洪錫光：《餘幹縣志》卷一九，《藝文・記》，清道光三年（1823）刻本。

　　萬曆年間。贛田地於江右為下下，非有平原曠野，阡陌相連，不過因兩山之岕，嶺麓之隙，聚土築沙，稍儲水而耕之，望之層層若階級，即名為田。昔人所云「山到上頭猶自耕者」是也。十日不雨便已龜柝，揹揹一日暴注，則又沖決累坎。所以贛邑間產計直，不曰田畝，而曰穀擔。使其永依弘治年間額數，贛民尚可支援。乃萬曆九年，復丈倍其數，加以丙辰水災，田土崩析，僅存山骨，以故丙辰而後，民多徙居他邑，不復依戀故土。

　　——（清）劉瀚芳、孫麟貴：《贛縣志》卷六，《食貨志・田賦》，清康熙二十三年（1684）刻本。

　　萬曆至康熙年間。施閏章（1618-1683），其《流人篇》云：「閩海多流人，江甸多蕪田。不肯自力作，拱木生田間。流人鳥獸來，野宿餐寒煙。仳離憫喪亂，父老為泫然。保聚使荷耒，緝茅依山原。種庶復種芋，地利餘金錢。浸尋立雄長，倡和成聲援。逼租陵土著，攘臂相怒喧。百千勢莫制，殺牛燒屋椽。驅除既不可，馴致釀亂源。當塗重闢土，吞聲莫敢言。」

　　——（清）施閏章：《流人篇》，見《學餘堂詩集》卷八，《五言古》，《文淵閣四庫全書》本。

萬曆至康熙年間。施閏章（1618-1683），其《麻棚謠》云：
袁州民不藝麻，率賃地與閩楚流人架棚聚族，立魁長陵轢土著，
吏不能禁，謂之「麻棚」。山陬鬱鬱多白苧，問誰種者閩與楚。
伐木作棚禦風雨，緣岡蔽谷成儔伍。剝麻如山召估客，一金坐致
十石黍。此隰爾隰原爾原，主人不種甘宴處。客子聚族恣憑陵，
主人膽落不敢語。嗟彼遠人來樂土，此邦之人為誰苦？

　　——（清）施閏章：《麻棚謠》，見《學餘堂詩集》卷一九，
《七言古》，《文淵閣四庫全書》本。

　　萬曆至康熙年間。施閏章（1618-1683），其《萬載謠》云：
「山城早閉中夜雨，夜聞城中噪猛虎。十家九家聲暗吞，城中人
少荊棘存。城高丈五半傾裂，中貫長河無水門。盜賊哀憐不肯
入，官吏倉皇徵稅急。鳩居雁集一何多，土人拱手客種禾。殺牛
沽酒醉且歌，滿眼蕪田奈爾何。」

　　——（清）施潤章：《萬載謠》，見《學餘堂詩集》卷一九，
《七言古》，《文淵閣四庫全書》本。

　　萬曆年間。江西三面距山，背沿江漢，實為吳楚、閩越之
交，故南昌為都會。地產窄而生齒繁，人無積聚，質儉勤苦而多
貧。多設智巧、挾技藝，以經營四方，至老死不歸，故其人內嗇
而外侈。地饒竹、箭、金、漆、銅、錫，然僅僅物之所有，取之
不足更費，獨陶人窯缶之器為天下利。九江據上流，人趨市利。
南饒、廣信，阜裕勝於建、袁，以多行賈，而瑞臨、吉安尤稱富
足。南贛谷林深邃，實商賈入粵之要區也。

———（明）張瀚：《松窗夢語》卷四，《商賈紀》，上海：上海古籍出版社，1986年版，第75頁。

萬曆年間。其貨自四方來者，東南福建則延平之鐵，大田之生布，崇安之閩筍，福州之黑白砂糖，建寧之扇，漳海之荔枝、龍眼，海外之胡椒、蘇木，廣東之錫、之紅銅、之漆器、之銅器；西北則廣信之菜油，浙江之湖絲、綾綢，鄱陽之乾魚、紙錢灰，湖廣之羅田布、沙湖魚，嘉興之西塘布、蘇州青、松江青、南京青、瓜洲青、蕪湖青、連青、紅綠布，松江大梭布、小中梭布、湖廣孝感布、臨江布、信陽布、定陶布、福建生布、安海生布、吉陽布、粗麻布、韋坊生布、漆布、大刷竟、小刷竟、葛布、金溪生布、棉紗、淨花、籽花、棉帶、褐子衣、布被面、黃絲、絲線、紗羅、各色絲布、杭絹、綿綢、彭劉緞、衢絹、福絹，此皆商船往來貨物之重者。

———萬曆《鉛書》卷一，明萬曆刊本膠捲。

萬曆年間。（南昌）明萬曆年間修築圩堤一百三十八所。

———（清）顧錫鬯、蔡正筍：《南昌縣志》卷五，《水利》，清乾隆十六年（1751）刻本。

萬曆年間。番薯從國外傳入。番薯一名地瓜，有紅白二種。本蔓而根生，秋種冬收。萬曆間福建巡撫金學曾傳自外國，故名番薯。閩興、泉、漳人種之，每畝地可收三四千斤，用代穀食。餘者於冬至前後，切片曬乾藏之，作次年糧。為粉，比豆蕨為

佳。食之甚益人。貨通江、浙、楚、粵，至今大被其利。庾邑近
亦有種者，但未得其法，故不能多生。今墟市中見有比前略大
者，然猶未得如閩之獲利多。

　　——（民國）吳寶炬等修、劉人俊等纂：《大庾縣志》卷
二，《地理志·物產》，臺北：成文出版社據民國八年刊本影印，
1989 年版，第 187、188 頁。

　　萬曆年間。《新修南昌府志》記載：「有茶，能清頭目，令
人少睡，新建洪崖、白露、鶴嶺，武寧嚴陽、寧州雙井者佳。」

　　——（明）范淶修，章潢纂：《新修南昌府志》卷三，《輿
地類·土產》，見《日本藏中國罕見地方志叢刊》，北京：書目
文獻出版社據日本藏明萬曆十六年（1588）年刻本影印，1991
年版，第 79 頁。

　　天啟年間。《贛州府志》記載：贛為四省之交，流寓實蕃，
此疆彼界，蹤跡匪易，乃告訐抵讕者往往詭籍相蒙，膚受罔上，
其意不在角勝，而在株連蔓引，以張機陷報宿怨焉耳。緩之則益
為訌，急之則巧為避，神鬼出沒，沈命舍匿之，法不得行，官府
經年苦勾攝，民之受其荼毒，寧有已時耶？儻跡其尤重懲之，毋
令脫綱，狡黠亡賴輩庶或有警乎。

　　——（明）余文龍修、謝詔等纂：《贛州府志》卷一，《輿
地志一·疆界》，臺北：成文出版社據明天啟元年（1621）刊本
影印，1989 年版，第 98 頁。

天啟年間。《贛州府志》記載：虔在五嶺之北，田多粳稻，山多材木，澤多魚，鮮以土所宜也。其諸瓜蔬藥果羽毛介蟲之類，皆所常有，與他州邑同。郡中居人間蒔花，花有各種，而多茉莉，利病蓋相半，亦時有更業者。城南人種藍作靛，西北大賈歲一至，汛舟而下，州人頗食其利。

　　——（明）余文龍修、謝詔等纂：《贛州府志》卷三，《輿地志三·土產》，臺北：成文出版社據明天啟元年（1621）刊本影印，1989 年版，第 294、295 頁。

　　天啟至康熙年間。魏禧（1624-1681），其《與曾廷聞》云：「吾寧田曠人少，耕家多傭南豐人為長工，南豐人又仰食於寧，除投充紳士家丁生理久住寧者，每年傭工不下數百。」

　　——（清）魏禧：《與曾庭聞》，見《魏叔子文集》卷七，《寧都三魏文集》，道光二十五年（1845）本。

　　崇禎至康熙年間。魏禮（1628-1693），其《與李邑侯書》：「陽都屬鄉六：上三鄉皆土著，故永無變動；下三鄉佃耕者悉屬閩人，大都福建汀州之人十七八，上杭、連城居其二、三，皆近在百餘里山僻之產。」

　　——（清）魏禮：《與李邑侯書》，見（清）黃永綸，楊錫齡等纂修：《寧都直隸州志》卷三一，《藝文》，臺北：成文出版社清道光四年（1824）刊本影印，1989 年版，第 2560 頁。

　　泛指明代。（景德鎮）鎮離邑二十里，而俗與城市迥別，少

本業，崇靡麗，頗有徽郡之風。其民五方雜聚，亡命之藪，一哄群沸，難以緝治。

——（清）陳淯等修、鄧澐等纂：《浮梁縣志》卷四，《賦役·陶政》，臺北：成文出版社據清康熙二十一年（1682）刊本影印，1989年版，第413頁。

泛指明代。明代吳履，曾為南康縣縣丞，其《贛縣均役記》云：「余至南康之三年，贛父老走吾邑告曰：『贛令崔侯剛正廉平，惠洽百姓，百姓德之。』贛邑凡六鄉一百三十又八都，田賦未符於頃畝，富者有田無役而益富，貧者無田加役而益貧。侯命鄉擇一人焉以總其綱，都擇一人焉以詳其目。履畝釐年以實之，期年賦符於田而有羨，弊無遁形而役均。舊役而今不當役者，釋三匠百人，庭無訟言，吏無留牘。物遂其性，民安其生，侯之德及於民者如是。侯嘗修三皇廟、郡縣學，並先賢祠，建濂溪書院、城隍神祠，皆爽塏閎敞，丹彩輝映。造浮橋以濟章貢水，不日而成。凡今郡縣，官環居公廷，侯建屋而制公廨，繚以崇墉，左右具宜。贛承兵後群廢備興請創屋，合為間者近六百，為楹者逾三千。至於氓征軍給動計千萬，取具立辦。縣丞鎦完哲、主簿馬公輔，典史王琳，皆異體同心，釐茲庶政，而均役一事願有紀焉。夫郡縣者近民之職也。公事有需，郡督於縣，縣督於民，民有不遽事，不奉命者令必加罰焉，故縣令之職為最難，是以《詩》三百篇，大夫有刺而無美。至於《北山》一詩，聖人直以役使不均，以垂後世。為政者，其可以均役為緩哉？夫役均則民服，服則令行，而庶績咸舉矣。今去三代日遠，民有美其縣大夫

均役之賢，且欲其功昭於永久，豈不油然親上愛敬之心也。歟侯有德在人心，民之不能忘也，至矣！侯名天錫，字彥才，真定人，世仕元為大官；縣丞字仲彝，主簿字遵道，典史字宏道，督均役者父老某某。」

——（明）吳履：《贛縣均役記》，見（清）魏瀛等修、鍾音鴻等纂：《贛州府志》卷六六，《藝文志·明文》，臺北：成文出版社據清同治十二年（1873）刊本影印，1970 年版，第 1176、1177 頁。

泛指明代。吾鄉地廣土肥，民亦竭力其中，而卒無千石之富者何也？豈上之人侵漁，或下之俗侈靡邪？已而覘之，蓋非二者之弊，乃賈人斂之耳。吾鄉之民，樸鈍少慮，善農而不善賈，而四方之賈人歸焉。西江來者尤眾。豈徒善賈？譎而且智。於是吾人為其勞力而不知也。方春之初，則曉於眾曰：「吾有新麥之錢，用者於我乎取之。」方夏之初，則白於市曰：「吾有新穀之錢，乏者於我乎取之。」凡地之所種者，賈人莫不預時而散息錢，其為利也，不啻倍蓰，奈何吾人略不計焉。一有婚喪慶會之用，輒因其便而取之。逮夫西成未及入囷，賈人已如數而斂之。由是終歲勤動，其所獲者，盡為賈人所有矣，專此之利，寧有既乎。吾鄉之民，坐是卒無千石之富，尚不覺悟，若恃賈人以生者，寧與之利而甘心焉。嗚呼，樸鈍少慮，一至於此。惟長人者能禁其弊，不數歲而吾民富矣。

——（明）李賢：《吾鄉說》，見《古穰集》卷九，《說》，《文淵閣四庫全書》本。

泛指明代。明代出現了瓷器的走私。海濱之民，惟利是視。
走死地如騖，往往至島外區脫之地曰臺灣者，與紅毛番為市，紅
毛業據之以為窟穴。自臺灣兩日夜可至漳、泉內港。而呂宋、佛
郎機見我禁海，亦時時私至雞籠、淡水之地，與奸民闌出者市
貨。其地一日可至臺灣。官府即知之而不能禁，禁之而不能絕，
徒使沿海將領、奸民坐享洋利，有禁洋之名，未能盡禁洋之實。
此臣鄉之大可憂者。蓋海外有大西洋、有東洋。大西洋則暹羅、
柬埔諸國；其國產蘇木、胡椒、犀角、象牙諸貨。東洋則呂宋，
其夷佛郎機也；其國有銀山，夷人鑄作銀錢獨盛。中國人若往販
大西洋，則以其產物相抵；若販呂宋，則單得其銀錢。諸夷皆好
中國綾緞雜繒；其土不蠶，惟藉中國之絲到彼，能織精好緞匹，
服之以為華好。是以湖綿百斤值銀百兩者，至彼得價二倍。而江
西瓷器、福建糖品皆所嗜好。百工技藝有挾一技以往者，雖徒手
無不得食；民爭趨之。永樂間，先後招徠。至紅毛番，其夷名加
留巴，與佛郎機爭利不相得，一心通市，據在臺灣。自明禁絕
之，而利乃盡歸於奸民矣。」

——（清）黃叔璥：《商販》，見《台海使槎錄》卷二，《武
備》，《文淵閣四庫全書》本。

泛指明代。贛亡他產，頗饒稻穀，自豫章吳會，咸仰給焉。
兩關轉穀之舟，日絡繹不絕，即儉歲亦櫓聲相聞。蓋齊民不善治
生，所恃贍一切費者，終歲之入耳。故日食之餘，則盡以出糶，
鮮有蓋藏者。且田土強半鄉壤，占籍土著亡幾，公庾之積又未能
陳陳相因足支二三年，如南昌、臨、吉諸郡告急，時時輸兩關粟

濟之下流，固甚便。假令贛人饑，誰其輸之粟耶？越嶺則路為艱，溯河則水為逆。往戊子、己丑之間，道饉相望，其故可知已。閉糴之禁，它郡率籍為口實，然空所有以飽人腹而坐困以待斃，是自盡之術也。鄉鄉同室之斗，救之寧無分緩急乎？

　　——（明）余文龍修、謝詔等纂：《贛州府志》卷三，《輿地志·土產》，臺北：成文出版據明天啟元年（1621）刊本影印，1989 年版，第 296-298 頁。

　　泛指明代。明代江西茶業在全國的領先地位消失，但仍為主要產茶地和茶葉輸出省。其他產茶之地，南直隸常、廬、池、徽，浙江湖、嚴、衢、紹，江西南昌、饒州、南康、九江、吉安，湖廣武昌、荊州、長沙、寶慶，四川成都、重慶、嘉定、夔、瀘，商人中引則於應天、宜興、杭州三批驗所，徵茶課則於應天之江東瓜埠。自蘇、常、鎮、徽、廣德及浙江、河南、廣西、貴州皆徵鈔，雲南則徵銀。

　　——（清）張廷玉等：《明史》卷八十，志第五十六，《食貨四》，北京：中華書局點校本，1974 年版，第 1954、1955 頁。

　　泛指明代。贛縣陂塘共三百三十二所。雩都縣陂三百六十五所。興國縣陂塘共二百二十四所。會昌縣陂塘共八十七所。安遠縣陂塘共三十九所。寧都縣陂塘共四百二十一所。瑞金縣陂塘共二十三所。龍南縣陂塘共三十二所。石城縣陂塘共五十七所。定南縣陂塘共九所。長寧縣陂塘共四十四所。

——（明）余文龍修、謝詔等纂：《贛州府志》卷三，《輿地志三·陂澤》，臺北：成文出版社據明天啟元年（1621）刊本影印，1989 年版，第 232-275 頁。

泛指明代。南昌圩堤自明代已增至一百三十餘所。所以備水之患者至矣。顧河流靡常，而堤之興廢改易，乃時有之。初建築者，堤皆濱河，後乃有加築於內者，或徑數百丈。或周回一二裡，以濱河者為外郭，決於外猶可搶護於內也。間收其利，增相仿築。迨經傾圮，相緣請帑，官府患帑之弗克給，乃以載諸舊冊者為官修之圩，續增者為民修之圩。民修之圩，准其立案，官不堪估，不給帑培修。實則有濱河創築者，亦有即舊冊所載之廢圩改建者，亦有關係官修各圩之利害者，亦有較官修各圩廣數倍者，皆置不問，慮其例一開而陳請之紛紜也。故有官圩民圩之目，官圩之冊，詳存藩署；民圩之冊，惟縣署存之。光緒丙子，有浙商捐賑鉅款因攤給民圩以工代賑，後如遇重災輒撥官圩尾數，按三成給之。辛丑，撥賑銀一千兩給之，蓋有別款，則提以為補貼培修之用。邑之國賦民命專恃圩堤，誠使當事者實心水利，按行濱河各圩。凡界連者，併合為一，統計通邑不過數十圩。圖之易明，勘之易悉，制其程法功費畫一。刁民猾胥，無影射之弊，則帑不虛靡，賑可實代，何則以其占駱之易也。今圩以百數，方向莫明，履勘弗遍，估工驗修，皆奉行具文，執冊支帑，民三吏七，奉委之員，畢其差使而已。茲據縣冊，仍以官圩、民圩按五鄉分別載之，以其近而實也。丈尺高厚，見於舊志者，雖不盡實，其概可見。古堤及新築未入縣冊之應記者，皆附

記之。西鄉各圩，皆濱西大河，及三江口所分諸支河；北鄉各圩皆濱西河下游，及其委流諸支河；東鄉各圩，則皆濱東大河；中南兩鄉則僅矣，間有之，亦三江口所分支河之上流也。官圩共計八十九所，民圩共計二百二十六所。

　　——（民國）魏元曠：《南昌縣志》卷六，《河渠志中·圩堤》，臺北：成文出版社據民國二十四年（1935）重刊本影印，1979 年版，第 73-81 頁。

　　泛指明代。鎮於邑治股肱也，以奉腹則嗌喉也。地當水陸之沖，舟車所過抵，貨賄灌輸，通八省之利。然州處墊雜，廬旅當土著之半，家事末利，鮮蓋藏，米粟不支一歲，而西仰袁，東仰虔吉，蓋脊壤也。列肆多食貨，若杉樹藥材、被服械器，諸為閩用者，肩摩於途；皂礬、赤朱、綦巾大布，走東南諸郡；珠玉綿綺及淫巧之技，弗居焉。

　　——（明）熊化：《樟樹鎮記》，見清江縣志編纂委員會編：《清江縣志》，第二十九編，《地方文存》，上海：上海古籍出版社，1989 年版，第 546 頁。

　　明末清初。徐世溥（1637 年前後在世），其《榆溪集選》云：「豫章之為商者，其言適楚，猶門庭也。北賈汝、宛、徐、邵、汾、鄂，東賈韶、西夏、夔、巫，西南賈滇、僰、黔、沔，南賈蒼梧、桂林、柳州，為鹽、麥、竹箭、鮑木、旃罽、皮革所輸會。故南昌之民客於武漢，而長子孫者十室居九。」

　　——（清）徐世溥：《榆溪集選》，《楚遊詩序》。轉引自傅

衣淩：《明清社會經濟史論文集》，北京：人民出版社，1982
年，第 190 頁。

明末清初。福建、廣東流民入江西，就山結棚以居，藝靛
葉、煙草，謂之「棚民」，往往出為盜。萬載溫上貴、寧州劉允
公等，皆以棚民為亂，憺度捕治論如律。上令編保甲，憺度疏
言：「棚民良莠淆雜，去留無定，或散居山箐，或為土民傭工墾
地。臣飭屬嚴察，凡萬五千餘戶，編甲造冊，按年入籍。」上獎
勉之。上聞江西里長催征累民，民多尚邪教，諭憺度禁革。憺度
疏言：「臣察知里長累民，已勒石永禁，令糧戶自封投櫃。距城
較遠畸零小戶，原輪雇交納者聽其便，仍嚴防不得干累。邪教自
當捕治，醫卜星相往往假其術以惑民，雖非邪教，亦當以時嚴
懲。」上深嘉之。
——（清）趙爾巽：《清史稿》卷二九二，列傳七九，《裴
憺度》，北京：中華書局點校本，1977 年版，第 10312、10313
頁。

明末清初。石城縣始種煙草。煙草，明末自海外流傳閩漳，
故漳煙名最遠播。石與閩接壤，三十年來始得其種並製作法，以
黃絲為上品。性耗烈無益，累奉禁，積重難返，嗜者竟若饑渴之
不可去。但石之煙種於山不種於田，不似他邑棄本傷農，並令無
田可耕者賃山種植，取息贍養，其亦天地自然之利之一節也歟。
——（清）王士倧、劉飛熊：《石城縣志》卷三，《田賦志・
物產》，清乾隆十年（1745）刻本。

明末清初。瑞金山邑也，城如斗大，巨族市肆皆在城郊。無他產殖，惟樹五穀。承平之時，家給人足，閩、廣各府之人，視為樂土，繩繩相引，僑居此地。土著之人，為士為民，而農者、商者、牙會儈者、衙胥者，皆客籍也。

　　——（清）楊兆年：《上督府田賊始末書》，見（清）黃永綸，楊錫齡：《寧都直隸州志》卷三一之三，《藝文志三》，清道光四年（1824）刊本，臺北：成文出版社，1989 年版，第 2725頁。

明末清初。興國土滿人稀，東北多曠地，閩粵流寓耕之，種藍、載苎，亦多獲利。而土著弗業焉，葛不知採，桑無所樹，是農人之不力也，女工之不習也。

　　——（清）黃惟桂、王鼎柏等纂修：《興國縣志》卷一，《土產》，臺北：成文出版社據清康熙二十二年（1683）刊本影印，1989 年版，第 98 頁。

參考文獻

一、資料

（一）正史政書類

（漢）桓寬：《鹽鐵論》，天津：天津古籍出版社，1983 年。

（後晉）劉昫：《舊唐書》，北京：中華書局，1975 年。

（唐）杜佑：《通典》，《文淵閣四庫全書》本。

（唐）李肇：《唐國史補》，《文淵閣四庫全書》本。

（唐）李肇：《唐會要》，北京：中華書局，1985 年。

（唐）魏征：《隋書》，北京：中華書局，1975 年。

（唐）吳兢：《貞觀政要》，《文淵閣四庫全書》本。

（宋）李心傳：《建炎以來繫年要錄》，北京：中華書局，1956 年。

（宋）龍袞：《江南野史》，《文淵閣四庫全書》本。

（宋）呂祖謙：《歷代制度詳說》，《文淵閣四庫全書》本。

（宋）馬令：《南唐書》，《文淵閣四庫全書》本。

（宋）宋祁、歐陽脩等：《新唐書》，北京：中華書局，1975年。

（宋）歐陽脩：《新五代史》，北京：中華書局，1975年。

（宋）司馬光：《資治通鑒》，長沙：嶽麓書社，1990年。

（宋）宋敏求：《唐大詔令集》，上海：學林出版社，1992年。

（宋）宋綬子孫編：《宋大詔令集》，北京：中華書局，1962年。

（宋）李燾、（清）黃以周等輯補：《續資治通鑒長編》，上海：上海古籍出版社，1985年。

（元）馬端臨：《文獻通考》，北京：中華書局，1986年。

（元）脫脫等：《宋史》，北京：中華書局點校本，1977年。

（元）《元典章》，北京：中國書店出版社，1990年。

（明）《明實錄》，臺北：中央研究院歷史語言研究所，1965年。

（明）陳子龍等編：《明經世文編》，北京：中華書局，1962年。

（明）申時行修、趙用賢纂：《大明會典》，《續修四庫全書》本，上海：上海古籍出版社，1995年。

（明）宋濂等：《元史》，北京：中華書局，1976年。

（明）王世懋：《二酉委譚摘錄》，《記錄彙編》。

（明）解縉：《永樂大典》，北京：中華書局，1998年。

（明）戴金編：《皇明條法事類纂》，據東京大學附屬圖書館館藏鈔本影印，東京：古典研究會，1966年。

（清）畢沅：《續資治通鑒》，北京：中華書局，1999 年。

（清）賀長齡、魏源：《清經世文編》，北京：中華書局，1992 年。

（清）嵇璜、曹仁虎：《欽定續文獻通考》，《文淵閣四庫全書》本。

（清）劉錦藻：《皇朝續文獻通考》，杭州：浙江古籍出版社，2000 年。

（清）《清實錄》，北京：中華書局，1985 年影印本。

（清）王先謙：《東華續錄》，光緒十九年本。

（清）王延熙、王樹敏輯：《皇朝道咸同光奏議》，光緒二十八年石印本。

（清）吳任臣：《十國春秋》，北京：中華書局，2010 年。

（清）徐松：《宋會要輯稿》，北京：中華書局，1957 年。

（清）鄂爾泰、張廷玉編：《雍正朱批諭旨》。

（清）張廷玉等：《明史》，北京：中華書局，1974 年。

（清）朱壽朋、張靜廬：《東華錄》，北京：中華書局，1958 年。

（清）趙爾巽：《清史稿》，北京：中華書局，1977 年。

潘重規編：《敦煌變文集新書》，臺北：中國文化大學中文研究所，1983 年。

（二）文集

（唐）陸羽：《茶經》，《文淵閣四庫全書》本。

（唐）王勃：《王子安集》，《文淵閣四庫全書》本。

（唐）徐堅：《初學記》，《文淵閣四庫全書》本。

（唐）張九齡：《曲江集》，《文淵閣四庫全書》本。

（宋）艾性：《剩語》，《文淵閣四庫全書》本。

（宋）晁載之：《續談助》，叢書集成初編本，北京：中華書局，1985 年。

（宋）范成大：《驂鸞錄》，《文淵閣四庫全書》本。

（宋）范仲淹：《範文正公全集》，康熙丁亥蘇州歲寒堂刻本。

（宋）洪邁：《容齋隨筆》，《文淵閣四庫全書》本。

（宋）洪邁：《夷堅志》，北京：中華書局，1981 年。

（宋）洪適：《盤洲文集》，《文淵閣四庫全書》本。

（宋）黃庭堅撰，黃寶華注：《黃庭堅選集》，上海：上海古籍出版社，1991 年。

（宋）黃庭堅：《山谷外集》，《文淵閣四庫全書》本。

（宋）黃震：《黃氏日抄》，《文淵閣四庫全書》本。

（宋）孔平仲：《清江三孔集》，《文淵閣四庫全書》本。

（宋）江少虞：《宋朝事實類苑》，《文淵閣四庫全書》本。

（宋）李昉等：《文苑英華》，《文淵閣四庫全書》本。

（宋）李昉等：《太平廣記》，《文淵閣四庫全書》本。

（宋）李昉等：《太平御覽》，《文淵閣四庫全書》本。

（宋）李綱：《梁溪集》，《文淵閣四庫全書》本。

（宋）李覯：《盱江集》，《文淵閣四庫全書》本。

（宋）李正民：《大隱集》，《文淵閣四庫全書》本。

（宋）劉克莊：《後村集》，《文淵閣四庫全書》本。

（宋）陸九淵：《象山集》，《文淵閣四庫全書》本。

（宋）陸遊：《劍南詩稿》，《文淵閣四庫全書》本。

（宋）陸遊：《渭南文集》，《文淵閣四庫全書》本。

（宋）羅大經：《鶴林玉露》，《文淵閣四庫全書》本。

（宋）歐陽修：《文忠集》，《文淵閣四庫全書》本。

（宋）歐陽守道：《巽齋文集》，《文淵閣四庫全書》本。

（宋）阮閱：《詩話總龜後集》，《文淵閣四庫全書》本。

（宋）沈括：《夢溪筆談》，長沙：嶽麓書社，2002 年。

（宋）釋道潛：《參寥子詩集》，《文淵閣四庫全書》本。

（宋）釋文瑩：《湘山野錄》，《文淵閣四庫全書》本。

（宋）蘇軾：《東坡全集》，《文淵閣四庫全書》本。

（宋）蘇軾：《東坡志林》，《文淵閣四庫全書》本。

（宋）蘇轍：《欒城集》，《文淵閣四庫全書》本。

（宋）孫武仲：《宗伯集》，《文淵閣四庫全書》本。

（宋）陶穀：《清異錄》，《文淵閣四庫全書》本。

（宋）王安石：《臨川文集》，《文淵閣四庫全書》本。

（宋）王令：《廣陵集》，《文淵閣四庫全書》本。

（宋）王明清《揮麈錄》，《文淵閣四庫全書》本。

（宋）王庭珪：《盧溪文集》，《文淵閣四庫全書》本。

（宋）汪藻：《浮溪集》，《文淵閣四庫全書》本。

（宋）文天祥：《文天祥全集》，《文淵閣四庫全書》本。

（宋）文天祥：《文山集》，《文淵閣四庫全書》本。

（宋）吳泳：《鶴林集》，《文淵閣四庫全書》本。

（宋）吳曾：《能改齋漫錄》，上海：上海古籍出版社，1979

年。

（宋）謝枋得：《疊山集》，《文淵閣四庫全書》本。

（宋）謝薖：《竹友集》，《文淵閣四庫全書》本。

（宋）辛棄疾：《稼軒詞》，《文淵閣四庫全書》本。

（宋）徐鹿卿：《清正存稿》，《文淵閣四庫全書》本。

（宋）楊萬裡：《誠齋集》，《文淵閣四庫全書》本。

（宋）葉夢得：《避暑錄話》，《文淵閣四庫全書》本。

（宋）葉適：《水心集》，《文淵閣四庫全書》本。

（宋）袁燮：《絜齋集》，北京：中華書局，1985 年。

（宋）曾豐：《緣督集》，《文淵閣四庫全書》本。

（宋）曾鞏：《元豐類稿》，《文淵閣四庫全書》本。

（宋）真德秀：《真文忠公集》，《四部叢刊》本。

（宋）張杲：《醫說》，《文淵閣四庫全書》本。

（宋）張邵：《紫微集》，《文淵閣四庫全書》本。

（宋）張世南：《遊宦紀聞》，《文淵閣四庫全書》本。

（宋）張孝祥：《於湖集》，《文淵閣四庫全書》本。

（宋）趙藩：《淳熙稿》，《文淵閣四庫全書》本。

（宋）趙鼎：《忠正德文集》，《文淵閣四庫全書》本。

（宋）周必大：《文忠集》，《文淵閣四庫全書》本。

（宋）周輝：《清波雜誌》，《文淵閣四庫全書》本。

（宋）朱彧：《萍洲可談》，《文淵閣四庫全書》本。

（宋）朱熹：《晦庵集》，《文淵閣四庫全書》本。

（宋）莊綽：《雞肋編》，《文淵閣四庫全書》本。

（宋）王欽若等：《冊府元龜》，《文淵閣四庫全書》本。

（宋）祝穆：《古今事文類聚》，《文淵閣四庫全書》本。

（元）揭傒斯：《揭文安公全集》，《四部叢刊初編》本。

（元）梁寅：《新喻梁石門先生集》，北京圖書館古籍珍本。

（元）柳貫：《待制集》，《文淵閣四庫全書》本。

（元）劉崧：《槎翁詩集》，《文淵閣四庫全書》本。

（元）劉詵：《桂隱詩集》，《文淵閣四庫全書》本。

（元）劉壎：《水雲村泯稿》，明天啟刊本。

（元）劉岳申：《申齋集》，《文淵閣四庫全書》本。

（元）任士林：《松鄉集》，《文淵閣四庫全書》本。

（元）許有壬：《至正集》，《文淵閣四庫全書》本。

（元）姚燧：《牧庵集》，《文淵閣四庫全書》本。

（元）袁桷：《清容居士集》，《文淵閣四庫全書》本。

（元）王楨：《農書》，《文淵閣四庫全書》本。

（明）艾南英：《天傭子集》，清康熙刻本。

（明）顧起元：《客座贅語》，北京：中華書局點校本，1987
年。

（明）郭子章：《傅草》，《四庫存目叢書》本。

（明）羅大紘：《紫原文集》，《四庫禁毀書叢刊》本。

（明）羅洪先：《念庵文集》，《文淵閣四庫全書》本。

（明）黃希憲：《撫吳檄略》，日本內閣文庫藏明代稀書。

（明）丘濬：《大學衍義補》，《文淵閣四庫全書》本。

（明）宋應星著、鐘廣言注釋：《天工開物》，廣州：廣東人
民出版社，1976年。

（明）沈德符：《野獲編》，北京：中華書局，1959年。

（明）唐文鳳：《梧岡集》，《文淵閣四庫全書》本。

（明）王士性：《廣志繹》，北京：中華書局，1981 年。

（明）王守仁：《王文成全書》，《文淵閣四庫全書》本。

（明）吳應箕：《樓山堂集》，北京：中華書局，1985 年。

（明）徐光啟：《農政全書》，北京：中華書局，1956 年。

（明）楊士奇：《東里文集》，北京：中華書局，1998 年。

（明）張瀚：《松窗夢語》，上海：上海古籍出版社，1986 年。

（明）章潢：《圖書編》，《文淵閣四庫全書》本。

（清）曹寅、彭定求等：《全唐詩》，《文淵閣四庫全書》本。

（清）董誥等：《全唐文》，上海：上海古籍出版社，2008 年。

（清）端方：《端忠敏公奏稿》，臺北：文海出版社，1966 年。

（清）顧祖禹：《讀史方輿紀要》，北京：中華書局，2005 年。

（清）顧炎武：《天下郡國利病書》，上海：上海古籍出版社，2002 年。

（清）顧炎武：《肇域志》，上海：上海古籍出版社，2004 年。

（清）龔鉽：《景德鎮陶歌》，道光三年刊本。

（清）何剛德：《撫郡農產考附跋》，光緒二十九年本。

（清）黃叔璥：《台海使槎錄》，《文淵閣四庫全書》本。

（清）胡渭：《禹貢錐指》，《文淵閣四庫全書》本。

（清）藍浦：《景德鎮陶錄》，《續修四庫全書》本，上海：上海古籍出版社，2002 年。

（清）李虹若：《朝市叢載》，光緒丁亥本。

（清）淩燾：《西江視臬紀事》，續修四庫全書本。

（清）錢時雍：《錢寄圃文集》，乾隆刻本。

（清）屈大均：《廣東新語》，北京：中華書局，1997 年。

（清）全祖望：《鮚埼亭集》，《全祖望集匯校集注》，上海：上海古籍出版社，2000 年。

（清）施閏章：《學餘堂詩集》，《文淵閣四庫全書》本。

（清）孫承澤：《春明夢餘錄》，《文淵閣四庫全書》本。

（清）吳其睿：《植物名實圖》，北京：中華書局，1963 年。

（清）魏禧：《魏叔子文集》，道光二十五年本。

（清）夏燮、高鴻志點校：《中西紀事》，長沙：嶽麓書社，1988 年。

（清）徐珂：《清稗類鈔》，北京：中華書局，2010 年。

（清）酆薹壽：《車村遺稿》，清刻本。

（清）裴汝欽：《詹詹言》，1930 年南昌鉛印本。

（三）地方志

（唐）李吉甫：《元和郡縣志》，《文淵閣四庫全書》本。

（宋）陳耆卿：《赤城志》，《文淵閣四庫全書》本。

（宋）范成大：《吳郡志》，《文淵閣四庫全書》本。

（宋）樂史：《太平寰宇記》，《文淵閣四庫全書》本。

（宋）羅願：《新安志》，《文淵閣四庫全書》本。

（宋）王存等撰：《元豐九域志》，《文淵閣四庫全書》本。

（明）管景纂：《永豐縣志》，嘉靖二十三年本。

（明）陳策修，劉錄纂：《饒州府志》，正德六年本。

（明）陳廷舉修，鄭廷俊纂：《上高縣志》，嘉靖三十三年本。

（明）程敏政：《新安文獻志》，弘冶十年刻本。

（明）程有守、詹世同等纂修：《弋陽縣志》，萬曆九年本。

（明）范淶修，章潢纂：《南昌府志》，萬曆十六年本。

（明）范淶修：《新修南昌府志》，萬曆十六年本。

（明）馮曾修，李汛纂：《九江府志》，嘉靖六年本。

（明）徐良傅等纂：《撫州府志》，嘉靖三十三年影印本。

（明）江應昂修，李元陽纂：《大理府志》，嘉靖四十二年本。

（明）林庭㭒纂修：《江西通志》，嘉靖四年本。

（明）秦鎰、饒文壁纂：《東鄉縣志》，嘉靖三年本。

（明）王世芳修，董天錫纂：《贛州府志》，嘉靖十五年本。

（明）王宗沐纂修：《江西省大志》，萬曆二十四年本。

（明）夏良勝纂修：《建昌府志》，正德十二年本。

（明）徐璉、嚴嵩纂：《袁州府志》，正德九年本。

（明）徐顥，楊鈞、陳德文纂：《臨江府志》，嘉靖十五年本。

（明）張士鎬，江汝璧等纂修：《廣信府志》，嘉靖本。

（明）嚴嵩纂修，李德甫增修：《袁州府志》，嘉靖四十年本。

（明）徐麟等纂修：《武寧縣志》，嘉靖本。

（明）葉朝榮:《彭澤縣志》，萬曆十年本。

（明）笪繼良、柯仲：《鉛書》，萬曆刊本膠捲。

（明）余文龍修、謝詔纂：《贛州府志》，天啟元年刊本。

（清）畢士俊修，楊燝、江熙龍纂：《貴溪縣志》，康熙十一年本。

（清）蔡文鸞纂修：《分宜縣志》，康熙二十二年本。

（清）曹養恒等修，蕭韻等纂：《南城縣志》，康熙十九年本。

（清）查慎行纂修：《西江志》，康熙五十九年本。

（清）常維楨纂修：《萬載縣志》，康熙二十二年刊本。

（清）黃惟桂，王鼎相等纂修：《興國縣志》，康熙二十二年刊本。

（清）呂瑋等修，胡思藻等纂:《餘干縣志》，康熙二十三年本。

（清）蔣旭編纂：《蒙化府志》，康熙三十七年本。

（清）李祐之修，易學實、梅貴英纂修:《雩都縣志》，康熙元年刊本。

（清）廖文英纂修：《南康府志》，康熙六十年本。

（清）劉瀚芳修，孫麟貴纂：《贛縣志》，康熙二十三年本。

（清）陸湄纂修：《永豐縣志》，康熙二十三年本。

（清）申毓來修：《南康縣志》，康熙四十九年刊本。

（清）王臨元纂修：《浮梁縣志》，康熙二十一年刊本。

（清）朱維高修：《瑞金縣志》，康熙二十二年刊本。

（清）黃汝銓修，張尚瑗纂：《贛州府志》，康熙五十二年刻本。

（清）丁作霖修，歐陽時纂：《安遠縣志》，康熙二十二年刻本。

（清）江為龍等纂修：《宜春縣志》，康熙四十七年本。

（清）謝旻修，陶成纂：《江西通志》，雍正十年本。

（清）蔡宗建修，龔傳伸纂：《鎮遠府志》，乾隆五十八年本。

（清）陳廷枚等修，熊曰華等纂：《袁州府志》，乾隆二十五年本。

（清）程廷濟總修，凌汝錦編纂：《浮梁縣志》，乾隆四十八年本。

（清）董正，劉定京：《安遠縣志》，乾隆十六年本。

（清）顧奎光等纂修：《桑植縣志》，乾隆二十九年本。

（清）孔興浙修，孔衍倬纂：《興國縣志》，乾隆十五年本。

（清）黃凝道修，謝仲　纂：《嶽州府志》，乾隆十一年本。

（清）呂正音修，歐陽正煥纂：《湘潭縣志》，乾隆二十一年本。

（清）平觀瀾等修，黃有恆等纂：《廬陵縣志》，乾隆四十六年本。

（清）王士倇修，劉飛熊纂：《石城縣志》，乾隆十年本。

（清）謝啟昆主持，陳蘭森、王文湧協修：《南昌府志》，乾隆五十四年本。

（清）謝鐘齡等修，朱秀等纂：《橫州志》，乾隆十二年本。

（清）楊文灝等修，杭世馨等纂：《金溪縣志》，乾隆十六年本。

（清）張天如等纂修：《永順府志》，乾隆二十八年本。

（清）朱扆等修，林有席纂：《贛州府志》，乾隆四十七年本。

（清）餘光壁纂修《大庾縣志》，乾隆十三年本。

（清）郭燦修，黃天策、楊於位纂：《瑞金縣志》，乾隆十八年本。

（清）孟炤等修，黃祐等纂：《建昌府志》，乾隆二十四年本。

（清）蔡呈韶修，胡虔等纂：《臨桂縣志》，嘉慶七年修，光緒六年補刊本。

（清）陳永圖修：《宜章縣志》，嘉慶刊本。

（清）陳玉垣、莊繩武修，唐伊盛等纂：《巴陵縣志》，嘉慶九年本。

（清）陳雲章等修：《武寧縣志》，道光四年本。

（清）程國觀等纂修：《宜春縣志》，江西省圖書館藏道光三年石印本。

（清）蔣敍倫等修，蕭朗峰等纂：《興國縣志》，道光四年本。

（清）李本仁修，陳觀酉纂：《贛州府志》，道光二十八年本。

（清）李煥春修：《長樂縣志》，鹹豐二年本。

（清）劉丙等修：《寧都直隸州志》，道光四年本。

（清）喬溎、賀熙齡、游際盛：《浮梁縣志》，道光十二年本。

（清）蘇益馨修，梅嶧等纂：《石門縣志》，嘉慶二十三年本。

（清）陶堯臣等修：《上饒縣志》，道光六年本。

（清）王勳倡修，王余英續纂：《善化縣志》，嘉慶二十三年本。

（清）武次韶等修：《玉山縣志》，道光三年刻本。

（清）謝啟昆修：《廣西通志》，嘉慶六年本。

（清）徐清選修：《豐城縣志》，道光五年本。

（清）楊訒纂修、徐迪惠訂正：《泰和縣志》，清道光六年本。

（清）繳繼祖修，洪際清纂：《龍山縣志》，嘉慶二十三年本。

（清）張鍈修，鄒漢勳纂：《興義府志》，咸豐四年本。

（清）趙文在修，陳光詔續修：《長沙縣志》，嘉慶十五年刊，嘉慶二十二年增補本。

（清）柏春修：《南豐縣志》，同治十年本。

（清）陳紀麟等修：《南昌縣志》，同治九年本。

（清）陳惟清修：《建昌縣志》，同治十年本。

（清）陳玉祥等修：《祁陽縣志》，同治九年本。

（清）崔國榜修：《興國縣志》，同治十一年本。

（清）杜林修：《安義縣志》，同治十年本。

（清）董萼榮，梅毓翰修：《樂平縣志》，同治九年本。

（清）符為霖修：《龍山縣志》，同治九年修，光緒四年重刊本。

（清）馮蘭森等修：《重修上高縣志》，同治九年本。

（清）達春布修：《九江府志》，同治十三年本。

（清）黃德溥等修：《贛縣志》，清同治十一年刻本，民國二十年重印本。

（清）黃鳴珂修：《南安府志》，同治七年本。

（清）黃壽祺修：《玉山縣志》，同治十二年本。

（清）丁佩等修，黃瑞圖等纂：《安遠縣志》，同治十一年刻本。

（清）黃廷金修、蕭浚蘭等纂：《瑞州府志》，同治十二年本。

（清）關培鈞等修：《新化縣志》，同治十一年本。

（清）蔣繼洙等修：《廣信府志》，同治十二年本。

（清）金弟等纂修：《萬載縣志》，同治十一年本。

（清）李寅清等修：《分宜縣志》，同治十年本。

（清）李士芬等修：《東鄉縣志》，同治八年本。

（清）李勛修，何遠鑒、張鈞纂：《來鳳縣志》，同治五年本。

（清）林葆元修：《石門縣志》，同治七年本。

（清）劉華邦修，唐為煌纂：《江華縣志》，同治九年本。

（清）劉華邦、郭岐勳纂：《桂東縣志》，同治五年修，民國十四重印本。

（清）呂懋先等修：《奉新縣志》，同治十年本。

（清）歐陽駿等修：《萬安縣志》，同治十二年本。

（清）聶光鑾等修，王柏心等纂：《宜昌府志》，同治四年本。

（清）潘兆奎等修，吳敏樹等纂：《巴陵縣志》，同治十一年本。

（清）沈建勳修，程景周等纂：《德安縣志》，同治十年本。

（清）松林：《施南府志》，同治十年本。

（清）宋瑛等纂修：《泰和縣志》，同治十一年本。

（清）童范儼等修：《臨川縣志》，同治九年本。

（清）錫德：《饒州府志》，同治十一年本。

（清）錫榮纂修：《萍鄉縣志》，同治十一年本。

（清）王家傑修，周文鳳，李庚等纂：《豐城縣志》，同治十二年本。

（清）王穎等修：《雩都縣志》，同治十三年本。

（清）王維新修，塗家傑纂：《義寧州志》，同治十二年刻本。

（清）魏瀛等修：《贛州府志》，同治十二年本。

（清）文聚奎等修：《新喻縣志》，同治十二年本。

（清）許應榮等修：《南昌府志》，同治十二年本。

（清）楊長傑等修：《貴溪縣志》，同治十年本。

（清）殷禮等修：《湖口縣志》，同治十三年本。

（清）曾國藩等修、顧長齡彙編：《江西全省輿圖》，同治七年刊本。

（清）姚浚昌修：《安福縣志》，同治十一年本。

（清）周來賀纂修：《桑植縣志》，同治十一年本。

（清）朱慶萼等修：《新昌縣志》，同治十一年本。

（清）蔡呈韶，胡虔等修：《臨桂縣志》，嘉慶七年修，光緒
六年補刊本。

（清）陳嘉榆修：《湘潭縣志》，光緒十五年本。

（清）胡鴻澤修：《龍南縣志》，光緒二年本。

（清）彭際盛等修：《吉水縣志》，光緒元年刻本。

（清）上官廉修：《邵陽縣鄉土志》，光緒三十三年本。

（清）宋瑛等修：《泰和縣志》，光緒五年本。

（清）孫炳煜纂修：《會同縣志》，光緒二年本。

（清）張國英等修，陳芳等纂：《瑞金縣志》，光緒元年本。

（清）曾國藩、劉坤一等修，趙之謙等撰：《江西通志》，光
緒七年本。

（清）鄭桂星等修，杜貴墀等纂：《巴陵縣志》，光緒十七年
本。

（清）王文韶等修，唐炯等纂：《續雲南通志稿》，光緒二十
七年刻本。

（清）王樹人修，侯昌銘纂：《永定縣鄉土志》：民國九年鉛
印本。

（民國）胡思敬纂：《鹽乘縣志》，民國六年本。

（民國）陳必聞修：《汝城縣志》，民國二十一年本。

（民國）陳鯤修，劉謙纂：《醴陵縣志》，民國三十七年本。

（民國）胡履新、張孔修纂：《永順縣志》，民國十九年本。

（民國）龍庚言纂修：《萬載縣志》，民國二十九年本。

（民國）龍雲修，盧金錫等纂：《昭通縣志稿》，民國二十七年排印本。

（民國）莫炳奎纂修：《邕寧縣志》，民國二十六年排印本。

（民國）田興奎修：《慈利縣志》，民國十二年鉛印本。

（民國）魏元曠纂修：《南昌縣志》，民國二十四年鉛印本。

（民國）吳寶炬，薛雪，劉人俊：《大庾縣志》，民國十二年本。

（民國）汪宗准修，冼寶幹纂：《佛山忠義鄉志》，民國十五年本。

（民國）王補、曾燦材纂修：《廬陵縣志》，民國九年本。

（民國）趙顯國等修：《大定縣志》，民國十五年。

（民國）周鐘嶽、趙式銘等編纂：《新纂雲南通志》，1949年鉛印本。

萬載縣志編纂委員會編：《萬載縣志》，南昌：江西人民出版社，1987年。

德欽縣志編纂委員會編：《德欽縣志》，昆明：雲南民族出版社，1997年。

湖南省商業廳編：《湖南省商業專志》，內部發行，1986年。

湖南省志編纂委員會編：《湖南省志》，長沙：湖南出版社，1990年。

江西省永修縣志編纂委員會編：《永修縣志》，南昌：江西人民出版社，1987年。

江西省上高縣文物志編委會：《上高縣文物志》，內部刊物，1986年。

景德鎮市志編纂委員會編：《景德鎮市志略》，上海：漢語大詞典出版社，1989 年。

清江縣志編纂委員會編：《清江縣志》，上海：上海古籍出版社，1989 年。

玉山縣志編纂委員會編：《玉山縣志》，南昌：江西人民出版社，1985 年。

新建縣志編纂文員會編：《新建縣志》，南昌：江西人民出版社，1991 年。

鉛山縣縣志編纂委員會編：《鉛山縣志》，海口：南海出版公司，1990 年。

（四）族譜、檔案、報紙、民國期刊、文史資料

《八修宋氏宗譜》，奉新敦睦堂藏版，1934 年。

《湖南汨羅楊氏新譜》。

九江海關檔案：《揚子江技術委員會第三期年終報告：測量報告》，1924 年。

光緒《長沙日報》。

民國湖南《大公報》。

《江西官報》，江西省圖書館藏。

民國《湖南省政府公報》。

湖南總商會擬：《湖南省商會試辦章程傳單》，清光緒刻本。

《東方雜誌》。

湖南調查局編印：《湖南商事習慣調查報告書》，民國刊本。

民國《江西貿易》，江西省圖書館藏。

民國《經建季刊》，江西省圖書館藏。

民國《經濟旬刊》，江西省圖書館藏。

江西政府經濟委員會編：《江西經濟問題》，民國二十六年。

民國《江西同鄉會會刊》，民國三十六年。

民國《實業部月刊》。

民國《商業月報》。

《湘政五年統計》，民國三十年。

《湘潭縣調查會刊》，民國十八年。

《湘潭船行成案稿》，光緒三十年漢益商號船幫刊。

景德鎮市政協文史資料研究委員會編：《景德鎮文史資料》第 1 輯。

貴州省貴陽市政協文史資料研究委員會編：《貴陽文史資料選輯》第 36 輯。

湖南省衡陽市委文史資料研究委員會等編：《衡陽文史資料》第 2 輯、第 8 輯。

湖南省常德市政協文史資料委員會編：《常德文史資料》第 2 輯。

湖南省攸縣政協學習教衛文史委員會編：《攸縣文史》第 5 期。

湖南省津市政協文史資料研究委員會編：《津市文史資料》第 4 輯。

湖南省華容縣政協文史資料研究委員會編：《華容文史資料》第 1 輯。

湖南省鳳凰縣政協文史資料研究委員會編：《鳳凰文史資料》

第 1 輯，第 4 輯。

　　湖南省新晃侗族自治縣政協文史資料研究委員會編：《新晃文史資料》第 5 輯。

　　湖南省望城縣政協文史資料研究委員會編：《望城文史資料》第 3 輯。

　　湖南省常寧縣政協文史資料研究委員會編：《常寧文史資料》第 3 輯。

　　湖南省靖州縣政協文史資料研究委員會編：《靖州文史資料》第 3 輯。

　　湖南省邵陽市政協文史資料研究委員會編：《邵陽文史資料》第 14 輯。

　　湖南省湘鄉縣文史資料研究委員會編：《湘鄉文史資料》第 4 輯。

　　湖南省湘潭縣政協文史資料研究委員會編：《湘潭縣文史資料》第 4 輯。

　　湖南省政協文史資料研究委員會編：《湖南文史資料》第 2 輯、第 4 輯、第 17 輯、第 34 輯。

　　湖南省湘鄉縣政協文史資料研究委員會編：《湘鄉文史資料》第 4 輯、第 9 輯。

　　雲南省個舊市政協文史資料研究委員會編：《個舊文史資料選輯》第 9 輯。

　　雲南省騰沖縣政協文史資料編輯委員會編：《騰沖縣文史資料選輯》第 3 輯。

（五）資料集

陳柏泉：《江西出土墓誌選編》，南昌：江西教育出版社，1991 年。

杜德鳳：《太平軍在江西史料》，南昌：江西人民出版社，1988 年。

復旦大學歷史系中國近代史教研組：《中國近代對外關係史資料選（1840-1949）》，上海：上海人民出版社，1977 年。

高立人：《廬陵古碑錄》，南昌：江西人民出版社，2007 年。

湖南省商業廳商業志編寫組：《湖南商業志資料彙編》，1983 年。

江西省社會科學院歷史研究所等選編：《江西近代貿易史資料》，南昌：江西人民出版社，1987 年。

江西省社會科學院歷史研究所、江西省圖書館選編：《江西近代貿易史資料》，南昌：江西人民出版社，1988 年。

宓汝成：《中國近代鐵路史資料》（第三冊），北京：中華書局，1963 年。

彭澤益：《中國工商行會史料集》，北京：中華書局，1995 年。

彭澤益：《中國近代手工業資料（1840-1949）》（第二卷），北京：中華書局，1962 年。

上海博物館圖書資料室編：《上海碑刻資料選輯》，上海：上海人民出版社，1980 年。

蘇州歷史博物館編：《明清蘇州工商業碑刻集》，南京：江

蘇人民出版社，1981 年。

汪敬虞：《中國近代手工業史資料（1895-1914）》，北京：
科學出版社，1957 年。

謝國楨：《明代社會經濟史料選編》，福州：福建人民出版
社，1980 年。

姚賢鎬：《中國近代對外貿易史料（1840-1895）》，北京：
中華書局，1962 年。

張研、孫燕京：《民國史料叢刊（755）》，鄭州：大象出版
社，2009 年。

中國第二歷史檔案館：《中華民國史檔案資料彙編》，南京：
江蘇古籍出版社，1998 年。

趙寧淥：《中華民國商業檔案資料彙編》，北京：中國商業
出版社，1991 年。

臺灣故宮博物院編：《宮中檔乾隆朝奏摺》，第 21 輯。

二、中英文論著

（一）著作

曹樹基：《中國人口史》第四卷《明時期》，上海：復旦大
學出版社，2000 年。

曹樹基：《中國人口史》第五卷《清時期》，上海：復旦大
學出版社，2001 年。

曹樹基：《中國移民史》第五卷《明時期》，福州：福建人
民出版社，1997 年。

陳榮華等：《江西經濟史》，南昌：江西人民出版社，2004年。

陳榮華、何友良：《九江通商口岸史略》，南昌：江西教育出版社，1985年。

陳寅恪：《隋唐制度淵源略論稿》，北京：中華書局，1963年。

陳金鳳：《江西通史・隋唐五代卷》，南昌：江西人民出版社，2008年。

程浩：《廣州港史（近代部分）》，北京：海洋出版社，1985年。

冀朝鼎著，朱詩鼇譯：《中國歷史上的基本經濟區與水利事業的發展》，北京：中國社會科學出版社，1981年。

傅衣淩：《明清社會經濟史論文集》，北京：人民出版社，1982年。

傅衣淩：《傅衣淩治史五十年文編》，北京：中華書局，2007年。

傅宗文：《宋代草市鎮研究》，福州：福建人民出版社，1988年。

方李莉：《景德鎮民窯》，北京：人民藝術出版社，2002年12月。

方行等：《中國經濟通史・清代經濟卷》，北京：經濟日報出版社，2000年。

方志遠、謝宏維：《江西通史・明代卷》，南昌：江西人民出版社，2008年。

方志遠：《江右商幫》，香港：中華書局，2000年。

方志遠：《明清湘鄂贛地區的人口流動與城市商品經濟》，北京：人民出版社，2001年。

韓茂莉：《宋代農業地理》，太原：山西古籍出版社，1993年。

韓大成：《明代社會經濟初探》，北京：人民出版社，1986年。

何炳棣：《中國古今土地數字的考釋和評價》，北京：中國社會科學出版社，1988年。

何炳棣著，葛劍雄譯：《明初以降人口及其相關問題（1368-1953）》，北京：三聯書店，2000年。

胡平編：《第三隻眼看江西》，南昌：江西人民出版社，2004年。

胡適：《湖南之金融》，1934年。

黃大受：《中國近代史（上冊）》，臺北：文史哲出版社，1954年。

黃玫茵：《唐代江西地區開發研究》，臺北：臺灣大學出版委員會，1996年。

黃志繁：《「賊」「民」之間：12-18世紀贛南地域社會》，北京：三聯書店，2006年。

黃志繁、廖聲豐：《清代贛南商品經濟研究——山區經濟典型個案》，北京：學苑出版社，2005年。

翦伯贊：《中國史綱要》（第三冊），北京：人民出版社，1979年。

江思清：《景德鎮瓷業史》，北京：中華書局，1936年。

《江西農業地理》編寫組編：《江西農業地理》，南昌：江西人民出版社，1982年。

江西省輕工業廳陶瓷研究所編：《景德鎮陶瓷史稿》，北京：三聯書店，1959年。

薑錫東：《宋代商人和商業資本》，北京：中華書局，2002年。

藍勇：《西南歷史文化地理》，重慶：西南師範大學出版社，1997年。

雷夢水、潘超、孫忠銓、鐘山編：《中華竹枝詞》，北京：北京古籍出版社，1997年。

李根蟠：《中國農業史》，臺北：文津出版社，1997年。

李侃等：《中國近代史（第四版）》，北京：中華書局，2004年。

李珪：《雲南近代經濟史》，昆明：雲南民族出版社，1995年。

梁方仲：《梁方仲文集》，北京：中華書局，2008年。

梁庚堯：《南宋的農村經濟》，北京：新星出版社，2006年。

梁淼泰：《明清景德鎮城市經濟研究》，南昌：江西人民出版社，1991年。

劉志偉：《在國家與社會之間──明清廣東裡甲賦役制度研究》，廣州：中山大學出版社，1997年。

羅玉東：《中國釐金史》，上海：商務印書館，1936年。

龍登高：《江南市場史》，北京：清華大學出版社，2003年。

馬克思、恩格斯：《馬克思恩格斯全集》第 12 卷，北京：人民出版社，2008 年。

民建湘潭市委、湘潭市工商聯編印：《湘潭市工商業聯合會史稿》，1987 年 9 月內部發行。

潘吉星：《宋應星評傳》，南京：南京大學出版社，2006 年。

漆俠：《宋代經濟史》（上、下冊），上海：上海人民出版社，1987 年。

輕工業部陶瓷科學研究所編著：《中國的瓷器》，北京：輕工業出版社，1983 年。

邱鋒：《宋應星和〈天工開物〉》，北京：中華書局，1981 年。

沈興敬主編：《江西內河航運史》，北京：人民交通出版社，1991 年。

萬振凡、林頌華：《江西近代社會轉型研究》，北京：中國社會科學出版社，2001 年。

王松年：《江西之特產・袁州苎麻》，上海：聯合征信所（南昌分所）出版社，1949 年。

吳松弟：《中國人口史》第三卷《遼宋金元時期》，上海：復旦大學出版社，2000 年。

吳松弟：《中國移民史》第四卷《遼宋金元時期》，福州：福建人民出版社，1997 年。

吳小紅：《江西通史・元代卷》，南昌：江西人民出版社，2008 年。

向焯：《景德鎮陶業紀事》，景德鎮：景德鎮開智印刷局，

1919 年。

　　許滌新、吳承明主編:《中國資本主義發展史》,北京:人民出版社,2003 年。

　　許懷林:《江西史稿》,南昌:江西高校出版社,1993 年、1998 年。

　　許懷林:《江西通史‧北宋卷》,南昌:江西人民出版社,2008 年。

　　許懷林:《江西通史‧南宋卷》,南昌:江西人民出版社,2009 年。

　　閻萬英、尹英華:《中國農業發展史》,天津:天津科學技術出版社,1992 年。

　　嚴中平:《中國近代經濟史(1840-1894)》(上冊),北京:人民出版社,2001 年。

　　張雙林:《老北京的商市》,北京:燕山出版社,2007 年。

　　章文煥:《萬壽宮》,北京:華夏出版社,2003 年。

　　趙樹貴、陳曉鳴:《江西通史‧晚清卷》,南昌:江西人民出版社,2008 年。

　　鄭銳達:《移民、戶籍、宗族──清代至民國期間江西袁州府地區研究》,北京:三聯書店,2009 年。

　　鄭學檬:《中國古代經濟重點南移和唐宋江南經濟研究》,長沙:嶽麓書社,2003 年。

　　中國農業博物館農史研究室編:《中國古代農業科技史圖說》,北京:農業出版社,1989 年。

　　周紅兵:《贛南經濟地理》,北京:中國社會出版社,1984

年。

　　周鑾書：《景德鎮史話》，上海：上海人民出版社，1989 年。

　　〔法〕布羅代爾著，顧良、張慧君譯：《資本主義論叢》，北京：中央編譯出版社，1997 年。

　　〔日〕斯波義信：《宋代江南經濟史研究》，南京：江蘇人民出版社，2001 年。

　　〔美〕施堅雅（G.W.Skinner）著、史建雲、徐秀麗譯：《中國農村的市場和社會結構》，北京：中國社會科學出版社，1998 年。

　　〔美〕施堅雅（G.W.Skinner）著、王旭等譯：《中國封建社會晚期城市研究》，瀋陽：遼寧教育出版社，2000 年。

　　蘇基朗（Billy K.L.So）：Prosperity Region and Institution sin Maritime China: The South Fukien Pattern, 946-1368.Cambridge, Mass.: Harvard University Asia Center, 2000。

　　Stephen Averill, The Shed People and the Opening of the Yangzi Highlands, Modern China9.1,（1983）:104-106.

（二）論文

　　敖鏡秋：《吉州窯瓷用原料考察》，《景德鎮陶瓷學院學報》，1989 年第 2 期。

　　包偉民：《宋代的糧食貿易》，《中國社會科學》，1991 年第 2 期。

　　曹強：《宋代江南圩田研究》，安徽師範大學碩士學位論文，2005 年。

曹樹基：《明清時期的流民和贛南山區的開發》，《中國農史》，1985 年第 4 期。

曹樹基：《明清時期的流民和贛北山區的開發》，《中國農史》，1986 年第 2 期。

曹樹基：《贛、閩、粵三省毗鄰地區的時候變動和客家形成》，《歷史地理》第 14 輯，上海：上海人民出版社，1997 年。

曹樹基：《〈禾譜〉及其作者研究》，《中國農史》，1984 年第 3 期。

曹樹基：《禾譜校釋》，《中國農史》，1985 年第 3 期。

曹樹基：《清代玉米、蕃薯分布的地理特徵》，載《歷史地理研究》，上海：復旦大學出版社，1990 年。

陳東有、李少南：《明清時期鄱陽湖區的圩田開發與生態環境、洪澇災害之間的關係》，《江西社會科學》，2007 年第 11 期。

陳定榮：《試論南豐白舍窯》，《南方文物》，1985 年第 1 期。

陳定榮：《宋應星祖父墓誌銘》，《文物》，1986 年第 12 期。

陳立立：《吉州窯與民俗》，《江西科技師範學院學報》，2004 年第 6 期。

陳橋驛：《明清之際畬族對閩浙贛山區的開發及交往》，《中央民族學院學報》，1982 年第 2 期。

陳支平：《清代江西的糧食運銷》，《江西社會科學》，1983 年第 3 期。

陳煒：《近代廣西境內的商賈》，《貴州文史叢刊》，2003 年第 4 期。

陳曉鳴：《九江開埠與近代江西社會經濟的變遷》，《史林》，2004 年第 4 期。

崔運武：《論江西近代化起步遲緩的原因——對劉坤一撫贛十年未涉近代化進行透析》，《江西社會科學》，1999 年第 4 期。

戴寧汝：《常熟錢底巷出土的唐宋瓷器》，《景德鎮陶瓷》，1993 年第 Z1 期。

范金明：《明清地域商人與江南市鎮經濟》，《中國社會經濟史研究》，2003 年第 4 期。

范金明：《清代江南會館公所的性質功能》，《清史研究》，1998 年第 2 期。

方志遠：《明清江右商的社會構成與經營方式》，《中國經濟史研究》，1992 年第 1 期。

方志遠：《明清江右商的經營觀念與投資方向》，《中國史研究》，1991 年第 4 期。

方志遠：《明清西南地區的江右商》，《中國社會經濟史研究》，1993 年第 4 期。

傅衣凌：《明成弘間江西社會經濟史料摘抄——讀〈皇明條法事類纂〉箚記之一》，《江西社會科學》，1983 年第 3 期。

谷霽光：《王安石變法與商品經濟》，載《谷霽光史學文集·第二卷經濟史論》，南昌：江西人民出版社，1996 年。

古永繼：《元明清時貴州地區的外來移民》，《貴州民族研究》，2003 年第 1 期。

古永繼：《元明清時期廣西地區的外來移民》，《廣西民族研究》，2003 年第 2 期。

龔喜林：《開埠與九江區域經濟中心地位的確立》，《九江學院學報》，2008 年第 4 期。

龔勝生：《論「湖廣熟、天下足」》，《農業考古》，1995 年第 1 期。

胡水鳳：《大庾嶺古道在中國交通史上的地位》，《宜春師專學報》，1998 年第 6 期。

黃年風：《從吉州窯瓷看南北陶瓷文化交流》，《收藏家》，2006 年第 11 期。

黃志繁：《地域社會變革與租佃關係——以 16-18 世紀贛南山區為中心》，《中國社會科學》，2003 年第 6 期。

黃志繁：《抗元活動與元代贛閩粵邊界社會》，《江西師範大學學報》，2003 年第 5 期。

黃志繁：《贛、閩、粵三省毗鄰地區的社會變動和客家形成》，載《歷史地理》第 14 輯，上海：上海人民出版社，1997 年。

黃志繁：《大庾嶺商路·山區市場·邊緣市場》，《南昌職業技術師範學院學報》，2000 年第 1 期。

薑良芹：《成長在後續上的困境》，《江西社會科學》，1993 年第 2 期。

江西省文物工作隊、南豐縣文化館：《江西南豐白舍窯調查紀實》，《考古》，1985 年第 3 期。

江西省文物工作隊、南豐縣文化館：《南豐白舍窯：「瓷中之玉」》，《景德鎮陶瓷》，2008 年第 3 期。

藍勇：《明清時期雲貴地區漢族移民的時間和地理特徵》，

《西南師範大學學報》，1996 年第 2 期。

李伯重：《明清江南的出版印刷業》，《中國經濟史研究》，2001 年第 3 期。

李華：《清代廣西的地方商人》，《歷史檔案》，1992 年第 1 期。

李金波：《晚清至民國南昌城市工商業發展與城市生活的變遷》，南昌大學，中國優秀碩士學位論文資料庫，2007 年。

李隆慶：《新大陸的一份沉重禮物──煙草的發現傳播及其他》，《華中師範大學學報》，1997 年第 5 期。

李木子：《明末清初贛西北「棚民」問題研究》，《宜春學院學報》，2005 年第 27 卷第 5 期。

李曉方：《明清時期贛南經濟作物的推廣種植與生態環境的變遷探析》，《農業考古》，2007 年第 4 期。

李曉方：《清代贛南煙草生產的迅猛發展及其原因探析》，《贛南師範學院學報》，2005 年第 5 期。

李曉方：《煙草生產在清代贛南區域經濟中的地位和作用》，《農業考古》，2006 年 01 期。

李衛東、昌慶鐘、饒武元：《清代江西經濟作物發展及其局限》，《中國農史》，2001 年第 20 卷第 4 期。

梁洪生：《吳城商鎮及其早期商會》，《中國經濟史研究》，1995 年第 1 期。

梁淼泰：《明清時期浮梁的農林商品》，《中國社會經濟史研究》，1988 年第 1 期。

梁明武：《明清時期木材商品經濟研究》，北京林業大學博

士論文，2008 年。

　　林文勳：《明清時期內地的商人在雲南的經濟活動》，《雲南社會科學》，1991 年第 1 期。

　　劉白楊：《明代江西森林變遷研究》，華中師範大學碩士學位論文，2007 年。

　　劉清榮：《宋代江西農業的進步及原因分析》，《江西社會科學》，2006 年第 2 期。

　　劉文傑：《宋代吉州經濟研究》，南昌大學碩士學位論文，2007 年。

　　劉小生：陳金鳳：《唐代江西經濟發展與社會變遷——以〈太平廣記〉為中心》，《農業考古》，2005 年第 3 期。

　　劉錫濤，肖雲嶺：《江西宋代手工業經濟發展概述》，《井岡山學院學報》，2004 年第 3 期。

　　劉生文：《近代九江海關及其商品流通（1861-1911）》，南昌大學碩士學位論文，2005 年。

　　羅輝：《清代清江商人研究》，南昌大學碩士學位論文，1999 年。

　　羅燕、徐小明：《憂農事稼穡、抒莊戶心聲——淺析楊萬里詩歌中的農事和民生》，《農業考古》，2010 年第 1 期。

　　呂作燮：《明清時期蘇州的會館與公所》，《中國社會經濟史研究》，1984 年第 2 期。

　　閔宗殿：《明清時期經濟作物、園藝作物的專業化經營》，《古今農業》，2001 年第 3 期。

　　潘發生、潘建生：《中甸經濟貿易發展史》，《迪慶方志》，

1992 年第 1 期。

　龐振宇：《清末江西新政與社會變遷》，江西師範大學碩士學位論，2007 年。

　龐振宇、鄧燕平：《清末新政與近代江西實業之興──以〈江西農工商礦紀略〉為中心》，《江西師範大學學報（哲學社會科學版）》，2007 年第 1 期。

　彭明瀚：《雅俗之間──品讀吉州窯》，《南方文物》，2007 年第 2 期。

　朴基水：《清代佛山鎮的城市發展和手工業、行業商會》，《中國社會歷史評論》，2005 年第 00 期。

　饒偉新：《明代贛南的移民運動及其分布特徵》，《中國社會經濟史研究》，2000 年第 3 期。

　饒偉新：《明代贛南族群關係與社會秩序的演變：以移民與流寇為中心》，廈門大學碩士學位論文，1999 年。

　饒偉新：《清代山區農業經濟的轉型與困境：以贛南為例》，《中國社會經濟史研究》，2004 年第 2 期。

　任放：《論印度茶的崛起對晚清漢口茶葉市場的衝擊》，《武漢大學學報（人文科學版）》，2001 年第 4 期。

　上官俅：《江西修水縣之茶業》，《工商通訊》，1937 年第 1 卷第 20 期。

　邵鴻：《利益與秩序：嘉慶二十四年湖南省湘潭土客械鬥》，《歷史人類學學刊》，第 1 卷 1 期。

　紹興縣文物管理委員會：《浙江紹興繆家橋宋井發掘簡報》，《考古》，1964 第 11 期。

施由明：《清後期江西農村社會經濟的衰落述論》，《農業考古》，2004 年第 3 期。

蘇永明、黃志繁：《行幫與清代景德鎮城市社會》，《南昌大學學報》，2007 年第 3 期。

唐昌樸：《吉州窯的興廢問題》，《西南師範大學學報（人文社會科學版）》，1980 年第 3 期。

陶衛寧：《論煙草傳入我國的時間及其路線》，《中國歷史地理論叢》，1998 年第 3 期。

萬芳珍、劉倫鑫：《客家入贛考》，《南昌大學學報》，1994 年第 1 期。

萬芳珍、劉倫鑫：《江西客家人入遷原由與分布》，《南昌大學學報》，1995 年第 2 期。

萬振凡：《論近代江西農業經濟轉型的制約因素》，《中國社會經濟史研究》，2004 年第 4 期。

王亮：《壓力與機遇並存——清末「新政」時期江西輕工業的發展》，《法制與社會‧社會觀察》，2009 年第 17 期。

王曉利：《江西商幫戰長沙》，《湖湘論壇》，2000 年第 5 期。

王曉利：《萬壽宮：一座曾經輝煌的會館》，《湖南作家》，2002 年 9 月。

王興亞：《對明清時期北方五省商業鎮市之研究》，《許昌師專學報》，2000 年第 1 期。

王雲：《明清山東運河區域的商人會館》，《聊城大學學報（社會科學版）》，2008 年第 6 期。

王雲：《明清時期活躍於京杭運河區域的商人商幫》，《光明

日報》，2009 年 2 月 3 日。

　　文士丹、吳旭霞：《試論北宋時期江西農業經濟的發展》，
1988 年第 1 期。

　　魏華仙：《〈雞肋編〉的生態環境史料價值》，《中國歷史地
理論叢》，2006 年第 4 期。

　　魏麗霞：《淺議贛關》，《南方文物》，2001 年 04 期。

　　吳啟琳：《〈皇明條法事類纂〉所見明成化、弘治時期社會
經濟》，南昌大學碩士學位論文，2008 年。

　　吳雯、謝敏華：《試論太平天國革命對近代江西農村社會的
影響》，《宜春學院學報》，2002 年期第 1 期。

　　徐鼎新：《增進中國商會史的兩岸「對話」》，《近代史研
究》，2000 年第 5 期。

　　徐凱希：《關於建國前湖北農業發展水準的探討──從「湖
廣熟，天下足」說起》，《湖北社會科學》，1987 年第 3 期。

　　徐曉望：《明清閩浙贛邊區山區經濟發展的新趨勢》，載傅
衣淩、楊國楨：《明清福建社會與鄉村經濟》，廈門：廈門大學
出版社，1987 年。

　　徐巍：《試論宋代吉州窯陶瓷》，《文物世界》，2002 年第 3
期。

　　徐衛東、梁茜：《江西近代工業述略》，《江西教育學院學
報》，1988 年第 2 期。

　　徐鐘濟：《關於宋應星生平幾個問題的考證》，《江西師範大
學學報（哲學社會科學版）》，1991 年第 1 期。

　　許懷林：《試論宋代江西經濟文化的大發展》，《江西師範大

學學報（哲學社會科學版）》，1980 年第 4 期。

　　許懷林：《江西歷史人口狀況初探》，《江西社會科學》，1984 年第 2 期。

　　許懷林：《宋元以前鄱陽湖地區經濟發展優勢的探討》，《江西師範大學學報（哲學社會科學版）》，1986 年第 3 期。

　　許懷林：《江西歷史上經濟開發與生態環境的互動變遷》，《農業考古》，2000 年第 3 期。

　　許懷林：《明清鄱陽湖區的圩堤圍墾事業》，《農業考古》，1990 年第 1 期。

　　許懷林：《〈天工開物〉對稻種記述的得失》，載《〈天工開物〉研究》，北京：中國科技出版社，1988 年。

　　徐鐘濟：《關於宋應星生平幾個問題的考證》，《江西師範大學學報（哲學社會科學版）》，1991 年第 1 期。

　　許檀：《明清時期江西的商業城鎮》，《中國經濟史研究》，1998 年第 3 期。

　　許檀：《明清時期農村集市的發展》，《中國經濟史研究》，1997 年第 2 期。

　　許檀：《區域經濟與商品流通——明清時期中國經濟發展軌跡探討》，《史學月刊》，2004 年第 8 期。

　　許檀：《明清時期運河的商品流通》，《歷史檔案》，1992 年第 1 期。

　　於少海：《試論明清贛南商品經濟的發展》，《江西師範大學學報（哲學社會科學版）》，1997 年第 1 期。

　　余家棟：《試論吉州窯》，《南方文物》，1982 年第 3 期。

余家棟、徐菁、余江安：《贛江上游的瓷業明珠──江西贛州七里鎮窯》，《南方文物》，2007 年第 1 期。

余家棟：《贛州七里鎮窯淺析》，《東南文化》，1993 年第 2期。

余龍生、孫丹青：《明清時期江西特產作物的種植及其影響》，《農業考古》，2009 年 1 期。

虞文霞：《唐代江西農業經濟發展芻議》，《農業考古》，2004 年第 1 期。

曾雄生：《宋代江西水柑品種的變化──試論古城稻對江西稻作之影響》，《中國農史》，1989 年第 3 期。

曾雄生：《宋代的早稻和晚稻》，《中國農史》，2002 年第 1期。

曾雄生：《宋代的雙季稻》，《自然科學史研究》，2002 年第 3 期。

張東剛：《商會與近代中國的制度安排與變遷》，《南開經濟研究》，2000 年第 1 期。

張芳：《明清時期南方山區的墾殖及其影響》，《古今農業》，1995 年第 4 期。

張國雄：《湖廣熟天下足的經濟地理特徵》，《湖北大學學報》，1993 年第 4 期。

張國雄：《明清時期兩湖外運糧食之過程、結構、地位考察──「湖廣熟，天下足」研究之二》，《中國農史》，1993 年第 3 期。

張國雄：《「湖廣熟，天下足」的內外條件分析》，《中國農

史》，1994 年第 3 期。

張家駒：《宋代分路考》，《禹貢》半月刊，第 4 卷第 1 期。

張捷：《尋找優化產業結構的「金鑰匙」》，《江西日報》，2006 年 10 月 9 日。

張建民：《「湖廣熟，天下足」述論——兼及明清時期長江沿岸的米糧流通》，《中國農史》，1987 年 4 期。

張海英：《明清江南與江西地區的經濟聯繫》，《華東師範大學學報（哲學社會科學版）》，2001 年第 3 期。

張家炎：《明清長江三角洲地區與兩湖平原農村經濟結構演變探異——從「蘇湖熟，天下足」到「湖廣熟，天下足」》，《中國農史》，1996 年第 3 期。

張文江、賴金明：《吉州窯》，《文史知識》，2002 年第 3 期。

張嗣介：《贛州七里鎮窯終燒年代新證》，《南方文物》，2004 年第 1 期。

張嗣介：《贛州七里鎮窯青釉瓷的燒造工藝》，《南方文物》，1993 年第 4 期。

張翊華：《從吉州窯匣缽上的文字探討吉州窯的生產方式》，《南方文物》，1984 年第 1 期。

章開沅：《就辛亥革命問題答臺北學者》，《近代史研究》，1983 年第 1 期。

鄭起東：《近代農民負擔與國家財政條塊分割體制》，《近代中國的城市·鄉村·民間文化——首屆中國近代社會史國際學術研討會論文集》，2005 年。

鐘建安、孫偉：《19 世紀中後期江西對外貿易對城鄉社會經

濟的影響》,《江西師範大學學報(哲學社會科學版)》,2004 年
第 4 期。

　　周玳、黎明香:《明清贛南地區經濟作物的種植研究》,《農
業考古》,2010 年第 1 期。

　　周榮:《略論明清時期長江流域商品經濟發展的區域性特
點》,《社會科學動態》,2000 年第 3 期。

後記

　　自二〇〇八年一月份接受撰寫本書的任務以後，就深深地感覺這並不是個輕鬆的任務。贛文化輝煌是在宋明時期，而要闡述清楚奠定贛文化輝煌的經濟基礎，並非易事。這當然主要是由於長達七百年的江西省的物質生活和經濟活動太複雜多變而難以把握，但也和本書撰寫者們專業訓練全部是明清經濟史不無關係——由於長期關注明清社會經濟，對宋代經濟制度和史料並不熟悉。好在前輩時賢如許懷林、方志遠、陳榮華、施由民、謝宏維等為代表的許多學者早在此領域辛勤耕耘且成果頗豐，給我們很多有益的參考，才使我們能夠在兩年多的時間中完成這一根本不可能完成的任務。

　　本書是一本編著，不是專著。在寫作過程中，重點參考了列名諸位學者的研究成果，雖然本書遵循學術規範，都一一加以注明，但在結束本書之時，還是必須重點申明的。另一方面，本書作者們又不滿足於簡單的編纂，而是儘量在比較短的時間內盡可能地閱讀史料。然而，由於時間和本書作者們的學術素養問題，很多作者們辛苦收集的史料並沒有得到很好的解釋。為此，本書特意按時間序列編排了一個《江西宋明經濟史料長編》作為附錄

放在後面，目的有二：一來希望為將來學術高人提供點工作基礎；一來也希望通過史料展現江西宋明經濟的發展脈絡。儘管如此，本書仍然力圖提出些許新的意見，實際上，本書的很多部分也有了很鮮明的自己的觀點，如果讀者諸君能從中獲得一點啟示，本書的作者們就很欣慰了。

由於以上幾個方面的原因，本書不僅是瞭解江西宋明經濟發展軌跡的一般性描述著作，而且是一本浸透著本書作者們對宋明江西經濟理解的著作。

本書由黃志繁、楊福林、李愛兵三人集體完成。第五章第一節、第三節和附錄一由楊福林撰寫，第四章由李愛兵撰寫，其餘部分則由黃志繁撰寫，黃志繁還完成了本書統稿工作。

本書編寫組
二〇一一年二月二十六日

江西文庫 A0701B15

贛文化通典（宋明經濟卷） 第四冊

主　　編	鄭克強
版權策畫	李　鋒
責任編輯	林以邠

發 行 人	陳滿銘
總 經 理	梁錦興
總 編 輯	陳滿銘
副總編輯	張晏瑞
編 輯 所	萬卷樓圖書股份有限公司
排　　版	菩薩蠻數位文化有限公司
印　　刷	維中科技有限公司
封面設計	菩薩蠻數位文化有限公司

出　　版　昌明文化有限公司

桃園市龜山區中原街 32 號

電話 (02)23216565

發　　行　萬卷樓圖書股份有限公司

臺北市羅斯福路二段 41 號 6 樓之 3

電話 (02)23216565

傳真 (02)23218698

電郵 SERVICE@WANJUAN.COM.TW

大陸經銷　廈門外圖臺灣書店有限公司

　　電郵 JKB188@188.COM

ISBN 978-986-496-346-1

2018 年 1 月初版

定價：新臺幣 360 元

如何購買本書：

1. 轉帳購書，請透過以下帳戶

　合作金庫銀行 古亭分行

　戶名：萬卷樓圖書股份有限公司

　帳號：0877717092596

2. 網路購書，請透過萬卷樓網站

　網址 WWW.WANJUAN.COM.TW

大量購書，請直接聯繫我們，將有專人為您

服務。客服：(02)23216565 分機 610

如有缺頁、破損或裝訂錯誤，請寄回更換

國家圖書館出版品預行編目資料

贛文化通典. 宋明經濟卷 / 鄭克強主編.-- 初
版.-- 桃園市：昌明文化出版；臺北市：萬
卷樓發行, 2018.01

　冊；　公分

ISBN 978-986-496-346-1 (第四冊 ：平裝). --

1.經濟史 2.宋代 3.明代 4.江西省

672.408　　　　　　　　　107002006

本著作物經廈門墨客知識產權代理有限公司代理，由江西人民出版社授權萬卷樓圖書
股份有限公司出版、發行中文繁體字版版權。

本書為金門大學華語文學系產學合作成果。　　校對：陸仲琦